畜牧动保营销管理学

ANIMAL HUSBANDRY MARKETING MANAGEMENT

刘先◎著

新 华 出 版 社

图书在版编目（CIP）数据

畜牧动保营销管理学 / 刘先著.—北京：新华出版社，2018.6
ISBN 978-7-5166-4169-9
Ⅰ.①畜… Ⅱ.①刘… Ⅲ.①畜牧业经济－营销管理
②兽医学－药物－营销管理 Ⅳ. ①F307.3②F763

中国版本图书馆CIP数据核字（2018）第100793号

畜牧动保营销管理学

作　　者：刘　先

责任编辑：蒋小云　　**封面设计：**中尚图

出版发行：新华出版社
地　　址：北京石景山区京原路8号　　**邮　　编：**100040
网　　址：http://www.xinhuapub.com
经　　销：新华书店
购书热线：010-63077122　　**中国新闻书店购书热线：**010-63072012

照　　排：中尚图
印　　刷：北京盛彩捷印刷有限公司
成品尺寸：170mm×240mm
印　　张：19　　**字　　数：**351千字
版　　次：2018年6月第一版　　**印　　次：**2018年6月第一次印刷

书　　号：ISBN 978-7-5166-4169-9
定　　价：48.00元

序 言

中国畜牧产业应该有自己的硕腾、拜耳、勃林格殷格翰、史密斯菲尔德、嘉吉等世界级企业，这些国际企业不管是在销售额、品牌影响力、研发能力、企业战略、企业文化、企业营销、企业管理、团队素质都代表着世界一流水平。中国是世界上最大的畜牧产业消费市场，具备孕育出一批世界级畜牧企业的土壤环境。

中国畜牧产业在改革开放四十周年的发展过程中，实现了快速的发展。畜牧产业各领域都发生了深刻变革，包括：养殖、饲料、疫苗、器械、添加剂、化药、中兽药、畜牧金融、畜牧媒体等方面。畜牧产业已经从传统养殖，散养户时代变为专业化、规模养殖时代;从劳动密集型养殖到智能养殖;从针剂治疗到预防保健、疫苗时代；从有抗到无抗时代；从重污染产业到绿色生态产业等等。

中国畜牧企业作为产业发展中核心推动力量，在企业规模、科研水平、营销管理水平和人才建设方面也实现了快速的发展，在本土涌现出一批优秀的企业。但是与世界级的畜牧企业比较还是有不少的差距，特别是在中国畜牧产业处在一个急剧的变革与发展时期，处在一个机会与挑战并存的时期，处在一个国际化竞争时期，处在一个新畜牧时代，中国企业在企业文化、企业战略、企业营销、企业管理、企业团队等方面，都应该变革创新，快速发展，来应对市场竞争，为中国畜牧产业发展做出新贡献。

新畜牧时代

1. 产业进入整合时代，强者越强。在养殖方面，养殖集中度越来越高，基本上以规模户和专业户为主，养殖龙头企业，更是提出生猪年出栏五千万头的战略规划。在兽药动保方面，动保龙头企业越来越强，优秀企业多在一亿以上的销量，比前几年五千万销售规模盘子增长超过一倍，而且将来会出现十亿规模的企业。在疫苗方面，国际一流疫苗企业继续垄断高端疫苗市场；国内新的疫苗龙头企业，也在加快布局，快速抢占中国市场，疫苗市场发展风生水起。产业链中饲料、食品加工企业也进入养殖业，成为新崛起养殖企业，产业链不断整合。总体来讲，整个畜牧产业的各个环节，规模效益凸显，强者越强。

2. 产业进入资本时代。金融资本在畜牧行业起到更加突出作用，集团企业整体上市步伐加快，借助资本力量整合市场，同时其他中小畜牧企业在新四板、新三板和创业板多层次资本市场纷纷上市，行业在借助资本力量快速发展。

3. 产业进入生态环保时代。在政府高强度环保压力下，在养殖方面，对生态环境越来越重视，全新的环保养殖技术不断涌现，特别是沿海养殖重点省份，养殖水平越来越高。

4. 产业进入智能时代。养殖器械产业进入智能时代，自动化、科技化养殖水平将越来越高，不断与国际接轨，国内一线养殖器械企业智能化水平进一步提高。

5. 产业不断被新技术颠覆创新。互联网技术对畜牧行业影响正在深入，而新的大数据、人工智能、区块链等技术都在各个方面引领行业进入新畜牧时代。

新动保时代

1. 疫苗进入开放时代，疫苗企业越来越多，未来疫苗市场将从垄断阶段，进入竞争白热化趋势，一批疫苗企业将会持续亏损，行业营销管理水平亟待提高。

2. 中兽药新变化，中兽药在兽药动保市场快速发展，是市场的发展趋势，将为市场的主要力量，占据主要市场份额。

3. 预防保健新变化，护肝利胆、排毒解毒和五脏功能提升，在不断走精细化路线，从传统的增肥涨肉向内脏功能调理转变。

4. 微生态制品新变化，微生态制品将成为行业的发展大趋势，如：炒糖概念在升级，在糖类的低聚糖类的领头企业和后起之秀都在打造糖的概念。

5. 营养类新变化，如：矿物质、维生素、鱼肝油等概念不断深挖，特别是猪高价格行情下，此类产品深受欢迎，但是容易受猪周期变化影响。

6. 精细化新变化，概念精细化和产品精细化趋势进一步明显，精细化的本质就是要做到极致。部分精细化企业，一个产品年销售额在二千万以上，像这种企业是兽药动保行业精细化企业的一面旗帜，相对于什么都做，而且什么都做不好的的兽药动保企业应该值得思考。

7. 无抗领域的新变化，在绿色微生态倡导下，提出无残留和尽量少用抗生素仍然是大势所趋。

新问题挑战

1. 养殖周期波动影响行业发展，如：2017 年上半年养禽周期进入暴跌阶段。鸡蛋价格连创新低，养禽业在行业周期和禽流感双层打压下，可以说惨不忍睹，养禽上市公司市值更是不断缩水。猪周期更是隔三岔五地到来，影响整个产业健康发展。

2. 养殖区域分布重新洗牌，随着环保拆猪栏力度不断升级，局部市场猪的存栏量急剧下降，传统的养殖重点省份，如：广东、浙江受到很大的影响。

3. 动保涉及的食品安全问题仍然突出，使用违禁兽药，在饲料里面加违禁药物，常有发生，造成消费者受伤，影响整个行业的良性发展。

4. 动保行业小、散、多、乱、低的问题仍然突出。

4.1 小主要是指规模小，年销量在一千万的兽药企业在中国市场多如牛毛，虽然营销型兽药企业关闭不少，但各地的小型兽药企业仍然很多。

4.2 散主要是指市场散，企业不大，做的市场都是遍布全中国，只要能做的省份都尽量铺货。

4.3 多主要是指企业产品多，不到一千万的销量，有的企业产品搞到几百种。

4.4 乱主要是指企业产品配方和证件资质乱，难以有完全合格的产品，同时也必须解决产品合格了但效果下降的问题，解决不了养殖疫情。

4.5 低主要是指企业管理水平低，业务水平低，在这方面有很大的提升空间。

5. 动保企业不大、不强、不突出、不先进，发展到一定程度企业规模上不去，效益上不去。

5.1 不大主要是指企业规模不大，年销量在一个亿以上的兽药企业在中国市场算是凤毛麟角，虽然养殖场的规模化和政府打压小企业的环境，为大企业做大提供机会，但很少能有企业借助机会快速发展。

5.2 不强主要是指企业产品、管理和模式不强，很少有竞争力的企业，中国作为世界上最大的养殖市场，并没有培养出类似硕腾、拜耳、诺华这样的世界级企业，而且差距甚远。

5.3 不突出，发展表现不突出，销售增长、品牌各方面都是平平淡淡，没有突出的领头企业。

5.4 不先进，模式不先进，除了产品有些特色，难以有发展模式先进的企业。

6. 企业战略问题。传统战略模式，企业按照常规的研发、制造、销售环节进行发展，管控上执行，集中管理，老板决策，老板订战略，老板订计划和监督，强调员工执行的管理模式。应该说，这种模式成本高，效率低，应对市场慢，企业发展落后于市场竞争。

7. 业务模式问题。很多兽药企业的客户对象定位，确实转变为了中小养殖场和规模养殖场，但是做市场的思维和模式，仍然停留在做渠道、散养户的思维和模式，销售人员单兵作战，不会协同作战营销，市场中不会技术讲座，不会做技术服务，面对规模养殖技术需求难以满足。

正是基于新畜牧时代、新动保时代、新问题挑战等新的变化，针对畜牧动保企业的变革与发展，推动畜牧动保企业早日屹立于世界企业之林，《畜牧动保营销管理学》从畜牧行业、企业文化、企业战略、企业营销、企业管理、营销人进行了全面、科学、系统论述。图书突出创新性、案例性、实操性、解决问题性和细分多行业特点，旨在帮到中国畜牧动保企业变革创新，中国早日铸造一批世界级的企业。

企业文化

在企业文化篇章中指出，畜牧动保市场巨大的文化需求与企业文化影响力有限之间的矛盾，是当前企业文化建设的主要矛盾。企业要构建好自身文化建设，同时要构建好市场文化建设，畜牧业现代化建设，需要企业文化的现代化。在文化篇章中，主要针对企业文化系统建设理论、行业内和行业外优秀企业文化建设案例进行论述。

文化观点

1. 畜牧行业的企业在构建文化体系时候，要构建二种文化，一种是市场文化，一种是企业文化。

2. 畜牧行业立足于农村市场，存在巨大的文化需求，企业市场文化建设非常重要，而技术服务就是市场文化建设重要部分。

3. 不因农村市场文化和经济的落后，而忽略或者不重视企业文化的建设，如果这样企业将丧失诸多商业机会。

4. 畜牧企业发展中，一线人才面对农村市场和传统农业，在招聘、留住优秀人才时，需要机制更需要文化。

5. 在广泛的畜牧行业发展中，既存在着朴实的产品需求文化，也存在着价值需求文化，而价值需求文化是趋势。

6. 畜牧动保企业应该从产品开发、管理提升到打造文化建设新高度的新境界。

7. 畜牧行业发展需要从公司 + 农户转变到公司 + 农户 + 文化的建设中。

8. 畜牧行业企业文化要有深度，要深入到养殖户、经销商中。

9. 畜牧行业企业文化建设要贴合行业发展特点。

10. 畜牧行业企业文化建设要重视学习培训。

11. 只有畜牧行业企业文化建设的提升才有畜牧行业的现代化发展。

12. 畜牧行业企业文化建设，培养吃苦耐劳文化是基础。

13. 畜牧行业企业文化建设，执行力文化是重点。

14. 中小企业公司文化建设应该以老板为中心建设。

企业战略

在企业战略篇章中指出，动保行业战略要符合行业的特性进行制定，抓住养殖需求变化的龙头和消费需求变化的根源，有针对性地制定好战略、商业模式、业务模式等内容。根据企业不同发展阶段，抓住行业成功的关键要素，如：技术、研发、品牌、人力资源、产品、渠道等，科学投入，整合资源，进行补缺创新，不断发展壮大企业。优秀的战略不管是在企业家脑袋里面还是企业形成科学的战略方案，一定是要能够让企业站在高山上看远方，一目了然。在战略篇章中，主要针对战略的理论、模型、体系进行阐述，同时论述了畜牧动保行业的战略规划案例，如：精准战略、单品战略、产业链战略、生态链战略、聚焦战略、收购兼并战略、品牌战略、O2O 战略等。

战略观点

1. 顶尖极限战略促使兽药动保企业不断升级。

2. 精准战略在兽药动保行业将大行其道。

3. 互联网 + 战略对畜牧行业将是性质的改变而不是简单的工具应用。

4. 单品战略，在细分领域做出精品，不断创新，仍然是兽药领域企业主流，在这方面国外一流企业的产品战略是最好的参考案例。

5. 由于很多产品的创新空间少，畜牧行业存在得天独厚的条件，构建起生态链战略。

6. 平台战略，将企业打造成平台，围绕产业链打造局部产业平台，甚至垄断局部产业链，是行业中重要的战略思想。

7. 聚焦战略将有限的资源集中到一点进行进攻，如：区域聚焦、产品聚焦、政策聚焦、团队聚焦。

8. O2O 连锁战略，畜牧行业在线下流通领域进行整合，或者建设线下连锁，同时构建线上电子商务平台，而且将二者进行融合发展，将创造无限可能。

9. 品牌战略，品牌的构建在畜牧行业仍然是空白点，是企业抢占市场重要制高点，不因市场落后而论品牌战略有无。

10 产业链透明战略，畜牧产业链发展，要注重信息对称，从养殖源头到消费的整个产业链透明化是行业发展趋势。

企业营销

在企业营销篇章中指出，需求是一切企业的起点，一切战略的起点，一切产品 / 服务的起点，需求贯穿整个营销体系，养殖需求的变化，正对行业产生巨大的影响，如：产品结构、销售模式、宣传方式、技术服务模式等。在产品方面：随着需求变化和政府的干涉，一味炒作概念、生产大复方产品、产品没有特色和纯营销型的兽药企业销售面临下滑,企业面临关门。在渠道方面:无技术支持门店、无经营管理能力门店、坐商型门店、夫妻型门店的经销商及零售商正在淘汰，五大新型渠道：技术型、猪场型、品牌型、金融型、公司型正在快速发展。在技术服务方面：从单一个人、单一问题、单一时间点的技术服务，转变为团队化、全面解决方案、全周期的技术服务。在营销篇章中，主要针对营销的需求、产品、渠道、终端建设与管理、促销推广、技术服务、大客户营销等方面进行论述。

营销观点

1. 政府手段对行业的影响，带来了巨大挑战，同时也创造了巨大的需求，如环保需求、产品结构转型。

2. 在畜牧养殖领域，母畜需求值得挖掘。

3. 畜牧产业大数据系统构建是发展趋势。

4. 畜牧动保企业要从价格战转变到价值创造，单纯靠产品驱动，改变为产品 + 技术服务 + 解决方案整体价值提升。

5. 在预防保健产品中，内脏产品开发是创新源泉，如肠道、肝脏等。

6. BTB（Business To Business，企业对企业）渠道模式是主流，有实力厂家从做渠道转变直接做猪场，针对集团户和规模户，创立大客户销售模式，组建大客户销售团队。

7. 联合分销模式仍然是当前渠道发展重点。

8. 电商渠道、O2O 连锁渠道、微商渠道等新型渠道模式是畜牧动保企业渠道的新势力。

9. 畜牧动保企业需要建设好 APP、微信技术服务，打造一流在线技术服务平台。

10. 要构建 O2O 技术服务模式，线上技术服务与线下技术服务融合，大问题线下解决，小问题线上解决。

11. 优秀企业要从单个产品技术服务，转变为提供解决方案式技术服务，打造猪场型、保健预防型技术服务团队。

12. 技术服务仍然是提升行业销量行之有效的服务手段。

企业管理

在企业管理篇章中指出，管理是当前畜牧动保企业的短板，由于本身是传统畜牧行业，在管理方面存在多方面问题，如：管理人才问题、管理分工问题、管理标准化问题、管理的专业问题等。畜牧动保企业需要从目标体系、过程管理、组织建设、流程制度、激励考核等方面进行提升。在管理篇章中，主要针对管理的组织、流程、广义制度、狭义制度、薪酬激励、考核等方面进行论述。

管理观点

1. 构建动保企业以客户为中心的市场导向型组织、技术服务型组织是重点。

2. 企业要做好集团客户关键在于建设大客户组织，而且要团队化、专业化、高层化。

3. 平台型组织、互联网型组织是行业组织建设创新方向。

4. 集团化企业，面对多业务领域，需要发展产品型组织结构，根据情况发展到事业部制。

5. 中小企业领导组织有效快速行动是关键，集团企业领导组织科学决策是关键。

6. 单向流程要转化为双向流程，标准化的东西要过程化。

7. 中小企业要轻流程，重效率。

8. 以老板为中心的流程，以市场为中心的流程，都要兼顾。

9. 没有效率的流程全部都要砍掉。

10. 对基层员工要注重流程过程性管理，要做到凡是有过程。

11. 广义的制度存在企业的方方面面，包括：规范的制度、流程、模式、习惯、文化都属于制度范围。

12. 一把手要注重制度顶层设计。

13. 制度是用来打破的，业务快速发展的过程中企业要注重制度更新变化。

14. 企业的本质在于制度创新，制度创新要成为企业发展的驱动力。

15. 优秀的企业能把员工的自主能动性发挥到极致。

16. 长激励模式是种趋势。

17. 考核体系是围绕公司战略体系构建，不是围绕某个人进行设计。

营销人

在企业营销人篇章中指出，畜牧行业营销人是伟大的，他们扎根在农村，成长在农村，发展在农村，他们让市场伟大，市场因为他们而伟大。他们是可爱的，是推动畜牧行业发展的中坚力量，他们日夜接触客户接触市场，是最接地气的人。他们是有作为的，公司因为他们的销售活动，能够获取利润回报，能够拥有持续生产和研发的动力。他们是最爱学习的一批热血人才，他们天天接触市场中最新的信息，他们热切期盼知识，热切期盼成长。在营销人篇章中，主要针对营销人需要做好的市场工作和成长为经理人的工作方法，进行详细论述，包括：营销人和经理人基本职责、营销人销售准备工作、营销人如何开拓业务、营销人维护管理客户、经理人类型和成功要素等。

营销人观点

1. 畜牧营销人是市场中最伟大的人。

2. 畜牧营销人是最伟大的农村科普工作者。

3. 营销人是公司销售的保障是公司市场攻城略地的战士。

4. 营销人与市场是鱼和水的关系，营销人成功离不开市场，市场发展需要营销人推动。

5. 营销人要在多个方面提升自己，如：管理水平、营销技巧、组织团队能力、客户成交、市场开发、客户管理、市场策划等。

6. 营销人要把自己定位成生意人，而不是普通工作人员。

7. 90 代，00 代营销人要了解农村市场、热爱农村市场、改变农村市场。

8. 当前很多职业经理人来自于营销人，今后这个群体也将有增无减。

2018年是中国改革开放四十周年，是中国企业最值得纪念大事件，是中国企业变革发展重要一年，是中国畜牧产业走向新发展时代重要拐点时期。如果时间再往后推动十年、二十年、三十年、四十年，我们回过头来纪念中国改革开放五十年周年、六十周年、七十周年、八十周年的时候，可以大胆预言，中国畜牧产业将引领世界畜牧产业发展，中国畜牧企业将以崭新面貌立于世界企业之林，中国拥有自己的硕腾、拜耳、勃林格殷格翰、史密斯菲尔德、嘉吉等这样一批影响世界的一流企业。

刘 先

二〇一八年一月十八日　于深圳

目 录

行业篇

文化篇

战略篇

营销篇

管理篇

营销人篇

行业篇

行业发展观点

◆ 二维码、食品安全、环保等政府措施，对行业的规范要求深刻影响着行业变化，畜牧动保行业不是简单地按市场经济模式发展，而是在市场经济和计划经济二种机制中演变发展，很多企业在计划经济这只有形的手操控下倒闭，一批企业抓住计划经济这只有形的手迅猛发展。

◆ 在大畜牧行业，养殖是龙头，饲料、器械、疫苗是龙身，兽药是龙尾，金融和互联网是龙角，金融和互联网对传统产业的改造才刚刚开始。

◆ 畜牧动保行业的集中度，还远远不够，在变革与发展中，孕育着巨大的机会，行业将会掀起收购兼并高潮，在整个产业中将涌现一批世界级的企业。

◆ 养殖周期的变化和进出口关税调整，牵动行业发展神经，如猪周期调整、奶制品关税调整。

◆ 行业的本质，将经历小农经济时代，公司化运营时代，互联网和智能化时代。

◆ 中兽药、疫苗、微生态制品、化药这四大领域，在无抗时代下中兽药将大行其道，在规模养殖发展趋势下，疫苗仍然是行业重点。

◆ 散养户是兽药动保行业的起点，但是猪场客户才是终点。

◆ 在兽药动保行业的小、散、多、乱、低问题解决过程中，部分企业将获得巨大发展机会，而大部分企业将面临淘汰。

◆ 站在行业高度讲，走产业联盟和产业链整合是兽药动保企业的发展趋势，需要与饲料企业合作、养殖场合作。

◆ 在畜牧行业发展中，要坚持小而美和强而大二种发展思路。

中国畜牧产业的发展还处于初级阶段，不管是从行业集中度、竞争激烈、企业规模、研发能力、管理水平等，与农资行业、家电行业、医药行业等行业拥有较大的差距。从集中度来讲，行业集中度还比较低，养殖户刚从散用户过渡到专业户，规模户和集团户正在发展中，兽药动保企业仍有2000余家，产品更是多如牛毛。从行业周期来看，行业正处于衰退期，行业正在加速洗牌，不断有企业在行业中淘汰出局。从行业关键成功要素讲，技术服务、品牌、产品、渠道等因素越来越成为行业企业竞争的主要成功因素。在行业篇中，主要针对行业发展中宏观面、集中度、行业周期、关键成功要素等内容进行论述。

第一章　行业发展宏观环境

宏观环境发展，主要是指兽药动保企业所处的政策环境、经济环境、技术环境、社会环境方面的变化对兽药行业所造成影响。

第一节　政策环境

政策环境是指公司业务涉及的政治体制及形式、方针政策、法律法规及行业公约等对公司的影响。对兽药动保企业影响较大的政策主要有国家五年计划、动保法规及行业公约等。

1. 如:“十三五”规划、环境保护法、建设社会主义新农村、环境友好型、资源节约型社会、三农政策、产业政策、专利法、二维码推出。

2. 如：十八届三中全会和中央一号文件、中华人民共和国畜牧法、全国动物防疫体系建设规划、中国养殖政策法规、畜牧政策法规、兽药管理条例、兽药注册办法、中国动物保健品行业自律公约。

环境污染问题处理是目前主要问题

目前国内猪舍粪便的排放方式大多都是结合水冲的直接排放。1 个 500 头母猪年出栏 1 万头肉猪的猪场的废物排放量估计为：全年排粪 2300 吨、尿 6000 吨、污水约 24000 吨；平均每天排粪 6.5 吨、尿 16 吨、污水 65 吨；对空气、地表水、地下水、土壤等直接产生有机污染，使地表水富营养化（主要通过钾、硝酸钾磷腐蚀侵害，渗透污染水源和累积污染土壤等三种方式）。

环境治理养殖分布分析

1. 沿海地区，养殖强省，受环境政策影响，猪场养殖规模逐渐减少，如：江苏苏南、浙江、福建、广东。

2. 浙江大量拆迁，萧山、嘉兴、海宁等地经销商消失，留下少部分大猪场。

3. 福建大量拆迁，晋江猪场减少，龙岩大量猪场拆迁。

4. 广东大量拆迁，珠三角拆迁。

同样带来猪存栏量低情况

2017 年生猪存栏量处于历史低位，比历史高位 6000 多万头母猪少了一半。

政策环境总体概况

中国总体的政策环境为畜牧业及其动物保健品业带来巨大的冲击，对公司发展是很大的挑战，同时带来一些机遇。

1. 随着畜牧、兽药、禽药等相关法律法规不断完善，兽药行业的生产经营将越来越规范，这意味着走规范化、标准化之路的企业需要适应了政策发展的潮流。

2. 相关法律法规及社会公众越来越注重产品质量的稳定性和可靠性。关注畜牧相关产品的质量安全，从而延伸至兽药产品的质量水平，中兽药产品将大有作为，但同时应保证相关产品质量。养殖行业相关法律的普及势必带动消费市场的成熟，由此绿色、环保、安全的使用价值将传递到产业链的各个层级。

第二节　经济环境

一般情况下，猪肉价格变化对上下游产业发展起到重要作用：

1. 猪肉价格高时候，养殖户用药量水平较高，更加偏重于用保健药，对价格并不敏感。

2. 猪肉价格高时候，外购猪苗的养殖户在市场中比较灵活，乳猪价格较高，补栏相对积极。

由于环保政策和猪周期作用，猪价格变化对上下游产业链影响在弱化：

1. 猪肉价格维持高位，但整个猪的存栏量增加不多，母猪存栏率不高，部分地区专业户流失严重，部分地区主要存在500头以上母猪的猪场。

2. 猪肉价格虽然高，补栏量不高，疫情少，兽药行业的企业、经销商受益不大。

第三节　技术环境

技术环境是指公司业务所涉及国家和地区的技术水平、技术政策、新产品开发能力、技术发展的动态等。企业应密切关注养殖技术和动物防疫技术的发展。

技术环境发展几个阶段

第一阶段：猪病复杂人类遭殃：猪病越来越复杂，种类增多，病情复杂，危害加大，猪流感、禽流感等危害人类。

第二阶段：养殖技术规模变迁：养殖业开始向规模化集约化发展，养殖技术和管理水平逐步提高，养殖防疫工作积极推进。

第三阶段：重视环境提倡防疫：重视保护环境，阻止对环境的污染和生态的破坏提倡以防疫为主的动物保健。

第四阶段：有机养殖生态循环：有机食品备受青睐，有机养殖技术兴起，提倡发展持续的养殖系统，关注动物保健和福利，维护自然生态循环。

第五阶段:绿色保健品:养殖技术的发展和规模的扩大，加上有机养殖的兴起，无污染、无残留的绿色保健品将是今后主流的动物防疫健康品。

第六阶段：人与自然和谐：科学的养殖规模、养殖方式和动物保健措施将大大降低食品公害，最终形成人与自然和谐相处。

兽药动保技术趋势：现代动保产品已经融合了生理学、饲养学、微生物学、医学以及生物工程等多门学科和多种新技术，今后兽药行业将呈现三大发展方向：

1. 规模效益和专业技术化是企业的发展方向之一，兽药行业市场格局将发生重大变化，未来企业在行业严管、外企冲击和自身发展障碍的多重压力下，数量必将减少。在这种情况下，兽药行业实现全面、协调、可持续发展，有两条路可走：一是常规同质化产品拼企业规模效益，二是走专业技术化道路，拼研发创新效益。

2. 优势互补向规模化、国际化方向发展，未来南北企业的联合，生药与化药企业的联合，大专院校、科研院所与企业的联合，中外企业联合兼并的速度将会加快，遵循效率最高的发展原则，实现规模化和高度集中，整合不合理、无生产力或低生产力的企业，实现行业自身不断进步和升级。

3. 科技创新，才是赢得竞争的关键，企业要用心为养殖行业发展保驾护航，想养殖企业之所想，急养殖企业之所急，吸纳或联合大专院校、科研院所优秀科研人才，学习借鉴其他领域和国外先进经验，争取政府支持，研制新产品是赢得竞争的关键。

第四节　社会环境

一、社会发展趋势

1. 消费习惯的变化，体现在畜产品、动保方面就是对产品安全性和质量稳定性的广泛关注。这就要求动保和兽药企业必须研发和生产低残留和绿色产品，在营销上也要重点突出兽药的安全性和绿色无残留特点。无污染、无残留的食品已经越来越受到重视。

2. 生产方面：环境保护日益受到社会各界的重视，人们健康意识明显增强。

3. 伴随经济的发展和社会福利水平的提升，人们对食品品质的要求越来越高，消费选择也从数量型向质量型转变。特别是绿色食品和有机食品的兴起，引领食品消费进入一个新的发展阶段。

二、新的消费、养殖观念

1. 环境保护受到世界各国、社会各界重视。

2. 人们健康意识明显加强。

3. 食品卫生安全受到空前关注。

4. 绿色食品、有机食品兴起。

5. 提倡科学规范、生态化的养殖。

6. 提倡消毒、保健、疫苗等用药。

第二章　畜牧养殖发展

中国的畜牧业发展历史悠久，先后经历了原始畜牧、传统畜牧和现代化畜牧三个发展阶段。目前我国畜牧业生产水平不断提高，正由传统畜牧业向现代畜牧业转变。

第一节　养殖规模

2016 年养殖数据：2016 年上半年，生猪存栏 40203 万头，同比减少 3.7%，生猪出栏 31959 万头，同比减少 4.4%。2016 年 5 月份国内能繁母猪存栏量较 4 月份减少 0.3%，同比 2015 年 5 月份同期减少 3.6%，约为 3760 万头。

养殖规模发展总结

1. 养殖周期震荡大：2014 年—2015 年上半年，是中国养猪行业的调整动荡期，持续的存栏量减少，低猪价和政府兽药监管，让大量的兽药企业倒闭。

2. 当前养猪生产快速发展，规模养猪是发展的主流。

在市场和政府扶持政策的引导下，当前我国养猪生产平稳、快速地发展扩大规模，以饲料加工、肉类加工为主体的大型龙头企业或企业集团延长产业链，各地政府在土地、政策、资金等的积极支持（有的地区异乎寻常地支持——免费提供土地、建设猪舍、购买种猪补贴等），发展规模养猪的积极性受到鼓舞。

第二节　养殖问题

一、疫情疾病影响相对平缓，但远没有消除，健康养殖已经成为猪场优先考虑的问题

1. 高致病性蓝耳病的影响相对比较平缓，但由于蓝耳病影响猪的免疫系统，

一旦感染后基本没有办法清除。

2. 防止某些疫病演变成突发事件而影响养猪生产的健康发展和市场价格持续波动。

3. 口蹄疫、猪瘟等大型疫情，仍然制约养殖业发展。

二、发展规模化养殖面临饲料供应紧张的严重挑战

1. 我们国家粮食增产的潜力十分有限，发展规模养殖投资数额大，依赖进口粮食。

2. 全价饲料的主体是玉米，而我国的玉米短缺，我国玉米产量稳定在 1.5 亿吨左右，全部产量中约 9700 万吨用于饲料发展规模养猪生产将面临玉米供给的严峻挑战。

三、生猪期货是市场化调节价格波动的手段，需要高度重视

1. 在我国生猪生产和猪肉供应实行市场经济机制以来，已经出现多次波动，每次的价格下跌都引起养猪企业（农户）的抱怨，抱怨市场需求和生产数量的信息滞后。

2. 市场化解决这个问题的办法就是发展生猪期货，利用套期保值和发现价格的功能，引导企业规避风险。

3. 猪业分会很早就关注生猪期货问题，并与大连商品交易所合作开展生猪期货上市前的有关工作，利用套期保值功能锁定盈利，实现先卖后养，或关注期货发现价格的功能，判断未来市场的供求关系，决策企业的发展战略。

第三章　动物保健品发展

第一节　动保保健品基本情况

动物保健品是供畜、禽、鱼、蜂、蚕药等人工养殖动物疾病防治和诊断用的特殊商品，是畜牧业的服务业，与畜牧业的发展相辅相成。

动物保健品的分类:药物饲料添加剂、生物制品、抗感染药物、抗寄生虫药物、化学药物。

动保行业特点：动物保健行业是畜牧业的服务业，是饲料行业的附加和互补行业。畜牧业的发展变化直接影响到饲料行业和动保行业兴衰。当前，动保行业不能满足畜牧业发展的需要，也远低于饲料行业的发展速度。

目前，发达国家动保市场趋于成熟，中国动保市场出现饱和状态。

全球动保产品细分

2017 年，全球动物保健品市场规模大约为 180 亿美元，其中，化学药物 70%；生物药品 25%；其他 5%。按品种：疫苗 25%，驱虫 20%，抗菌消炎 35%，添加剂 20%。2009–2016 年全球市场复合年均增长率超过 3%。

中国动保产品细分

2017 年，中国动物保健品市场规模大约为 500 多亿元（人民币），不同品种用药情况：药物饲料添加剂 35%、抗寄生虫药 15%–20%、生物制品 10%–15%、抗菌药 20%–25%、5%–20%其他药品。

第二节　动保产业发展现状

一、市场广阔

我国是畜牧业生产大国，畜禽饲养数量巨大。由于生产方式落后，生产水平不高，动物疾病频发，对动物保健品依赖度大，动物保健品需求旺盛，市场广阔。

监管愈严：国家颁布的《全国动物防疫体系建设规划》标志着政府推动动物疾病防控体系建设，使动物保健更加科学规范，对动保行业具有积极的影响。

同时，发达国家市场对食品安全和动物福利的严格要求也会越来越多的运用到发展中国家市场。随着国外动保巨头的进入，动保行业竞争也越来越激烈。

二、增长方向

近 10 年来，世界动物保健品市场的增长主要来自宠物和猪的发展。随着我国宠物饲养的迅速兴起，宠物饲养数量大幅度增加，但是，宠物医院往往缺乏国产兽药及动保产品可用。宠物保健市场日益增长的需求空间必然引起国外动保巨头的关注和投资。

供应不足：无论是在科研上还是在生产上，我国的动物保健品都不能满足畜牧业发展的需要，每年都要从国外大量进口。进口的动物保健品主要有兽药制品、兽用生物制品、动物代谢调节剂、畜禽用微生态制剂、抗应激类饲料添加剂、抗生素类饲料添加剂等。

第三节　动保行业存在的问题

1. 生产企业数量多、规模小、生产条件差。

2. 竞争水平低，缺乏与国外企业竞争的能力。

3. 产品结构不合理，原料药紧缺，原料药与制剂生产比例失调，为 1 ：5–7（国外 1 ：2–3），中国只有 150 家左右原料药厂，原料药的来源主要依靠人药厂或进口。

4. 制剂大多只是些普通制剂，新制剂（如：控释剂、缓释剂、透皮吸收剂和靶向制剂等）产品很少。

5. 兽药研究开发能力弱、科技含量低、投入小，据统计：我国从事新兽药研究与开发人员不足 1000 人，专门从事兽用化药研究人员不足 500 人。

6. 中国生物制品特别是兽用疫苗的研发水平低，与国外相比差距大。

7. 从业人员的素质急待提高，技术人员不专业。

8. 行业企业管理水平落后，急待提高。

第四节　动保行业产品发展趋势

动物保健品在未来将面临新的发展机遇，市场继续迅猛增长，同时产品方向也会有所调整，预计动保行业将呈现如下发展趋势：

1. 抗感染药物：随着养殖规模的扩大，动物罹患疾病的可能性增加，减少抗生素和促生长剂的使用加重了疾病的负担。药效长、价格高的抗感染药物将是未来的开发方向。

2. 对饲料药物添加剂的投资将逐渐减少。主要因为：消费者、政治立法压力的继续增加；饲料加工者和零售商的需求；发达国家市场继续对抗生素类的抑制。

3. 抗寄生虫药：未来抗寄生虫药发展潜力较小，寄生虫疫苗也不会有显著的发展。未来本领域产品价格将会持续走低，新品主要源于新活性药物开发和药物联用。

4. 生物制品最有增长潜力。主要因为：继续倾向于预防而非治疗的趋势；不断变化的疾病压力推动新抗原和多价苗的研发；新的生物技术产品的出现；预期主要增长潜力将来自于大型食用动物和水产用疫苗。

5. 无抗养殖越来越重视。

第五节　动保行业综合发展趋势

1. 规模化猪场养殖是趋势。

2. 养殖区域重新布局调整是趋势。

3. 从散户养殖转变到技术养殖、资本养殖。

4. 保健预防是趋势。

5. 动保企业小、散、乱合并治理是趋势。

6. 动保企业非专业、非资本、非品牌、非技术淘汰是趋势。

第四章　禽、肉牛、奶牛、羊养殖及动保发展情况综述

第一节　禽发展综述

一、养禽基本情况

养禽行业发展：2016 上半年，家禽产业运行总体平稳，禽蛋、禽肉供应充足，其中，蛋鸡养殖上半年总体可获盈利，白羽肉鸡步入盈利期，黄羽肉鸡获利收窄，水禽养殖效益不佳。2016 年下半年 ~2017 年上半年，养殖受到周期性波动和禽流感影响巨大，行业出现大幅亏损。

蛋鸡

全国祖代在产蛋种鸡平均存栏 64.01 万套。全国父母代蛋种鸡存栏 1449.11 万套。鸡蛋平均价格 7.08 元 / 千克。只鸡盈利为 7.15 元 / 只。说明：2016 上半年数据。

白羽肉鸡

全国祖代白羽肉种鸡存栏 108.48 万套，其中，后备存栏 24.09 万套，在产存栏 84.39 万套。处于历史同期最低值。全国父母代白羽肉种鸡存栏约为 4306.56 万套。商品代白羽肉雏鸡的平均价格为 3.31 元 / 只（成本价 2.29 元 / 只）。说明：2016 上半年数据。

黄羽肉鸡

全国父母代黄羽肉种鸡年平均存栏量约为 3638.74 万套，同比增加 3.08%。全国商品代黄羽肉雏鸡理论销售量为 20.58 亿只，同比增幅为 5.51%。毛鸡出栏量约为 19.14 亿只。商品代黄羽肉毛鸡平均盈利 1.33 元 / 只，其中，快速型的商品代黄羽肉毛鸡平均盈利 0.77 元 / 只、中速型 0.83 元 / 只、慢速型 2.11 元 / 只。说明：2016 上半年数据。

水禽

我国祖代白羽肉种鸭平均存栏量为39.14万套。父母代白羽肉鸭苗总销售量为978.59万套。商品代白羽肉鸭苗销售量为14.09亿只，同期减少了6.19%。我国白羽肉鸭出栏量约为13.53亿只，产鸭肉263.80万吨。鸭业的整体效益不及2015年，祖代企业父母代鸭苗的销售仍处于亏损状态。毛鸭的饲养处于微利状态鹅及活鹅的饲养环节均处于亏损。说明：2016上半年数据。

二、养殖区域情况

集中区域

华东、华北、东北地区是我国禽肉产量最大的地区，占全国禽肉总产量的63.8%，黄羽肉鸡养殖主要集中于广东、广西和华东地区，蛋鸡生产主要分布在黄河流域及其以北地区，其中河北、河南、山东、江苏、辽宁等5个省的禽蛋产量占全国总量的58.4%。

各地养殖规模

存栏量：

1. 蛋鸡：2016年全国在产蛋鸡平均存栏10.27亿只，上半年鸡蛋产量预计895.54万吨。预计年存栏量20亿只左右。

2. 禽屠宰量：白羽肉鸡：55亿只、黄羽肉鸡：40亿只、鸭：18亿只、鹅：5.5亿只。

三、养殖结构情况

广西、广东养殖集团居多。辽宁鸡头居多，山东集团户、鸡头居多，出栏2000只以上规模肉鸡场有50万家，占73.1%，年出栏过亿的家禽企业有广东温氏集团、正大集团、山东六和集团和大成集团、民和公司等。存栏500只以上规模蛋鸡场有77.9万个，占67.2%，存栏蛋鸡上百万的企业主要有大连韩伟集团和北京德青源。

四、禽的用药情况分析

2017年我国禽药销售总量约为100亿元。

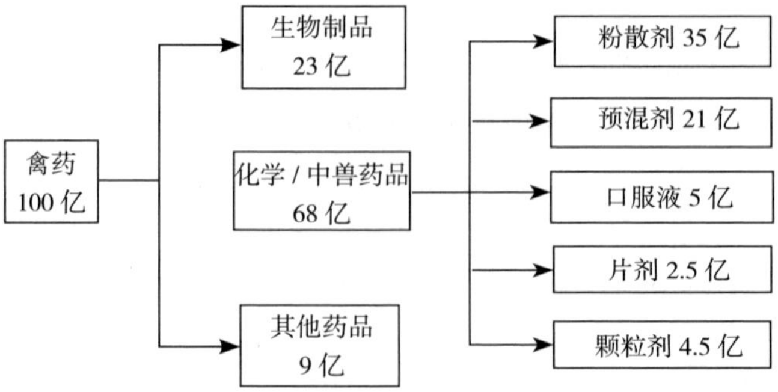

疾病情况：以气管炎、气囊炎、禽流感为主。

五、禽药的营销情况

1. 技术服务

技术强的兽医对禽药的销售影响力大，没有技术几乎没有销售，禽药的驻点技术服务非常普遍，采用驻厂服务模式。

2. 渠道推广

禽药行业流通领域呈现多元化竞争格局。一种是区域经销商制 + 批零模式，目前在市场中主要在散养户区域出现；另一种是集团 + 鸡头的模式，后种模式占主导。

以集团和龙头为主要模式的体系，是目前禽药销售的主力军，是企业在市场中最重要的战略合作伙伴，培养、挖掘及与经销商建立良好的合作关系是当前兽药企业的大事。

3. 直销终端体系情况

这种体系的优势在于：（1）减少销售渠道的中间环节，减少中间利润差。（2）增强企业对客户的控制能力和信息反馈能力，使市场最终需求信息的清晰度加大。（3）便于开展个性服务。

条件：需要一支大客户销量团队。

难点：开发运作客户成本较高。

第二节　肉牛发展综述

一、肉牛养殖

肉牛行业发展

肉牛主要分布在内蒙古、东三省、宁夏、新疆。2017 年中国肉牛出栏总数在 4900 万头 ~5200 万头左右。

肉牛主要品种西门塔尔特点：成年公牛体重平均为 800—1200 千克，母牛体重平均为 650—800 千克。

西门塔尔肉质特点

牛乳、肉用性能均较好，平均产奶量为 4070 千克，乳脂率 3.9%。在欧洲良种登记牛中，年产奶 4540 千克者约占 20%。该牛生长速度较快，均日增重可达 1.35–1.45 千克以上，生长速度与其他大型肉用品种相近。胴体肉多，脂肪少而分布均匀，公牛育肥后屠宰率可达 65% 左右。

肉牛主要品种黄牛特点

体质粗壮，结构紧凑，肌肉发达，四肢强健，蹄质坚实。良种黄牛具有耐粗饲、抗病力强、性情温顺、适应性好、遗传性稳定、肉质好等优良黄牛特性。肉役或役肉兼用。在良好饲养条件下，日增重能达到 800 克以上。高度育肥后，屠宰率 60% 以上。肉质细腻，脂肪分布好，滋味鲜美，肉味浓而不腥膻，肉骨比高，胴体脂肪比例低、肌肉比例高、眼肌面积大，可用于生产高档牛肉。

养殖规模

1. 散养养牛，10 多头。
2. 专业养牛，100 多头。
3. 规模羊牛，1000 多头。

养殖模式

1. 圈养养牛，投料喂养，专门有养牛房屋。
2. 放养养牛，草场放养，自己有草场，多数草场在 4000 亩左右。

肉牛养殖情况

肉牛养殖周期在 15 个月 ~18 个月，肉牛 18 个月能长到 750 千克，15 个月能长到 615 千克。

肉牛养殖成本在 18 元 / 斤左右。

二、肉牛疾病情况

1. 育肥牛病症：口蹄疫（一年使用二次疫苗）、流行发烧、流胃病、胃气膨胀、胃迟缓、感冒、寄生虫（一年进行二次驱虫）。

2. 母牛病症：子宫炎、内膜炎、房腺炎。

3. 小牛病症：腹泻多、拉稀。

三、肉牛用药情况

1. 消毒药：政府补贴为主。

2. 产品剂型：打针注射为主。

3. 驱虫占据总体用药量的50%。

4. 小牛拉稀病症多，占据总体用药量的50%。

说明：牛的抵抗力强，一般不用保健药，牛的得病概率2/10。用药费用方面：饲养管理水平高：每头用药60~80元/年。水平一般：每头用药100~120元/年。

四、肉牛用药的营销情况

1. 使用产品

肉牛相关产品使用情况：舔砖、增肥添加剂、清肝利胆（排毒）、常规药（安奶近）等系列产品。

2. 技术服务

牛的抵抗力高，一般病少，特别是放养模式，牛的病症更少。牛场一般有技术人员，有病一般自己就治好，遇到大病难以解决，再雇佣外面兽医。部分兽药厂家进行技术讲座，但比较少。

3. 产品多用批文

驱虫批文：伊维菌素、阿苯达唑。体内外驱虫：芬苯达唑粉。

第三节　奶牛发展综述

一、奶牛养殖情况

奶牛主要分布在内蒙古、东三省、宁夏、新疆、河北、山东、河南。2017年底，全国奶牛存栏1200万头~1400万头。内蒙古、新疆、黑龙江、河北四省的奶牛存栏数之和占全国总存栏数目的比例超过60%。由于受进口奶源影响，中国奶牛产业正面临巨大挑战。

养殖规模

目前中国正大力推行奶农专业生产合作社，散养殖户正向养殖合作社和规模奶牛养殖发展。

1. 散养养奶牛，一般养殖规模在 20 多头。

2. 养殖合作社养奶牛，一般养殖规模在 1000 多头。

3. 规模奶牛，一般养殖规模在 500 头以上。

养殖模式：圈养奶牛，专门投料喂养奶牛。

奶产品价格

中国奶粉和奶乳制品大量进口，国内奶农亏损严重。目前收奶价格在 1.8 元 / 公斤。国内的奶制品成本价在 3.2~3.6 元 / 公斤。

二、奶牛疾病情况

奶牛疾病：主要是乳房炎、子宫炎、体内寄生虫。

三、奶牛用药及采购情况

1. 一般用药：疫苗、消毒水、驱虫药、治疗乳房炎药。

2. 奶牛用药要求严格：需要无抗无残留，奶的品质要有保证。

3. 产品剂型：打针注射为主。

4. 用药费用：每头 200 元 / 年。

5. 规模牛场用药模式：招标模式用药为主，伊利、蒙牛、中粮等大型企业垄断市场。

6. 技术服务：门店兽药技术员上门做技术服务。

四、奶牛用药的营销情况

1. 奶牛养殖户购买药渠道

绝大多数采用招标的方式，进入蒙牛、伊利的招标目录，再进行兽药销售。散户型的奶牛养殖户的采购渠道，主要集中在县市和大镇购买（内蒙古称旗）。针对奶牛的技术服务相对简单，而且乳房炎治疗起来比较难。

2. 奶牛的产品批文及产品开发

产品批文：地丁菊莲、双丁、穿心莲、鱼腥草、消疮散、公英散。

第四节 羊发展综述

一、羊养殖情况

羊主要分布在内蒙古、东三省、宁夏、新疆、河北、山东、河南。在南方山羊主要分布在：云南、贵州、四川。2016 年羊出栏 3.1 亿 ~3.4 亿，山羊 1.5 亿，绵羊 1.6 亿。绵羊 53%，山羊 47%。

养殖规模

1. 散养养羊，一般养殖规模在 20 多头。
2. 专业养羊，一般养殖规模在 1000 多头。
3. 规模养羊，一般养殖规模在 10000 多头。

养殖模式

1. 圈养羊，投料方式养殖，自建养殖场。
2. 放养养羊，草场放养，自己有草场，一般 4000 亩 ~10000 亩不等。

二、羊疾病情况

1. 育肥羊病症：口蹄疫、驱虫、小反刍、流胃病。
2. 其他病症：发烧、不吃不喝、突然死亡、消热泻火、毛虱、羊弓背。

三、羊用药情况

1. 外用药：洗羊药。
2. 驱虫占据总体用药的 80%。
3. 疫苗基本都用。
4. 驱虫用药水平：一次驱虫 0.2 元，羊一般驱虫二次。
5. 部分羊买保险，5~7 块钱，补贴 450 元。
6. 羊病治疗情况：羊一旦发病，治疗需要见效快，一般羊发病 2~3 天就死亡。病难治就直接卖掉或者处理掉。

四、羊相关产品使用情况

1. 使用产品：舔砖、增肥添加剂、清肝利胆（排毒）等系列产品
2. 采购和技术服务：羊养殖户主要在县市和大镇渠道购买，技术服务相对简单。

羊的产品批文及产品开发

驱虫批文：伊维菌素、阿苯达唑。体内外驱虫：芬苯达唑粉。

文化篇

企业文化建设观点

◆ 畜牧行业的企业在构建文化体系时候，要构建二种文化，一种是市场文化，一种是企业文化。

◆ 畜牧行业立足于农村市场，存在巨大的文化需求，企业市场文化建设非常重要，而技术服务就是市场文化建设重要部分。

◆ 不因农村市场文化和经济的落后，而忽略或者不重视企业文化的建设，如果这样企业将丧失诸多商业机会。

◆ 畜牧企业发展中，一线人才面对农村市场和传统农业，在招聘、留住优秀人才时，需要机制更需要文化。

◆ 在广泛的畜牧行业发展中，既存在着朴实的产品需求文化，也存在着价值需求文化，而价值需求文化是趋势。

◆ 畜牧动保企业应该从产品开发、管理提升到打造文化建设新高度的新境界。

◆ 畜牧行业发展需要从公司＋农户转变到公司＋农户＋文化的建设中。

◆ 畜牧行业企业文化要有深度，要深入到养殖户、经销商中。

◆ 畜牧行业企业文化建设要贴合行业发展特点。

◆ 畜牧行业企业文化建设要重视学习培训。

◆ 只有畜牧行业企业文化建设的提升才有畜牧行业的现代化发展。

◆ 畜牧行业企业文化建设，培养吃苦耐劳文化是基础。

◆ 畜牧行业企业文化建设，执行力文化是重点。

◆ 中小企业公司文化建设应该以老板为中心建设。

畜牧行业市场巨大的文化需求与企业文化影响力有限之间的矛盾，是当前企业文化建设的主要矛盾。企业要构建好自身文化建设，同时要构建好市场文化建设，畜牧业现代化建设，需要企业文化的现代化。在文化篇章中，主要针对企业文化系统建设理论、行业内和行业外优秀企业文化建设案例进行论述。

第五章　企业文化建设体系理论框架

第一节　文化建设体系模型

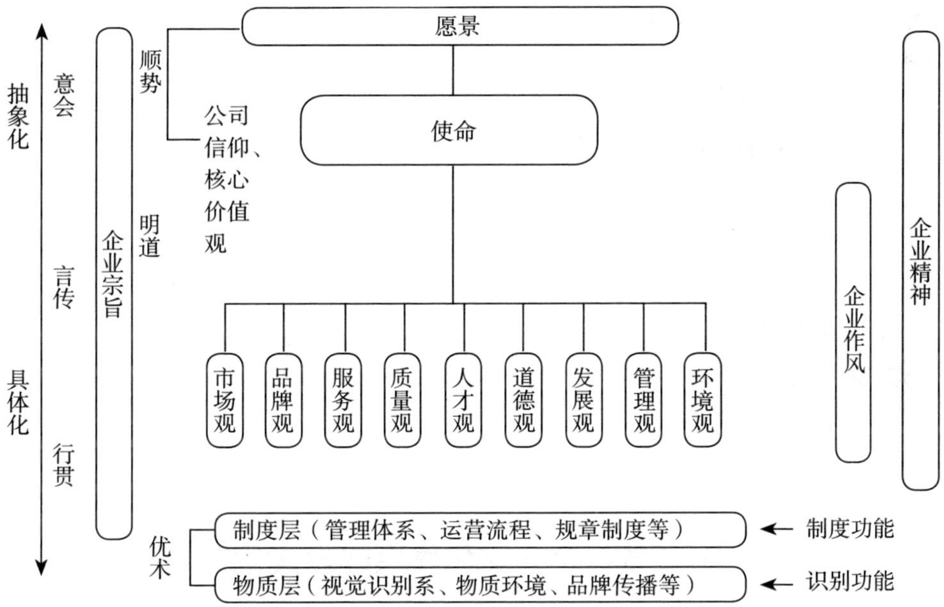

文化体系建设论述

企业文化体系建设如果用农民种植庄稼打比喻的话，好的空气、温度、土壤、水分、阳光就能种出好的庄稼，农民就能够丰收，文化体系里面的元素就是种植庄稼里的空气、温度、土壤、水分、阳光，优秀的企业文化能够孕育出优秀的企业。在文化体系建设中，其中企业愿景、企业使命是企业最高战略标准，是企业核心价值观的重要组成部分；企业精神和企业作风是企业外在的作风体现，体现出企业文化的精神面貌，是企业文化的综合表现；企业具体观念是企业文化的具体表现，是企业文化建设重要的组成部分，如:市场观、品牌观、服务观、质量观、人才观、道德观、发展观、管理观、环境观等。将企业观念、行为、精神风貌进行制度化，那么就形成了企业文化制度。

总体来讲：企业愿景、使命和企业精神作风形成了企业的文化观念，而这些内容综合起来就是企业核心价值观。其中企业愿景、使命是企业根据市场需求、竞争的战略发展规划内容。将企业核心价值观进行具体化，形成制度就成为企业管理文化的制度。企业文化的制度进一步深入进激励考核内容，就会影响员工的一言一行。而员工的言行正体现出公司的精神作风，逐步形成一种行为习惯，进行循环发展，形成企业文化体系。

文化体系模型核心内容

1. 企业的使命
2. 企业的核心价值观
3. 企业的愿景
4. 企业的宗旨
5. 企业的精神
6. 企业的作风
7. 企业的理念
8. 企业文化的具体表现
9. 企业文化的综合表述

第二节　企业文化体系建设案例

地产中介企业为案例

一、我们的企业使命

让企业地产中介联成社区大家庭，成为客户的首选；提供地产综合服务，传播健康生活新概念；为提升置业者的生活品质服务；为员工搭建人生价值的实现平台。

二、企业核心价值观

1. 企业人

我们为员工提供培训和职业发展机会，并把员工的业绩作为选拔、提升和奖励的唯一标准。

我们把员工的个人追求融入企业的长远发展之中；我们将使全体员工与企业一起发展，使我们的员工由于他们的贡献能得到社会的尊敬。

我们为每位员工都提供了平等的发展机会，不唯学历重能力，不唯资历重业绩。每位企业员工都有相当的舞台，每个人都有成功机会，员工与企业相互依存，相互促进，共同成功。

我们吸引和招聘杰出、有抱负和最具企业家精神的人才。

我们坚信公司成败的关键在于能否使员工发挥其巨大的力量和才能。

2. 客户至上

我们的客户既包括外部的业主、顾客和合作伙伴等，也包括内部的同事。

我们对待最终客户方面：比如在办理业主与顾客产权更替服务时，是否能做到及时和有效；在对租售经纪、解答问题过程中，是否能对客户耐心地解释我们的服务政策；另外在我们的交易过程中，对业务出现的政策和法规问题，我们是否能正确地和客户解释或者考虑到这些问题；直至到再造业务流程设计思想的考虑是站在客户的角度，还是站在我们自己这方面等，这些都涉及直接客户。

我们对待合作伙伴方面：如代理协议中的有关条款是否能公正地对待我们的业主，而不体现我们的霸气；在商务红利率测算上我们是否能讲求信誉；在业务交易上面我们是否能及时地为客户考虑，而不是仅仅从自己的费用、成本上考虑；另外在与业主、客户、银行等的联系上，我们是否能及时地沟通。

我们对待部门间的合作方面：比如在发文时是否能做到发文明确，让对方理解发文的用意，并且易于接受；对于部门之间的合作上，是否能够主动、积极而非推诿、懈怠；电子邮件的处理效率是否及时，能否及时补台，等等。

3. 我们对待上下级的关系方面

上级与下级的关系实际也体现了一种互为客户的关系。①上级对下级：比如说工作任务的布置、签字授权、对待下级提出的请求能否及时满足等。②下级对上级：比如在上级提出要求时，是否能把理由表述清楚，能够让上级在做出决定的过程中有一个充足的依据。

- 客户在我们的心目中占有至高无上的地位。
- 我们竭力满足客户的要求，并尽可能超载客户的期望。

三、开放

我们在观念方面，有包容力，能吐故纳新，能够容忍犯错误，为了怕犯错而谨小慎微、抱残守缺，就会丧失创新精神，进取意识；同时能够兼容外来文化，与时俱进，不断改造企业文化。

1. 我们在管理方面，为了共同目标，可以真诚坦率的沟通，不过分强调资历，经验。

2. 我们在战略方面，进行合作、联盟，共同发展。

3. 我们与顾客结成伙伴关系，寻求双赢。

4. 我们在吸引人才方面，不拘一格降人才，看重人的潜能和可塑性。

5. 我们在用人方面，不带偏见，不以个人喜恶为标准，评价一个人还要多听听他的同事、下级的意见。

四、诚信

我们诚实正直、坦率待人，并始终努力去做正确的事情。

1. 我们是遵纪守法的企业。

2. 我们坚信，不讲诚信，其道不正，不讲诚信，其财不远。

3. 我们在做每一次决定、采取每一项行动时始终坚持公司的价值观和原则；我们坚守并履行“对公司忠诚、对客户热诚、对同事坦诚”的承诺。

五、和谐

我们坚持积极健康的人生态度，推崇互相信任、密切配合的处事原则。

1. 我们和客户、业主、政府以及我们的社区有着共同目标，与所有为实现公司使命做出贡献的各方建立和谐友好的关系。

2. 我们致力于建设和谐的团队，依靠团队的共同努力达到我们的目标。

3. 我们坚信唯有本公司每一位成员和亲协力、至诚团结，才能促成进步与发展。

六、行动

我们挑战陈规，勇于创新。

1. 我们以最快的速度采取有效行动，身为员工，必须全力以赴，为公司贡献；公司对员工的努力与忠心，提供优厚薪水和福利回报员工、照顾员工。

2. 我们主动进取，并努力把我们所做的任何事情做到最好。

七、我们的企业愿景

成为中国更优秀、更受人信赖和尊重、更具竞争力的房地产综合服务国际化企业。

八、我们的企业精神：学习沟通、自我超越

每一位企业人都要致力于在团队中减少相互之间的误解和被误解。

勇于跟自己较劲儿，把每一件小事情都要做完整、做到位。

九、我们的企业作风：高标准、高要求、尊重制度、立即行动

一个家庭一所学校一支军队

1. 把企业公司建设成为一个家庭，像家庭一样充满亲情。
2. 把企业公司建设成为一所学校，像学校一样培养员工。
3. 把企业公司建设成为一支军队，像军队一样具有执行力。

十、宗旨

对员工关心、对客户热心、对同事诚心、对公司忠心、对业务专心。

十一、经营理念：以顾客为导向，执着追求客户满意

企业始终以 CS（Customer Satisfaction。顾客满意服务）为宗旨，群策群力以国际观、时尚观采取行动，以品味创新顾客生活。达到顾客满意，同时为顾客创造更多的价值。以顾客为导向应该变成一种意识，根植在每个员工的心中，在企业上下形成一种处处为顾客着想的氛围。以员工为导向提倡企业用对待顾客的态度对待员工，通过重视与肯定员工的价值与重要性，使员工满意，进而达到顾客满意。

十二、管理理念

以人为本，关心人、理解人、尊重人，科学与严格相统一，管人、管思想相统一。结合企业实际,学习和推行国际国内最先进和成功的管理理论、手段和方法，发挥团队凝聚力优势，简单、高效和快乐。

十三、服务理念

满足需求是我们服务的目标。

十四、用人理念

珍珠的价值在它本身，而人的价值在于他的品德与能力；无德无才即冗才，无德有才是歪才，有德无才乃庸才，有德有才方人才。

十五、市场理念

对内自信对外可信。

十六、生存理念

永远战战兢兢、永远如履薄冰。

十七、营销理念

我们出售的不仅是专业的房地产综合服务，而是一种生活方式和诚信价值观。

十八、创新理念

创造新市场，创造新生活。

十九、资源理念

不在于拥有多少资源，而在于利用多少资源。

二十、学习理念

勤于思、敏于行、成于变、诚信、感恩、尊重、合作、分享、创新。

第六章　企业家为中心的企业文化建设

老板是企业文化的源头，通常公司做大了就称老板为企业家，从某种程度上说，企业文化就是企业家的个性文化。企业与任何组织一样，都具有人格化的特征，文化的载体也仅仅可能是人。一个企业的文化起源，往往与创业者的意识、经营管理思想、管理风格以及其气量品质等都有很大的关系。

因此，从某种意义上讲，企业家是企业文化的第一设计者，第一身体力行者，第一宣传者。也有人说，企业家是企业文化的塑造者、组织者、传播者，企业文化建设要以企业家为中心。企业家对企业文化影响重大，企业家在发展过程中要不断培养自己能力，从而形成公司文化。成功的企业家要建设公司文化，围绕自身需要从能力、品德、气质方面提升。

企业家应该具备的十九种个人能力

1. 工作效率高
2. 有主动进取心
3. 逻辑思维能力强
4. 富有创造性
5. 有判断力
6. 有自信心
7. 辅助他人
8. 为人榜样
9. 善于使用个人权利
10. 善于集中大家的力量
11. 利用交谈做工作
12. 建立亲密的人际关系
13. 乐观的心态

14. 善于深入员工群体中领导
15. 有自制力
16. 主动果断
17. 客观而善于听取各种意见
18. 能正确地自我批评
19. 勤俭艰苦和具有灵活性

企业家应该具有的九项品德

1. 有使命感
2. 诚实
3. 忍耐
4. 热情
5. 有责任感
6. 有积极性
7. 有进取性
8. 公平
9. 有勇气

企业家应该培养的五种气质

1. 博大胸怀气质
2. 追求远大目标气质
3. 狂热的气质
4. 超常规思维能力气质
5. 系统思考能力气质

第七章　优秀企业文化建设案例

华为文化建设案例

华为致新员工的一封信是最能表达华为文化内涵的学习案例，要真正掌握华为文化精髓，借鉴运用到畜牧动保企业，就需要对华为致新员工的一封信进行解读和深入分析。

华为致新员工的一封信

华为公司致新员工

您有幸加入华为公司，我们也有幸获得了与您合作的机会。我们将在相互尊重、相互理解和共同信任的基础上，与您一起度过在公司工作的岁月。这种尊重、理解和信任是愉快地进行共同奋斗的桥梁与纽带。

华为公司是一个以高新技术为起点，着眼于大市场、大系统、大结构的高科技企业。她有着自己的历史使命，她不但需要有高层次、高素质的科技人才和管理人才，同时还必须有一个能被这些人才认同的价值体系，这就是说要建立一个共同拥有的企业文化。华为的企业文化是建立在国家优良传统文化基础上的企业文化，这个企业文化黏合全体员工团结合作，走群体奋斗的道路。有了这个平台，你的聪明才智方能很好发挥，并有所成就。没有责任心，不善于合作，不能群体奋斗的人，等于丧失了在华为进步的机会。那样您会空耗了宝贵的光阴，还不如在试用期中，重新决定您的选择。进入华为并不意味着高待遇。对新来的员工，因为没有考评记录，起点较低，晋升也许没有您期望的那么快，为此深感歉意。

公司管理是一个矩阵系统，运作起来就是一个求助网。希望您们成为这个大系统中一个开放的子系统，积极、有效地既求助于他人，同时又无私地给予他人支援，这样您就能充分地利用公司资源，您就能借助别人提供的基础，吸取别人的经验，很快进入角色，很快进步。求助没有什么不光彩的，做不好事才不光彩，求助是参与群体奋斗的最好形式。如果封闭自己，怕工分不划算，想单打独斗，搞出点名堂来，是万万不可能的。就算您搞出来，也需要较长时间，也许到那时，你的工作成果已没有什么意义了。实践是您水平提高的基础，它充分地检验了您的不足，只有暴露出来，您才会有进步。实践再实践，尤其对青年学生十分重要。只有实践后善于用理论去归纳总结，才会有飞跃的提高。要摆正自己的位置，不怕做小角色，才有可能做大角色。有一句名言："没有记录的公司，迟早是要垮掉的！"多么尖锐。一个不善于总结的公司会有什么前途，个人不也是如此吗？

我们崇尚雷锋、焦裕禄精神，并在公司的价值评价及价值分配体系中体现：决不让雷锋们、焦裕禄们吃亏，奉献者定当得到合理的回报。

我们呼唤英雄，不让雷锋吃亏，本身就是创造让各路英雄脱颖而出的条件。雷锋精神与英雄行为的核心本质就是奉献。雷锋和英雄都不是超纯的人，也没有固定的标准，其标准是随时代变化的。在华为，一丝不苟地做好本职工作就是奉献，就是英雄行为，就是雷锋精神。

实践改造了，也造就了一代华为人。"您想做专家吗？一律从基层做起"，已经在公司深入人心。进入公司一周以后，博士、硕士、学士以及在原工作单位取得的地位均消失，一切凭实际能力与责任心定位，对您个人的评价以及应得到的回报主要取决于您实干中体现出来的贡献度。在华为，您给公司添上一块砖，公司给您提供走向成功的阶梯。希望您接受命运的挑战，不屈不挠地前进，您也许会碰得头破血流。但不经磨难，何以成才！

公司要求每一个员工，要热爱自己的祖国。热爱我们这个多灾多难、刚刚开始振兴的民族。只有背负着民族的希望，才能进行艰苦的搏击，而无怨无悔。我们总有一天，会在世界通信的舞台上，占据一席之地。任何时候、任何地点都不要做对不起祖国、对不起民族的事情。要模范遵守国家法规和社会公德，要严格遵守公司的各项制度与管理规范。对不合理的制度，只有修改以后才可以不遵守。任何人不能超越法律与制度，不贪污、不盗窃、不腐化。严于律己，帮助别人。

您有时会感到公司没有您想象的公平。真正绝对的公平是没有的，您不能对这方面期望太高。但在努力者面前，机会总是均等的，只要您不懈地努力，您的主管会了解您的。要承受得起做好事反受委屈，"烧不死的鸟就是凤凰"，这是华为人对待委屈和挫折的态度和挑选干部的准则。没有一定的承受能力，今后如何能做大梁。其实一个人的命运，就掌握在自己手上。生活的评价，是会有误差的，但决不至于黑白颠倒，差之千里。要深信，在华为，是太阳总会升起，哪怕暂时还在地平线下。您有可能不理解公司而暂时离开，我们欢迎您回来。您更要增加心理的承受能力，连续工龄没有了，与同期的伙伴的位置差距拉大了。我们相信您会加步赶上，但时间对任何人都是一样长的。

世上有许多“欲速则不达”的案例，希望您丢掉速成的幻想，学习日本人踏踏实实、德国人一丝不苟的敬业精神。现实生活中能把某一项技术精通是十分难的。您想提高效益、待遇，只有把精力集中在一个有限的工作面上，不然就很难熟能生巧。您什么都想会、什么都想做，就意味着什么都不精通，做任何一件事对您都是一个学习和提高的机会，都不是多余的。努力钻进去兴趣自然在。我们要造就一批业精于勤、行成于思，有真正动手能力和管理能力的干部。机遇偏爱踏踏实实的工作者。

公司永远不会提拔一个没有基层经验的人做高层领导工作。遵循循序渐进的原则，每一个环节对您的人生都有巨大的意义。您要十分认真去对待现在手中的任何一件工作，十分认真地走好职业生涯的每一个台阶。您要尊重您的直接领导，尽管您也有能力，甚至更强，否则将来您的部下也不会尊重您。要有系统、有分析地提出您的建议，您是一个有文化者，草率的提议，对您是不负责任，也浪费了别人的时间。特别是新来者，不要下车伊始，动不动就哇啦哇啦。要深入、透彻地分析，找出一个环节的问题，找到解决的办法，踏踏实实地一点一点地去做，不要哗众取宠。

公司建立了各级管理委员会，在高层开放民主。在委员会的授权下，各级部门首长办公会议负责日常运行的管理。部门首长办公会议是实行权威制，一旦决定了要坚决执行，有不同意见可以反映，但必须服从它的决定，以及快速反应。

公司管理决策的原则是从贤不从众。管理的原则是集体负责制。这种建立在统一经营管理理念基础上的民主决策和权威管理的经营管理体制，有利于防止一长制的片面性，在重大问题上，发挥了集体智慧。这是公司成立十年来没有摔大跟头的因素之一。民主讨论还会进一步扩展，权威管理的作用也会进一步加强，这种大民主、大集中的管理，还需长期探索，希望您成为其中一员。

为帮助员工不断超越自我，公司建立了各种培训中心，培训很重要，它是贯彻公司战略意图、推动管理进步和培训干部的重要手段，是华为公司通向未来、通向明天的重要阶梯。你们要充分利用这个“大平台”，努力学习先进的科学技术、管理技能、科学的思维方法和工作方法，培训也是你们走向成功的阶梯。

物质资源终会枯竭，唯有文化才能生生不息。一个高新技术企业，不能没有文化，只有文化才能支撑她持续发展。对于一个新员工来说，要溶入华为文化需要一个艰苦过程，每一位员工都要积极主动地、脚踏实地地在做实的过程中不断地去领悟华为文化的核心价值，从而认同直至消化接纳华为的价值观，使自己成为一个既认同华为文化，又能创造价值的华为人；只有每一批新员工都能尽早地接纳和弘扬华为的文化，才能使华为文化生生不息。

华为文化的特征就是服务文化，谁为谁服务的问题一定要解决。服务的含义是很广的，总的是为用户服务，但具体来讲，下一道工序就是用户，就是您的“上帝”。您必须认真地对待每一道工序和每一个用户。任何时间、任何地点，华为都意味着高品质。希望您时刻牢记。

业余时间可安排一些休闲，但还是要有计划地读些书，不要搞不正当的娱乐活动，为了您成为一个高尚的人，望您自律。

要关心时事，关心国家与民族的前途、命运，我们不要卷入任何政治漩涡，不赞成您去指点江山，我们以“产业报国”的方式去关心、去爱自己的国家。目前，在中国共产党领导下，国家政治稳定、经济繁荣，这就为企业的发展提供良好的社会环境，我们要十分珍惜。21世纪是历史给予中华民族一次难得的振兴机会，机不可失，时不再来。“21世纪究竟属于谁”，这个问题的实质是国力的较量，国际间的竞争归根到底是在大企业和大企业之间进行。国家综合国力的增强需要无数大企业组成的产业群去支撑。一个企业要长期保持在国际竞争中的优势，唯一的办法便是拥有自己的技术。当华为拥有知识产权的产品以强劲的竞争力冲出亚洲，走向世界的时候，它代表着一个国家向全世界展示：中国不但过去曾是文化科技大国，今天、明天、后天……还会再创辉煌。

公司在飞速发展，迫切需要专才和干部，希望您加速磨炼，茁壮成长，我们将一起去担起明天的太阳。

华为文化的解析，华为致新员工一封信解读

“物质资源终会枯竭,唯有文化才能生生不息。”华为对文化建设是非常重视的，从华为成立时起就开始着手建立华为文化体系，华为的成功是建立在华为文化体系基础上的。对于畜牧动保企业文化建设,应该“不以企业大小而论文化建设有无。”

结合实际情况建立起公司文化体系。对于华为文化的解析及借鉴，主要从群体奋斗文化、总结文化、从零开始文化、雷锋文化、烧不死的鸟就是凤凰文化、服务文化、专家文化、民主文化、培训文化进行论述，同时提出相应建设措施。

群体奋斗文化

华为关于群体奋斗文化论述：没有责任心，不善于合作，不能群体奋斗的人，等于丧失了在华为进步的机会。如果封闭自己，怕工分不划算，想单打独斗，搞出点名堂来，是万万不可能的。

公司形成群体奋斗文化措施：

1. 思想方面进行团队分工合作教育，抛弃单兵英雄和个人英雄主义。
2. 在公司项目中注重专业分工合作、流程化设计，避免一个人搞大而全。
3. 激励体系设计注重团队激励模式。
4. 考核体系设计需要将团队配合列入考核指标。

总结文化

华为关于总结文化论述：有一句名言："没有记录的公司，迟早是要垮掉的！"多么尖锐。一个不善于总结的公司会有什么前途，个人不也是如此吗？

公司形成总结文化措施：

1. 公司层面建立会议记录、周列会总结、月列会总结等制度。
2. 团队培训学习需要建立案例分享会。
3. 作为员工需要有个人成长笔记本。

从零开始文化

华为关于从零开始文化论述：

进入华为并不意味着高待遇。对新来的员工，因为没有考评记录，起点较低，晋升也许没有您期望的那么快，为此深感歉意。进入公司一周以后，博士、硕士、学士以及在原工作单位取得的地位均消失，一切凭实际能力与责任心定位，对您个人的评价以及应得到的回报主要取决于您实干中体现出来的贡献度。

公司形成从零开始文化措施：

1. 思想方面：树立英雄不问出路观念，抛弃公司老人资历文化。

2. 招聘方面：不以文凭作为公司招聘主要依据。

3. 职位晋升方面：以个人成长、能力、贡献作为晋升依据。

雷锋文化

华为关于雷锋文化论述：

在华为，一丝不苟地做好本职工作就是奉献，就是英雄行为，就是雷锋精神。我们呼唤英雄，不让雷锋吃亏，本身就是创造让各路英雄脱颖而出的条件。雷锋精神与英雄行为的核心本质就是奉献。雷锋和英雄都不是超纯的人，也没有固定的标准，其标准是随时代变化的。

公司形成雷锋文化措施：

1. 思想方面：在公司宣传做好本职工作的思想，如："成功就是简单的事情重复做。""把每一件简单的事做好就是不简单，把每一件平凡的事做好就是不平凡。"

2. 激励方面：要对能够完成本职工作的员工进行奖励制度设计。

3. 岗位设置方面：针对一些服务性基础部门，能用本科生就不用研究生，坚决不用眼高手低的员工。

烧不死的鸟就是凤凰文化

华为关于烧不死的鸟就是凤凰文化论述：

要承受得起做好事反受委屈，"烧不死的鸟就是凤凰"，这是华为人对待委屈和挫折的态度和挑选干部的准则。没有一定的承受能力，今后如何能做大梁。其实一个人的命运，就掌握在自己手上。

公司形成烧不死的鸟就是凤凰文化措施：

1. 思想方面：树立吃苦文化，遇到委屈和挫折勇敢向前文化。

2. 风气方面：做的事情越多有时反而犯的错误越多，抛弃"不做事，不犯错误，少做事，少犯错误"的观点，要让员工勇于担当。

3. 培养团队方面：要让优秀的员工，多去有挑战的岗位和项目上工作，如：优秀销售员派去开拓性的市场。

4. 激励方面：对项目和市场设置难度系数。

服务文化

华为关于服务文化论述：

华为文化的特征就是服务文化，谁为谁服务的问题一定要解决。服务的含义是很广的，总的是为用户服务，但具体来讲，下一道工序就是用户，就是您的“上帝”。您必须认真地对待每一道工序和每一个用户。

1. 思想方面：树立以客户为中心服务文化，抛弃“官老爷”，“事难办，脸难看”作风。

2. 机制方面：建立卓越服务体系，让服务差异化、精细化、标准化、流程化、制度化。

3. 激励方面：奖励优秀服务员工、事迹，树立员工服务标杆。

专家文化

华为关于专家文化论述：

现实生活中能把某一项技术精通是十分难的。您想提高效益、待遇，只有把精力集中在一个有限的工作面上，不然就很难熟能生巧。您什么都想会、什么都想做，就意味着什么都不精通，做任何一件事对您都是一个学习和提高的机会，都不是多余的。努力钻进去兴趣自然在。我们要造就一批业精于勤、行成于思，有真正动手能力和管理能力的干部。

公司形成专家文化措施：

1. 思想方面：宣传工匠精神。

2. 人力资源方面：招聘所学专业的人，在相关专业岗位上工作，专业的人做专业的事。

3. 文化建设方面：定期开展岗位技能比拼活动，并进行激励。

注重员工基础经验文化

华为关于员工基础经验文化论述：

公司永远不会提拔一个没有基层经验的人做高层领导工作。遵循循序渐进的原则，每一个环节对您的人生都有巨大的意义。您要十分认真去对待现在手中的任何一件工作，十分认真地走好职业生涯的每一个台阶。

公司形成员工基础经验文化措施：

1. 员工晋升方面：把基础工作经验当作重要考核指标，如：销售总监，需要有市场销售员工作经验。

2. 机制方面：设置能上能下的岗位机制，让公司管理人员到基础岗位工作。

民主文化

华为关于民主文化论述：

公司管理决策的原则是从贤不从众。管理的原则是集体负责制。这种建立在统一经营管理理念基础上的民主决策和权威管理的经营管理体制，有利于防止一长制的片面性，在重大问题上，发挥了集体智慧。

公司形成民主文化措施：

1. 文化方面：宣传民主讨论文化，抛弃官僚文化和独裁文化。

2. 机制方面：建立决策委员会机制、建立一票否决机制。

培训文化

华为关于培训文化论述：

为帮助员工不断超越自我，公司建立了各种培训中心，培训很重要，它是贯彻公司战略意图、推动管理进步和培训干部的重要手段，是华为公司通向未来、通向明天的重要阶梯。

公司形成培训文化措施：

1. 机制方面：公司建立培训学院、市场一线培训机制。

2. 考核方面：针对培训要进行考试，纳入到公司考核体系。

3. 培训预算：公司每年制定培训预算，聘请外部专业培训机构。

第八章　用企业体制来创新企业文化建设

不能忽视公司体制对企业文化影响，企业发展体制的演变过程是伴随着企业文化的变化的过程。尤其是企业发生的重大体制调整，是对企业文化的形成有冲击力的，往往导致了企业变革的产生，进而影响企业文化的重新塑造。

企业发展体制变革对现存企业文化的影响

不同时期企业的各种体制

1. 计划经济时期官办银行的政府职能体制

带来“重政治轻经济”的企业文化，特点是公司员工高傲，客户是下属，是要来求我们的，如老百姓找政府部门的口头禅，“脸难看，事难办”。

2. 国家的终身雇佣制

带来“惰性”的企业文化，员工是企业的主人，无论干得如何，企业不会解雇我的，如社会普遍认为进政府机关就是找到“铁饭碗”。

3. 违规经营后责任追查的后果体制

带来“推脱责任”的企业文化，特点是员工处处小心，少负责为佳，企业形成“事不关己，高高挂起”。

4. 干部聘任制改革

带来“排斥”的企业文化，特点是干部不再是终身的，由国家干部变为雇员，很难接受，企业经常形成空降兵水土不服情况。

5. 竞争上岗体制

带来“竞争”的企业文化，特点是能力主义，而不再是资历主义的时代，企业开始变得充满活力，同时公司内部斗争激烈。

6. 绩效工资制改革体制

带来“管控”的企业文化，特点是工资与工作的绩效，而不是与职务资历有关，企业员工工作主动性更强，但是会无形中增加很多管理成本。

7. 经常裁员体制

带来“优胜劣汰”的企业文化，特点是很大程度上削弱了员工对企业的信赖感和归属感，公司员工普遍认为，企业是“铁打的银盘，流水的兵”。

战略篇

战略思想观点

◆ 精准战略在兽药动保行业将大行其道。

◆ 顶尖极限战略促使兽药动保企业不断升级。

◆ 互联网＋战略对畜牧行业将是性质的改变而不是简单的工具。

◆ 单品战略，在细分领域做出精品，不断创新，仍然是兽药领域企业主流，在这方面国外一流企业是最好的学习榜样。

◆ 相比较其他产业，畜牧行业由于很多产品的更新速度慢，行业存在得天独厚的条件，构建起生态链战略。

◆ 平台战略，将企业打造成平台，围绕产业链打造局部产业平台，都是行业中重要的战略思想。

◆ 聚焦战略，区域聚焦、产品聚焦、政策聚焦、团队聚焦，将有限的资源集中到一点进行竞争。

◆ O2O 连锁战略，畜牧行业在流通领域进行整合，甚至发展线下渠道连锁业态，同时构建线上电子商务平台，而且将二者进行融合发展，将创造无限可能。

◆ 品牌战略，品牌的构建在畜牧行业仍然是空白点，在打造品牌中需要结合行业特性进行创新。

◆ 产业链透明战略，畜牧产业链发展，要注重信息对称，从养殖源头到消费的整个产业链透明化是行业发展趋势。

畜牧动保企业战略要符合行业的特性进行制定，抓住养殖需求变化的龙头和消费需求变化的根源，有针对性地制定好战略、商业模式、业务模式等内容。根据企业不同发展阶段，抓住行业成功的关键要素，如:技术、研发、品牌、人力资源、产品、渠道等，科学投入，整合资源，进行补缺创新，不断发展壮大企业。优秀的战略不管是在企业家脑袋里面还是企业形成科学的战略方案，一定是要能够让企业站在高山上看远方，一目了然。在战略篇章中，主要针对战略的理论、模型、体系进行阐述，论述了畜牧动保行业的战略规划案例，如：精准战略、单品战略、产业链战略、生态链战略、聚焦战略、收购兼并战略、品牌战略、O2O 战略等。

第九章　企业战略理论

第一节　战略思想

首先，要实现公司的战略目标，必须树立战略思想，才能保证战略实施：

公司需要认识到如下方面问题存在：

1. 自然、简单下单发货销售增长方式。
2. 简单生产导向、一品定天下的单纯做产品。
3. 简单做销售的观念，盲目追求短期销量，而忽视长远利益。
4. 从单纯的提供产品思维。
5. 分散资源，投入在每一个细分市场。
6. 在做强的过程中，员工的积极性与压力相对较小。

公司需要转化到如下方面

1. 认真分析系统性的问题，向快速的战略型增长转变。
2. 认真进行市场研究、市场需求分析，为消费者做好价值的观念转变。
3. 有规划，有战略思考，有布局的营销系统思维方式不断转变。
4. 以客户为中心提供价值观念转变。
5. 将资源集中发展重点市场，在非目标市场上，采用伺机进入的方式，对无盈利希望同时又挤占资源的在研产品要坚决退出。
6. 做强的过程是竞争力得以加强的过程，对决策层与管理层的要求更高，工作难度很大。

在畜牧动保企业来讲多数是缺乏战略的，而且没有制定真正的战略。

为什么有些企业不进行战略规划

1. 内讧——一些企业深深陷入内部危机之中，内讧不止，哪有时间去考虑外部的战略竞争。

2. 浪费时间——一些企业认为，既然企业产品适销对路，那么制定规划纯粹是浪费时间。

3. 代价太大——一些企业习惯性地反对为制定规划提供资源。

4. 惰性作用——一些人不愿意为制定规划付出心血。

5. 满足于现有成功——特别是在取得成功的时候，人们会感到他们所坚持的做法获得了巨大成功，因此不需要制定新的计划，但今天的成功并不能保证明天的辉煌。

6. 害怕失败——一些企业不采取措施，坚持认为只要企业不出现非常紧急或者严重的问题，便不会有失败的危险。

7. 过分自信——过分自信和过高估计自己的经验都会给企业带来灾难。

8. 先前不好的经历——可能先前制定的规划期限太长、内容繁杂、不切实际或者僵化死板。规划和其他工作，完全有可能做得很糟糕。

9. 自私心理——如果人们通过有效运用原有管理系统获得了一定的地位、权势或自我形象，那么他们常常会将规划看作是一种威胁。

10. 怀疑心理——员工可能不相信经营管理层能发挥作用。

战略思维模型

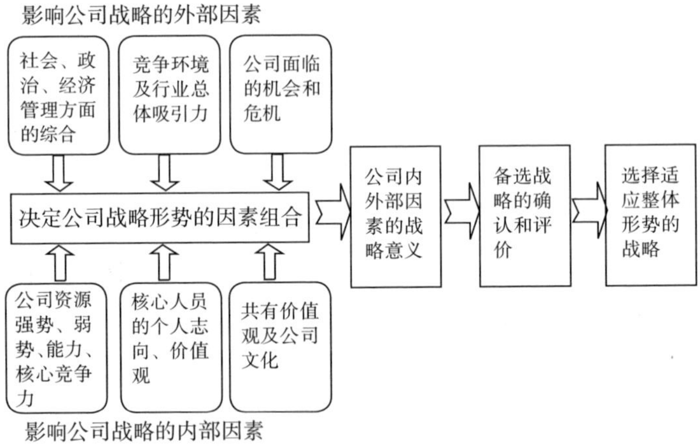

第二节　战略分类模型

战略分类

企业战略内容：业务组合应包含哪些组成部分？怎样提高业务组合的价值？

企业战略：针对的层面是企业总部。业务组合管理、并购、多元化与专业化、一体化。

业务单元战略：在哪个领域竞争、怎样竞争？事业部管理层加总部的意见，先进的成本地位、顾客细分、区分化、服务战略、市场进入。

职能战略：怎样分配资源、职能部门、制造战略、人力资源战略、销售战略、革新 / 技术战略。

战略的构建模型

愿景

1. 企业或业务未来的发展方向？

使命

2. 我们是谁？客户是谁？将为客户提供什么样的产品 / 服务？

目标体系

3. 长期和短期业绩的战略目标和财务目标体系。

战略选择

4. 业务、客户、区域及市场位置的选择；竞争战略的选择。

策略与实施方案

5. 价值提供、市场运作、组织体系、预算、政策、运作流程、制度等。

企业文化、价值观

6. 企业伦理道德的底线。

硕腾的战略规划：我们的愿景：愿景，我们工作的理想——为全世界动物保健用户贡献最具价值的产品、服务和人才。我们的使命：秉承六十年的悠久历史和对动物保健事业的倾心专注，我们为客户提供优质的产品、服务，并恪守对客户的商业承诺。以客户利益为先：我们努力工作，始终以客户利益为先——唯有客户的成功，才能铸就硕腾的成功。硕腾的业务代表是领军人物，他们建立并发展与客户间坚实、深厚且持续的合作关系。其强大的后盾是 800 名技术人员和兽医学专家，他们会提供专业技能和疾病预防的相关培训。本地化的运营模式，使硕腾能迅速了解并准确回应当地市场的需求，促进客户业务长足发展。

第十章　精准战略

精准战略：是在市场中针对某细分领域进行的战略活动。在兽药动保行业来讲，如针对某种猪的病毒原理，猪的生长周期等都可以进行细分。

在养猪市场价格低迷，兽药市场需求萎缩，兽药动保市场加速洗牌，部分中小型兽药企业在市场中被淘汰。但市场中却有一些企业生存了下来，而且在不断发展，这些企业专注某个细分市场，进行精准战略。

某畜牧动保企业主要定位在母猪系列，进行精准战略，公司实现快速发展。

某畜牧动保企业的成功之处：

精准定位母猪

公司精准定位于母猪系列，特别是母猪生殖系统。

重点解决母猪年产胎次、胎均产健仔数和减少仔猪断奶前死亡率等核心问题。

着力打造中国母猪生殖营养与健康管理领域第一品牌。

一套母猪保健理念

提出中药母猪生殖保健理论，包括："六不三优安胎技术""三心五环生殖健康理论""两清除一提高"和"青年母猪九段二期培育程序"等理论。

一套母猪技术方法

组建母猪护娩师培训班，打造母猪 psY 培训品牌。

一套母猪系列产品

"母猪三宝（仔多多、肠生源、健力源）"为代表的抗病营养产品

拥有针对母猪的核心拳头产品，单品在市场中销量超过千万。

第十一章　单品战略

单品战略就是将公司资源集中在某点，对产品进行聚焦，以单个产品为重点，而且把产品做到极致。在市场中主要单个产品历年销售都稳定在较高的水平。其实在动保行业来讲该类型的企业不在少数，多数厂家是靠一、二个产品做起来，即使做起来之后这种产品也是占据主要销售额，但是随着企业发展膨胀，一味地求大求全，在企业战略没有搞清楚的时候，浪费了许多资源，错失产品升级改造机会，企业逐步丧失竞争力。

单品战略案例：牲血素是畜牧动保行业单品战略的优秀代表

化工研究院牲血素说明

牲血素——右旋糖酐铁注射液是广西化工研究兽药厂的专利产品（专利号88107217.6），也是化工院的拳头产品之一，其定位是——成为世界上性价比最高的仔猪补铁针剂。产品自面世以来，一直畅销全国及东南亚、俄罗斯等地，深受用户好评，也因此获得诸多荣誉（国家科技进步奖，证书号09-3-019-01；中国优秀专利奖；广西名牌产品等）。

产品特点和与国外产品比较：1、正确理解右旋糖酐铁及其对预防治疗仔猪缺铁性贫血病的特殊作用。右旋糖酐铁是具有高度活性的氢氧化铁与重均分子量5000-7500的右旋糖酐的络合物，世界上最早由英国科学家Fletcher于1954年研究成功，浓度约为50mgFe/ml，并首次应用于人类的临床试验，取得良好效果。 铁是猪等动物体内含量最多的微量元素，缺铁是最常见的营养性疾病，可影响机体很多代谢过程并导致贫血，初生仔猪尤其如此。初生仔猪从母体上分离后，其体内只储存有约40-50mg的铁，它正常生长每天需要10-16mg的铁，通过母乳每天只能得到1mg左右的铁，一般出生2-3天后开始缺铁，而治疗铁营养缺乏症最有效的方法就是补充铁剂。目前补铁途径包括口服、肌肉注射和静脉注射，常用口服铁剂主要有硫酸亚铁、富马酸亚铁、葡萄糖酸亚铁、琥珀酸亚铁等。 口服铁剂使用方便，价格低廉，但其对胃肠道的副作用大，适口性差，特别是铁的吸收利用率低。右旋糖酐铁属高价 Fe（三价）的络合物，很容易被肌体吸收，作为铁注射剂，用量少，吸收快，疗效好，无副作用。因此，目前预防治疗仔猪缺铁性贫血基本上是使用右旋糖酐铁注射剂（右旋糖酐铁注射剂有肌肉注射和静脉注射两种，但中国兽药典仅收载肌肉注射剂一种），铁的吸收利用率可达 96%以上。 2、右旋糖酐铁（牲血素）类补铁产品的国内外概况。作为仔猪补铁用的高浓度（100mgFe/ml 以上）右旋糖酐铁注射剂，最先是英国繁生公司生产的“血多素”（200mgFe/ml），此外还有加拿大得士龙公司生产的“富来血”（100 mgFe/ml），丹麦 Pharmacosmos A/S 公司生产的“铁血龙”（100 mgFe/ml）等。国内有“右旋糖酐铁”注射剂生产批准文号的企业达一百多家，基本上是以购买原料右旋糖酐铁分装为主，且浓度都在 100 mgFe/ml 以下。真正拥有自主知识产权（专利）的高浓度（150 mgFe/ml 以上）原料右旋糖酐铁生产厂家只有广西化工研究院一家，此外还有几家可合成较低浓度（100 mgFe/ml）的右旋糖酐铁原料药。

产品研发艰难：牲血素的研发和产业化状况。公司牲血素的研制始于 20 世纪的八十年代初（1981 年），当时公司的科技体制改革工作尚未开始，一切都按指令性计划进行。市场上也还没有国产高浓度的右旋糖酐铁，仅有上海生产的人用的 25mgFe/ml 补铁注射剂。科研组人员根据市场反馈信息查阅到一个未公开的英国专利，获知高浓度右旋糖酐铁注射液对预防治疗仔猪的缺铁性贫血有极好的效果，且国内市场潜力巨大，便于当年底正式提出“研制高浓度右旋糖酐铁注射液”项目，很快获区科技厅批准，次年正式进入小试研发阶段。这一阶段的工作异常艰苦，走了不少弯路，解决了好几道技术难题，四年多后的 1986 年 9 月 7 日才通过省级小试鉴定并进入中试放大阶段。中试放大阶段遇到的问题相对少一些，但也花了近两年的时间，1988 年 5 月 16 日通过省级中试鉴定，确认为重大科研成果。接着向国家专利局申请并获国家发明专利（专利号：88107217.6）。在此基础上我们加快了产业化的步伐。产品一投放市场，就取得良好效果，各地用户十分满意，产销量也直线上升！ 1995 年该项目申报并获得国家科技进步奖（证书号：09-3-019-01）。车间三条生产线（右旋糖酐铁最终灭菌小容量注射剂 / 最终灭菌大容量非静脉注射剂、非无菌原料药右旋糖酐铁）于 2004 年 9 月通过国家农业部兽药 GMP 验收，2009 年 3 月份又顺利地通过了农业部的复检。我厂是国内首家获得“原料药右旋糖酐铁”批准文号的厂家。公司所制定的“牲血素－右旋糖酐铁注射液企业标准”也获省级科技进步奖，并于2006年国家兽药地方标准升国家标准时，顺利上升为国家标。

牲血素研发能力

单品战略需要强的研发能力，在这方面化工研究院整体研发能力强。

公司是国有高新技术企业。现有职员工280多人，其中75%以上为具有中高级技术职称的科技人员，享受政府特殊津贴专家9人，具高级技术职称34人，博士5人、硕士25人。

长期从事农药及农药中间体、兽药和饲料添加剂、化肥、有机无机精细化学品及生物基化工工程的研究和应用，并承担化学工程、化工石化医药行业（化工工程）专业设计与咨询、化工信息情报调研等专业研究。建设有10个省级化工创新平台——广西化工生产力促进中心、广西化工中试基地、广西化工信息中心（创办有专业技术刊物“化工技术与开发”）、广西精细化工研究所（广西金源单位）、省级企业技术中心、广西精细化工工程技术研究中心、广西无机化工工程技术研究中心和广西生物产业新技术重点实验室，同时也是国家定点的博士后工作站、广西精细化工人才小高地、获批广西第一批“广西院士工作站”称号、广西国际科技合作基地及自治区主席院士依托单位。1978年至今，公司共取得科技成果225项，荣获国家、省部级科技奖97项，其中，获全国科学大会奖2项，获广西科学大会奖12项，国家科技进步奖3项，国家星火计划管理奖1项。获国家专利授权41项，其中发明专利32项。

第十二章　产业链战略

产业链战略就是打通行业上下游产业及相关产业，让企业布局在产业的源头、生产制造、销售等环节中。

温氏发展产业链战略在畜牧动保行业来讲是行业的典范。

公司简介

公司创立于 1983 年，现已发展成一家以畜禽养殖为主业、配套相关业务的跨地区现代农牧企业集团。2015 年 11 月 2 日，公司在深交所挂牌上市（股票代码：300498）。集团是我国最大的畜牧企业，是目前最成功的三农服务平台。

截至 2016 年 12 月 31 日，公司已在全国 20 多个省（市、自治区）拥有 239 家控股公司、5.86 万户合作家庭农场、4.9 万多名员工。2016 年度实现上市肉猪 1713 万头、肉鸡 8.19 亿只、肉鸭 2626 万只，总销售收入 594 亿元。

公司现为农业产业化国家重点龙头企业、国家级创新型企业，组建有国家生猪种业工程技术研究中心、国家企业技术中心、博士后科研工作站、农业部重点实验室等重要科研平台，拥有一支由 10 多名行业专家、66 名博士为研发带头人，466 名硕士为研发骨干的高素质科技人才队伍。

公司产业链模型

公司打通整个产业链，产业链环节包括：养殖、乳业、畜牧器械、兽药、零售终端等。

以养鸡业、养猪业、养牛业为主导，兼营食品加工、跨行业的动物保健品、跨地区发展的大型畜牧企业集团。

关于公司的产业

1. 养殖方面细分包括：鸡、猪、鸭等的养殖。

2. 自有育种公司保证优质种苗。公司在养殖业务开展之初便开始种苗繁育工作，目前拥有7大育种分公司，15个原种猪场，年产种猪10万头。种鸡方面，公司拥有6个祖代种鸡场和84个父母代种鸡场，核心群种鸡约7万只，已获得6项国家畜禽新品种认定证书。优质种苗具有低料肉比，高健仔率等优点，公司把握鸡、猪育种的核心技术，严控种苗质量，从源头上保证了畜禽质量，间接控制养殖成本。

3. 乳制品方面，目前公司正在发展乳制品。公司提出了“以加工带动养牛”的乳业转型升级思路，以公司生鲜店为乳品销售新平台，将乳品销售与生鲜业务发展结合起来，乳制品成为公司生鲜店的标配产品。广东公司乳业有限公司年产能8万吨，是现代化、标准化、综合型的乳品加工销售公司。

4. 兽药方面，大华农兽药在行业中快速发展，也是公司最先上市企业。

5. 零售终端，目前公司正大力发展公司生鲜店。该公司生鲜业务项目进展比较顺利，至2017年4月底，已开业门店约80家。目前单店平均日销售额约1万，店主毛利率15%—20%。公司方面已经提出年内计划开业生鲜门店约200家的目标，并同时指出生鲜业务将公司产业链进一步延长，促进屠宰与物流等环节的布局考虑。

公司生鲜方面发展情况

从2017年年初，公司宣布“公司生鲜加盟计划”，开始发力布设生鲜线下门店，加快进军连锁零售市场。在2016年年初，公司已开始在深圳等一线城市布设“公司生鲜”门店，从最初的8家到2016年底的四五十家。根据《公司生鲜招商加盟手册》，公司生鲜将采取“公司+店主”的经营模式，公司负责产品供应、物流配送、形象规划、管理培训和宣传推广等，而加盟店主则负责场地、人力、开店资金和产品销售。公司线下店采用模式：公司生鲜门店销售的所有产品，均为公司统一配货，门店统一设计风格，统一设备设施、统一运营宣传、统一物料包装，加盟店主则要“出地方、出人、出装修店面设备费用、卖货”。

公司生鲜发展优势

生鲜这个体系，企业难做最主要的原因是产品的非标化。生鲜食品比如说猪肉的时价差异是很大的，另外它的采购也很难管理。开10家店，20家店，100家店可能还可以把好质量关和价格关，但是当做到1000家店，2000家店，5000家店的时候，你要管好是很不容易的，过程当中会有很多虚耗。但是公司能够很好地补齐这个短板，因为公司更具备供应链方面的优势，在生鲜产品，猪、鸡、蛋、奶全部内部调拨的。

公司打通产业链，从两个方面入手完善，一方面是硬产业链，另一方面是软产业链

一、硬产业链：养殖环节重点打造“公司+农户”模式

公司“公司＋农户”的具体操作方式是：（1）公司负责品种繁育、种苗生产、饲料生产、疫病防治和产品销售，以及负责养殖管理环节的技术、管理及配套体系的建立，向委托养殖的合作农户提供符合公司统一标准的商品苗、饲料、疫苗和药品等，并给予农户畜禽饲养和疫病防治技术指导。（2）合作农户与公司签订委托养殖合同，负责按公司统一的标准建设畜禽舍、饲养管理商品代肉鸡和肉猪，养成后公司回收，农户收到委托养殖费用。

二、软产业链

1. 软产业链综合介绍：公司是一个“服务平台”而非“养殖场”。公司通过高度集成的信息管理系统，形成闭合的紧密型服务平台，全方位覆盖公司管理、养殖、销售等环节，保证整个集团高效运作。集团作为一个平台，集合养殖端的数万养殖农户，以品牌和技术作支撑，保证畜禽质量和生产效率；畜禽由接入平台的大量销售端输出，产销链条通畅高效。本质上，公司是一个具备互联网思维的三农服务平台。

配套产业链辅助养殖主营高效高质地开展；闭合的信息化平台降低集团的养殖、运营和管理损耗，提升整体运转效率。

2. 优质“客户体验”留住养殖户：农业信息化系统完备，农户实现傻瓜式养殖。公司的信息化养殖系统帮助农户实现无难度高效养殖，养殖效率大幅提升。

3. 软产业链自动化养殖系统：可以破除壁垒，农户可以实现傻瓜式养殖，轻松养殖。

4. 软产业链采集环境数据：可以采集温度，湿度，氨气和光照等指标，随时监测环境状况并留存备用。

5. 软产业链自动化设备监控：通过操作面板集成包括风机、自动喂料、自动清粪等功能，并采用视频和软件控制，如果有异常，能够第一时间推送客户端。

6. 软产业链智能工作模式：将生产作业流程注入系统，风机随温度变化控制开关数量，自动喂料系统自动输送，刮粪机定时启动。

7. 软产业链服务模式：二级半公司近距离服务农户。公司在农户 30 公里范围内设立二级半分公司，50 至 100 个农户配备一名技术员，随时为农户解决技术问题。大量的二级半公司和技术员与农户密切联系，实地为农户解决养殖过程中的问题，农户养殖难度降到最低，公司也可以避免或及时发现农户的误操作，减免公司损失，保证出栏量和畜禽质量，也保证农民收入。

8. 软产业链生产技术管理体系：技术成果与生产实际无缝对接。同时，公司搭建了完善的生产技术管理体系，行业最新的技术成果能够直接与生产实际对接。重点在种鸡和种猪繁育、疫病防治、饲料营养、种蛋孵化、养殖管理、新产品开发、信息化管理等方面。

9. 软产业链物联网信息化管理系统：公司在在 20 世纪 90 年代就已经引入计算机管理养殖信息，是传统企业中最早推行信息化管理的公司，目前也是养殖行业里信息化建设是最完善的。从集团管理，到养殖户管理，再到养殖管理的全方面实现信息化，形成一个闭合的紧密型服务平台。

在集团层面，信息化让公司实现一体化管理。以信息化实现“权力下放、数据上移”目标，建立一套满足集团式企业系统架构、体现信息化管理思想、高度集成的计算机信息管理系统。通过金蝶企业管理应用产品实现财务、物流、人力资源等标准化业务的信息化管理，通过金蝶平台开发个性化养殖信息管理平台，实现业务过程、财务核算和数据集成一体化，物流、资金流、信息流的同步一致，为公司决策和管理提供强有力的支持。销售环节的每个子公司实时联网，销售状况即时反应在公司系统中。

在养殖户层面，信息化实现公司对全部养殖户全方位监控管理。公司为每个养殖户建立档案，针对养殖户管理建成了闭合的平台系统，除了集中采购、物资调配和财务管理平台外，还包括饲料生产管理、种苗繁育管理、养殖户管理、生产和技术管理、销售管理、疫病信息管理等多个环节的统一管理体系，搭建了无缝衔接的业务管理和数据传递平台系统。

可以复制的产业链模式

公司的高速扩张具有可持续性。公司高速扩张的直接原因是其模式的“轻资产 + 标准化复制”特质。

公司模式“标准化复制 + 轻资产”：

“标准化复制”提供了扩张原动力。公司高速扩张的方式是复制紧密型“公司 + 农户”模式，目前全国合作农户超过 5.3 万户。此模式下，农户全流程标准化作业，养殖户要在公司公司指导下选择符合环境要求的区域，按照公司集团制定的标准，建造标准化养殖场。在养殖过程中，品种、规模、养殖时间、疫苗注射、饲料配方以及出栏时间和价格都严格按照公司公司的规定程序进行，养殖户只需要按照养殖作业标准按时打扫鸡舍、喂养和调节畜禽舍温度，最小化了养殖户个体差异对扩张造成的阻碍。

模式优势在于“轻资产”。此模式下，畜禽舍、饲养工具及人力均由农户提供，公司不需大量建房圈地，能够实现高速的轻资产扩张。在此模式相对于其他经营模式，非流动资产占比低，固定资产周转率高，能迅速并安全的扩大产能，根据市场行情及时调整经营策略，也能在较低的负债规模下实现较高增长。

第十三章　聚焦战略

聚焦战略就是企业将有限的资源聚焦在一点上发力，区域聚焦需要做到：选择核心市场、明确市场策略、资源优先配置和实现重点区域突破。改变传统区域均衡发展方式存在问题：区域资源分散、销量少、资源有限、区域资源缺乏、对渠道和终端无吸引、推力拉力有限。

聚焦战略背后的兰彻斯特原理

1. 一个品牌市场占有率在 26%时，品牌处于安全基本线。

2. 占有率达到 41%时，品牌处于相对安全的状态。

3. 当占有率达到 73%时，品牌处于绝对安全的状态。

4. 在完全竞争的情况下，最终前 4 名的厂家可以占到全部市场份额的 75%或更高。

5. 新兰切斯特（ New Lanchester Strategy）战略模式的射程范围理论（shooting range）：局部地区有 A&B 两家企业进行一对一竞争，若 A 市场占有率是 B 约 3 倍以上，B 将很难击败 A。 局部地区有多家企业竞争，若 A 厂家占有率大于与之市场占有率最接近的企业约 1.7 倍以上，其他对手很难击败 A 厂家。（这个倍数被称为射程范围）

聚焦战略案例

在畜牧动保行业，四川厂家在四川本土市场多采用区域聚焦战略，将政府资源、产品资源、团队资源、政策资源、营销推广等方面做到聚焦，而且取得了相对成功。

四川某企业在四川市场采用的区域聚焦战略

某企业简介

四川某动物制药有限公司是一家集动物药品研发、生产、经营为一体的 GMP 达标企业。公司建有粉针剂、水针剂、片剂（颗粒剂）、口服液、散剂、粉剂（预混剂）、消毒剂（固体、液体）车间、中药提取车间、添加剂预混合车间。

目前有兽医精品处方片剂、精品处方水针、复方水针、口服液、粉散剂、粉针剂、颗粒剂、固体消毒剂、液体消毒剂、维生素系列等近四百个产品，是全国兽药剂型和品种最齐全的企业之一。

公司严格按《兽药生产质量管理规范》组织生产，建立了完善的质量保证体系成为四川动物保健品协会优秀企业。

公司聚焦战略策略

将区域聚焦作为公司战略推进

公司明确规定

第一阶段，打造产品、培养团队、形成内部管理机制。第二阶段，区域定位、渠道定位、区域市场第一。第三阶段，巩固、扩大区域市场第一，复制模式，抢占新市场。

网络聚焦

1. 聚焦策略做好区域市场，以川渝地区为重点，密集布点，集中投入。

2. 在川、渝地区以县级经销商为主，地、县级经销商相结合的全国性的扁平化营销网络，做深做透，并陆续在全国各地建立了办事处和各级代理商。

3. 严格划分区域，严格管理防治区域窜货。

4. 在川渝市场拥有 180 多个经销商，按照年销售额完成情况，对经销商分成不同等级，如：四星级经销商规定销售额是 30 多万，五星级经销商规定销售额是 100 多万。

团队聚焦

公司采用军事化方式管理团队，为市场精细化服务，在四川市场建立 100 多人的队伍，高度重视员工个人潜能的开发，建立长效的培训、激励和晋升机制，使员工与企业共同成长。

区域团队建设方面

同时，公司加强人力资源的开发与整合，努力建设学习型企业，积极探索新型的校企合作模式，与高校联合举办“兽医大专班”，并在高校开办，定向培养专业理论扎实、实践技能突出、岗位适应性强、道德素质优的高技能型人才。员工结合市场需要在十天左右培训一次。采用以老带新机制，团队作战，形成大区经理统筹规划、片区业务员协调、门店推广人员和技术人员联动的方式。

第十四章　生态链战略

在生态链战略中重点讲述 IT 行业生态链战略案例，及其对畜牧产业企业的借鉴作用。

生态链战略概念

生态链战略，是以用户为中心，构建平台，在平台上发展不同业务板块，而不同业务板块与平台之间拥有联系，而且业务之间相互联系，往往能够打通从业务端到用户端的各个环节。生态链与产业链战略区别，产业链战略是围绕整个产业链环节，构建产业的源头到消费端的体系，形成纵向一体化、横向一体化的体系，里面包括有，原材料环节、制造环节、销售环节等。生态链的重心是围绕用户，做好平台，以平台为基础做好相关业务。

某企业生态链战略

公司打造的“平台 + 内容 + 终端 + 应用”的生态，其本质是产业链的垂直整合。公司生态，是一个开放的闭环生态系统。开放，是外延式成长，指用户、合作伙伴均可参与其中；闭环，是内生式成长，指其是一套可自循环的系统，各环节协同，互相促进。

公司生态是由垂直整合的闭环生态链和横向扩展的开放生态圈共同构成的开放的闭环生态系统，并进一步形成互联网生态、内容生态、大屏生态、手机生态、汽车生态、体育生态、互联网金融生态七大子生态。在生态体系中，包括人工智能战略（LeAI），但 AI 不成为新的子生态。AI 会全面贯穿整个生态之中，为用户打造完整的 AI 生态生活方式。

其中公司的内容生态和宽屏生态相对建立较好，其他生态很多都停留在提出概念阶段。

内容生态：从版权到自制、从院线到网络、从影视到综艺、从广告到会员，已经构建起国内最完整内容生态并继续保持绝对优势。

超级电视生态：包括大屏广告、线上发行、应用分发、大屏游戏、大屏购物等。

在生态战略建设中，还建立了相应生态链组织。

生态链组织：

构建生态型组织，建立生态型业务流程和工作机制，建立以用户为核心的文化价值观，建立有效的目标考核和激励体系，树立协同意识。生态型组织包括两套并行的组织架构：管理型组织架构与项目型组织架构。

某企业生态链战略问题

1. 违背 IT 行业发展的规律，本质上来讲，IT 行业科技创新速度快，产品不断升级换代，各个领域不断涌现颠覆性的科技和产品，产品创新慢很快被淘汰，一个公司很难占领 IT 行业的多个领域，特别是初创型的公司。相反针尖战略更适合行业发展规律，如华为的针尖战略、苹果的单品战略。

2. 以金融为中心的发展模式，违背企业的发展规律，是一场大冒险，必将遭受挫折。以金融为中心的发展模式就是，通过上市融资圈钱 + 扩张收购 + 炒作 + 企业市值提升，再扩张收购 + 炒作 + 企业市值提升。而这种模式被冠以生态战略，其实质是在玩一种原始资本 + 实业 + 互联网概念 + 炒作 + 抬高市值的互联网大冒险。

3. 企业其实质就是一场新互联网概念炒作的金融冒险，违背了企业发展的实质。

4. 违背了企业发展的规律，模式不能持续，企业发展的规律就是企业的产品 / 服务必须在市场中拥有竞争力，能够有价值，能够生存发展，否则当企业玩的游戏不能变现，没有竞争力的时候，故事就讲完了，企业也就要倒闭。

畜牧动保行业发展生态链战略的启示

1. 大畜牧行业产品的变化和创新点少些，产品本身难以有颠覆性，特别是在养殖环节，具备构建生态链战略的基础。

2. 大畜牧行业构建生态链战略，可以构建平台，打通相关性产业、实现产业闭环、长产品线操作。

3. 大畜牧行业构建生态链战略，可以抓住各个产业链特点进行定位，如：在大畜牧行业，养殖是龙头，饲料、器械、疫苗是龙身，兽药是龙尾，金融和互联网是龙角。

4. 金融和互联网对传统产业的改造才刚刚开始，利用好互联网平台，有利于在大畜牧行业构建生态链战略。

第十五章　收购兼并战略

某公司产业链战略，主要集中在除草剂领域经营，基于产业链实施纵向一体化战略，并通过资本运营手段进行横向扩张，以全面成本领先战略将公司打造成中国除草剂原药生产基地，而在制剂业务领域，公司侧重于实施品牌战略和差异化战略，做强和做大制剂业务，并最终形成基于产业链条上的综合竞争优势。

公司收购兼并战略措施：公司采用“借鸡下蛋”收购兼并模式

1. 打通原药制造环节，与相关厂家一起办原药厂，刚开始合办，技术成熟后自己做原药。
2. 解决制造问题，规避国家治污的影响，在政策允许区域进行战略投资。
3. 为了生产三聚氯氰，向供应链的上游走，进行兼并收购。
4. 为了解决灭生性除草剂问题，以控股形式收购优秀企业。
5. 为解决中间体问题，与中国石化合作尝试做中间体。

某公司简介

公司主要生产除草剂及除草剂制剂等系列产品，是中国最大的除草剂生产厂家之一，是国家定点的农药生产企业，是下辖十个分公司的集科、工、贸于一体的大型农化集团。公司目前已发展成为国内生产品种最多、规格最全的除草剂生产企业，成为全国旱田除草剂的龙头企业，并跨入到中国农药企业科研实力最强的企业之一。

公司以科技为先导。公司投巨资在上海建起的国际水平的农药创制中心研制的高效、低毒、绿色环保型除草剂—丙酯草醚，异丙酯草醚获得一项专利和三项国家专利，被上海市高级技术服务中心评为“高科技项目”，同时已拥有自主知识产权的谷子田除草剂单嘧磺隆、小麦田除草剂单嘧磺酯、草坪与玉米田除草剂HW—02等高科技含量产品不断研发成功并纷纷推向市场，已引起业内人士的极大关注。公司高度重视科技创新，全力实施“人才战略”，汇集了中国农药工程、化学领域的科学家和一大批植保 、农学、精细化工、化工机械专业的技术人员。配置了国际先进的检测，检验，分析等现代化设备。

公司在滨州、潍坊、邹平、沾化、江苏徐州、吉林四平建立了化工中间体和原药生产基地。原药品种酰胺类、三氮苯类、嘧啶类、苯氧羧酸类等近 20 个，年生产能力达 6 万吨；制剂有 200 多个品种，近 500 个规格。年生产能力达 5 万吨，生产规模雄居业界第二并形成了从中间体到原药生产、制剂生产一条龙的产业链，降低了成本，保证公司具备了极强的核心竞争力。

第十六章　品牌战略

品牌是一种制度选择，源于消费者对固定事物的信赖，降低资讯成本。品牌是一种制度选择，是人类活动社会天然的信息不对称转向人为的信息对称的一种产物。在信息不对称情况下，消费者在选择消费的时候有一个资讯过程，就是不断了解产品、价格等事物过程，而这个过程的成本就是资讯成本。品牌是一种高度信息对称的产物，是市场进化的高等级制度。有品牌的东西，一般被认为是可以信赖的，不需要进行资讯，从而消费者会快速地选择，企业可以实现品牌的价值。品牌一般是自然进化的过程，如品牌的口碑、品牌知名度、品牌表达的信息、品牌的美誉度。这种信息吸引消费者转变为一种实质的信息，影响消费者心里，产生消费行为。

在建立公司品牌过程中，要站在二个层进行问题思考，一方面站在客户层面，公司向客户推广什么？什么最值得推广？一方面，站在企业层面：公司多年的发展历程中所积累的品牌是什么？公司给客户留下的深刻品牌印象是什么？ 公司在未来行业的品牌定位是什么？

某企业在挖掘品牌建设时候，如何突出品牌的独特性？既区别于竞争对手，又能独特的占位客户心智

1. 竞争对手没有传播的。
2. 代表未来的企业的发展趋势。
3. 用户高度认同的。
4. 充分展现公司的核心竞争优势和经营理念。

某畜牧动保公司品牌金字塔的构建

品牌传播语

动物活性提取物质，绿色制药领导品牌。

动物活性提取物质的倡导者和领导者。

品牌定位

公司是动物活性提取物质的倡导者和领导者。

倡导动物活性提取物质，引领绿色生态制药方向。

产品 USP

中国动物活性提取物质第一品牌。

公司建立品牌时，构建的元素

1. 企业品牌导入
2. 产品 USP（独特卖点）
3. 品牌定位
4. 品牌传播语
5. 品牌形象
6. 品牌金字塔
7. 品牌传播

第十七章　O2O连锁战略

线上和线下关系理论

《企业变革与发展》论述了线上电商渠道与线下渠道关系，即：线上电商如何取代线下渠道；同时在很多行业，线下渠道拥有自己的优势，拥有自己生存发展空间。企业在渠道变革发展中，一味地套取某种电商模式，将线下渠道取消或者削弱，而不知道其背后的规律、条件，将会失败；另一方面，企业在渠道变革发展中，固守传统线下渠道，而不能运用好互联网工具和新模式发展电商，企业将会落伍，被市场所淘汰。

企业在渠道方面设立电商渠道

交易市场的建立是建立在降低信息资讯成本和购买成本的基础上，而电子商务的出现是借助互联网工具及物流快速发展的基础上形成的一种有效的解决信息对称问题，而建立的新交易方式，将交易地址转移到线上交易。这种方式让企业的产品 / 服务在线上进行高度的信息对称，让消费者能够消费，同时通过快捷的物流运输到消费者手中。

在这个过程线下交易市场拥有优势还是线上交易市场拥有优势，主要参考资讯成本、物流成本、店面租金、人工成本等因素。

如果将二者相比较，线上交易市场不需要进行店面租金、人工成本更低、资讯成本更占有优势（能够利用互联网进行传播范围的高度信息对称）、物流成本相当、具有聚集效应，当然会产生线上交易市场的成本。而线下交易市场需要店面租金、人工成本、资讯成本（直接接触的信息体念过程更占优势）、物流成本相当、具有聚集效应，同时也有自己的其他成本，将二者进行比较，如果线上交易市场成本与效应形成的价值高于线下交易市场成本与效应形成的价值，那么线上交易市场就会存在发展，而且取代线下交易市场，反之，线上交易市场就难以生存发展。这就是我们看到很多产品在线上进行电子商务交易，包括电子、服装、书籍等，同时取代了线下交易市场。

深圳邦道营销管理咨询有限公司在O2O连锁互联网解决方案中服务内容

提供O2O整体解决方案：

线上平台开发：电子商务平台开发、微商城开发；线下连锁体系规划和设计。

电商平台开发内容

1. 电商平台界面设计
2. 商品的管理系统
3. 导购的管理系统
4. 会员的管理系统
5. 订单的管理系统
6. 配送的管理系统
7. 物流信息用户评价系统
8. 广告数据分析日志系统
9. 交易的管理系统
10. 任务计划系统
11. 信息搜索系统
12. 购物车系统
13. 交易大数据管理系统
14. 技术服务管理系统
15. 其他的辅助性的业务

电商平台运营推广内容

1. 电商平台组织建设
2. 电商平台运营管理制度 / 流程
3. 电商平台日常运营
4. 电商平台品牌战略规划
5. 电商平台品牌传播推广

6. 电商平台客户群体、粉丝吸引
7. 电商平台客户入驻管理

O2O方案规划和设计

1. 020 连锁战略定位
2. 020 连锁特点概况
3. 020 连锁加盟模式
4. 020 连锁单店建设
5. 020 连锁总部管理
6. 020 连锁招商模式
7. 020 连锁市场开拓策略
8. O2O 连锁样板市场打造
9. 020 连锁店面管理体系
10. 020 连锁产品 / 服务设计
11. 020 连锁平台界面设计
12. 020 连锁 VI 设计体系
13. 020 连锁招商资料设计

营销篇

需求是一切企业的起点，一切战略的起点，一切产品/服务的起点，需求贯穿整个营销体系，养殖需求的变化，正对行业产生巨大的影响，如：产品结构、销售模式、宣传方式、技术服务模式等。在产品方面：随着需求变化和政府的干涉，一味炒作概念、生产大复方产品、产品没有特色和纯营销型的兽药企业销售面临下滑，企业面临关门。在渠道方面：无技术支持门店、无经营管理能力门店、坐商型门店、夫妻型门店的经销商及零售商正在淘汰，五大新型渠道：技术型、猪场型、品牌型、金融型、公司型正在快速发展。在技术服务方面：从单一个人、单一问题、单一时间点的技术服务，转变为团队化、全面解决方案、全周期的技术服务。在营销篇章中，主要针对营销的需求、产品、渠道、终端建设与管理、促销推广、技术服务、大客户营销等方面进行论述。

第十八章　需求

需求观点

1. 政府手段对行业的影响，带来了巨大挑战，同时也创造了巨大的需求，如环保需求、产品结构转型等。

2. 需求变化，引起了产品及产业一系列变化，无论是产品结构、产品剂型、营销模式还是品牌宣传等。

3. 行业的养殖结构正发生着深刻变化，从散养户为主，转变为专业户和集团户为主，养殖结构的变化，对行业有巨大的影响，从产品结构、销售模式、宣传方式、技术服务模式等都有本质上的改变。

4. 动保行业治疗需求已经转变为预防保健需求。

5. 对单一产品需求，已经转变为对某个领域解决方案的需求。

6. 动保行业对技术服务需求仍然是重点。

7. 养殖周期的变化对行业需求有很大的影响。

8. 行业养殖水平提升，对疫情疾病控制能力不断加强，疫情疾病的不确定因素需求开始转变为常规需求。

9. 食品安全需求，是畜牧行业最重要的需求源泉。

10. 母畜需求值得挖掘。

11. 产品复方需求转变为单方需求，造就了部分企业，也淘汰了许多企业。

12. 畜牧产业大数据系统构建和使用是趋势。

第一节　养殖户需求分析

一、不同类型养殖户需求分析

按照养殖规模分类，一般分为：散养殖户、中小型养殖户、中型养殖户和规模养殖户。

不同规模养殖户，需求特点不同，从产品角度来讲，散养殖户一般主要是以治疗药为主；中小型养殖户部分用保健药；规模养殖户主要用保健药和消毒药。

按照养殖技术分类，一般分为：懂技术和不懂技术。

不同技术类型养殖户，需求特点不同，从采购角度来讲，懂技术的养殖户自己能够购买药物、通过品牌和性价比来选药，而且自己能够配药；不懂技术的养殖户主要依赖于门店技术人员或者厂家和商家技术人员指导用药。

按照养殖性质分类，一般分为：自繁自养和外购猪苗。

不同养殖性质养殖户，需求特点不同，自繁自养的猪一般需要饲养水平高一些，养殖存栏量较稳定，用药较稳定。

外购猪苗的养殖户存栏量不稳定，在猪价低的时候减少存栏量，甚至不养，而且一般养殖水平低，用药波动大。

二、养殖发展及需求变化

随着行业的发展，特别是猪价影响，养殖户在用药习性、技术水平和养殖规模方面已经发生深刻的变化。

养殖户转变方式

1. 散养户、中小型猪场转变特点：散养存栏量很少，猪价高，对于兽药价格并不敏感。

2. 中型猪场、大型猪场转变特点：存栏量成为主力，主要是疫苗、保健药用药，部分养殖户开始选择品牌的药。

3. 集团养殖户转变特点：自己懂技术，自己配药，注重成本控制技术很强，用药已经成体系，只需要提供好产品。

具体用药需求分析

1. 专业户需求情况：母猪用药一般 200 元 ~250 元 / 头。育肥猪用药：100 元 ~150 元 / 头。其中疫苗占据 50%~60%、保健预防占据 30%、治疗占据 20%。

2. 猪场需求情况：母猪用药一般 200 元 ~150 元 / 头。育肥猪用药：50 元 ~100 元 / 头。其中疫苗占据 60%~80%，保健预防占据 30%、治疗占据 10%，尽量减少治疗药。成本型猪场和现代化猪场用药理念有区别，成本刑关注性价比，控制用药成本。现代化猪场关注效果，找有特色的产品、厂家技术优势强的产品进行使用。

3. 集团猪场需求情况：母猪用药一般 150 元 / 头。育肥猪用药：80 元 ~100 元 / 头。疫苗占据 80%，保健预防占据 20%、治疗占据 5%，尽量不用治疗药。

集团规模户组织结构：规模在 1000 头母猪。

组织结构

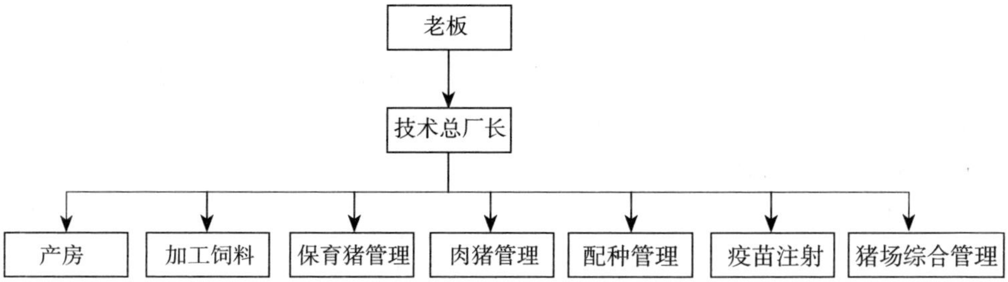

三、需求类型不同要求企业提供产品/服务差异化：

系统型

整个猪场拥有一套成熟用药体系。需要企业总结开发解决方案用药代替原有产品，实现价值替换。

实惠型

用药注重控制成本，猪场管理水平高，主要是常规用药、疫苗。需要企业总结开发经济实惠套餐，以常规药为主。

零散型

用药比较不成体系，用的产品和品牌比较杂。需要给猪场一种体系用药，解决方案用药，解决不专业用药问题，提升价值，让客户离不开公司。

高端型

用药理念先进，用药水平高，用好产品，用好厂家。需要企业总结开发高端套餐。

第二节　大数据案例分析

畜牧行业要重视需求分析、挖掘，从需求作为切入点构建行业的大数据系统，形成从数据收集、数据整理、数据分析、数据应用等方面的一套大数据体系，其他行业大数据体系构建已经在快速发展崛起，畜牧行业需要借鉴成功经验快速发展，在养殖、疫情、疾病、环保、食品安全、基因数据等方面进行突破，为畜牧行业发展提供创新动力。

医疗行业大数据案例：大数据预测早产儿病情

应用背景

安大略理工大学的卡罗琳·麦格雷戈（Carolyn McGregor）博士和一支研究队伍与 IBM 一起和很多医院合作，用一个软件来监测处理即时的病人信息，然后把它用于早产儿的病情诊断。

数据源

个人体征数据：心率、呼吸、体温、血压和血氧含量。

其他数据：孕妇产检数据、电子病历、遗传数据等。

实现路径

系统会监控 16 个不同地方的数据，比如心率、呼吸、体温、血压和血氧含量，这些数据可以达到每秒钟 1260 个数据点之多。在明显感染症状出现的 24 小时之前，系统就能监测到早产儿细微的身体变化发出的感染信号，及早预测控制早产儿的病情，从而提高新生儿的出生率。

应用效果

预测病情。早产儿的稳定不是病情好转的标志，只有通过海量的数据并且找出隐含的相关性才能发现提早知道病情，医生就能够提早治疗，也能更早地知道某种疗法是否有效，这一切都有利于病人的康复。

其他行业大数据应用案例

啤酒与尿布

全球零售业巨头沃尔玛在对消费者购物行为分析时发现，男性顾客在购买婴儿尿片时，常常会顺便搭配几瓶啤酒来犒劳自己，于是尝试推出了将啤酒和尿布摆在一起的促销手段。没想到这个举措居然使尿布和啤酒的销量都大幅增加了。如今，“啤酒＋尿布”的数据分析成果早已成了大数据技术应用的经典案例。

数据新闻让英国撤军

《卫报》利用维基解密的数据做了一篇“数据新闻”。将伊拉克战争中所有的人员伤亡情况均标注于地图之上。地图上一个红点便代表一次死伤事件，鼠标点击红点后弹出的窗口则有详细的说明：伤亡人数、时间，造成伤亡的具体原因。密布的红点多达 39 万，显得格外触目惊心。一经刊出立即引起朝野震动，推动英国最终做出撤出驻伊拉克军队的决定。

QQ 圈子把前女友推荐给未婚妻

腾讯推出 QQ 圈子，按共同好友的连锁反应摊开用户的人际关系网，把用户的前女友推荐给未婚妻，把同学同事朋友圈子分门别类，利用大数据处理能力给人带来“震撼”。

“魔镜”预知石油市场走向

如果你对“魔镜”还停留在“魔镜魔镜，告诉我谁是世界上最美的女人”，那你就真的 out 了。“魔镜”不仅仅是童话中王后的宝贝，而且是真实世界中的一款神器。在现在，“魔镜”可以通过数据的整合分析可视化不仅可以得出谁是世界上最美的女人，还能通过价量关系得出市场的走向。“魔镜”帮助中石等企业分析数据，将数据可视化，使企业科学的判断、决策，节约成本，合理配置资源，提高了收益。

Google 成功预测冬季流感

2009 年，Google 通过分析 5000 万条美国人最频繁检索的词汇，将之和美国疾病中心在 2003 年到 2008 年间季节性流感传播时期的数据进行比较，并建立一个特定的数学模型。最终 google 成功预测了 2009 冬季流感的传播甚至可以具体到特定的地区和州。

大数据与乔布斯癌症治疗

乔布斯是世界上第一个对自身所有 DNA 和肿瘤 DNA 进行排序的人。为此，他支付了高达几十万美元的费用。他得到的不是样本，而是包括整个基因的数据文档。医生按照所有基因按需下药，最终这种方式帮助乔布斯延长了好几年的生命。

奥巴马大选连任成功

2012 年 11 月奥巴马大选连任成功的胜利果实也被归功于大数据，因为他的竞选团队进行了大规模与深入的数据挖掘。时代杂志更是断言，依靠直觉与经验进行决策的优势急剧下降，在政治领域，大数据的时代已经到来。

微软大数据成功预测奥斯卡 21 项大奖

2013 年，微软纽约研究院的经济学家大卫·罗斯柴尔德（David Rothschild）利用大数据成功预测 24 个奥斯卡奖项中的 19 个，成为人们津津乐道的话题。今年罗斯柴尔德再接再厉，成功预测第 86 届奥斯卡金像奖颁奖典礼 24 个奖项中的 21 个，继续向人们展示现代科技的神奇魔力。

超市预知高中生顾客怀孕

明尼苏达州一家塔吉特门店被客户投诉，一位中年男子指控塔吉特将婴儿产品优惠券寄给他的女儿（一个高中生）。但没多久他却来电道歉，因为女儿经他逼问后坦承自己真的怀孕了。塔吉特百货就是靠着分析用户所有的购物数据，然后通过相关关系分析得出事情的真实状况。

第十九章　产品策略

产品策略思想

1. 一味炒作概念、生产大复方产品、产品没有特色和纯营销型的兽药企业销售面临下滑，企业面临关门。

2. 养殖周期是产品开发的源头。

3. 产品高端策略，需求最高端、原药最高端、工艺最高端、包装最高端、政策最高端、宣传最高端。

4. 预防保健产品是趋势。

5. 中兽药是趋势。

6. 在预防保健产品中，内脏产品开发是创新源泉，如肠道、肝脏等。

7. 在产品单方时代，产品的工艺是重要的因素。

8. 政策缝隙中生存的产品仍然有发展空间，如添加剂。

9. 单品不强是研发能力弱的具体表现。

10. 政府对单方产品、违禁药物强有力监控，为国外优秀企业借助高科技产品，扩大中国市场份额提供了有利条件。

11. 要运用好产品组合策略。

第一节　产品定位差异

需求变化形成的产品定位差异

1. 由于企业市场理念差异和企业原有资源优势差异，各企业在市场中产品定位差异显著，领先企业都注重保健和消毒用药，一些小厂家还主要定位在面对散养殖户的治疗药物。

2. 国际一流企业，如：硕腾、拜耳，主要定位在疫苗、消毒和保健用品，在集团户养殖场占据较大的销售比例。

3. 国内领先企业主要定位中型规模猪场和大型规模猪场。定位在保健用品、消毒药物，兼顾治疗药；或者从原有治疗优势产品发展到保健用品、消毒药物。

4. 国内中大型企业，主要定位在中、小型规模猪场、部分大猪场，兼顾部分散养殖户，主要发展常规药、治疗药、保健用品、消毒药。

5. 国内中小企业，主要定位在散养殖户兼顾中、小型猪场，以治疗针剂和中低端产品为主。

第二节　产品周期性解决方案

需求变化形成的产品周期性解决方案需求

单个病症用药转变为根据猪的养殖周期、猪的病理周期、猪的病毒周期进行全方位用药，直至到根据生育周期的解决方面用药。

兽药厂家做好用药解决方案，某集团企业解决方案案例

公司产品结构

产品包括：仔猪、育肥猪、成猪、母猪等猪的生长周期全系列产品。

公司业务结构

某企业以服务“三农”为己任，以引领畜牧产业、服务健康生活为宗旨，以向消费者提供安全、健康的动物源食品为目标，主要生产和经营种畜种禽、动物疫苗、兽药、饲料与饲料添加剂、饲草、健康养殖、乳制品、蜂产品、宠物产品、植物种子、化工产品、仪器设备以及农牧业生产、农牧产品加工、土地资源开发等业务。

第三节　产品发展趋势

需求变化形成的产品发展趋势

畜牧动保行业中原有的水针剂、散点式产品、单一产品和大复方一针搞定的产品在市场中逐步衰落淘汰。不断转型发展为，粉散剂型、解决方案、系列产品套餐、整套产品和高端工艺产品。

四川厂家产品转型：针剂转变为粉散剂和添加剂

四川某企业以针剂为主，在2015年开始不断调整，一直到2017年公司在产品理念和产品结构基本调整为粉散剂和保健药。

公司新的理念

某四川企业专注于提高动物健康水平，致力促进人类、动物、环境的和谐发展，以“呵护动物健康，共享美好生活”为企业使命，努力打造“畜牧业生产资料及综合信息服务平台”，企业以其专业技术和产品为各种疾病提供诊疗方案；企业凭借“治未病”现代养殖技术提供规模化养殖的全程“治未病”服务方案。

产品新结构变化

公司在传统治疗针剂的基础上，增加了营养添加剂、功能性添加剂、消毒剂等产品系列。

公司提供疫苗、养殖设施设备、医疗器械、检验仪器及相关配套服务。

公司新服务方向

在全国各地广泛开展公益性“MSY养殖降本增效”技术交流活动，积极传播“治未病”科学养殖理念和养殖技术，“快乐养殖工程”荣获中国动物保健“双效方案”；在养殖规模化、专业化，兽药市场规范化、管理法制化的新常态下，作为中国“MSY25养猪增效工程”的首倡者，公司集合国际内有效科研资源，携手广大养殖业主、养殖经理人全面提升投资价值和管理价值，提高养殖整体效益共同努力，推进动物健康、食品安全和人类健康事业。

第四节　产品开发机制

需求变化引发产品开发机制改变。

畜牧动保企业产品开发机制建设应该做好如下几方面工作：

1. 打造开放式研发平台，实现好配方引得进，好产品销得出，建立研发到营销无缝对接。

2. 以市场为导向，针对市场需求，制定市场新产品开发流程。

3. 形成科学的研发制度，打造1+X制度，一个产品开发链条，各个环节都有参与，各个环节都有管理，各个环节都有提成。

4. 建立研发组织部门，自主专家和外聘专家结合。

5. 对专家进行激励考核管理设计，产品与销量挂钩进行销售提点。

研发流程

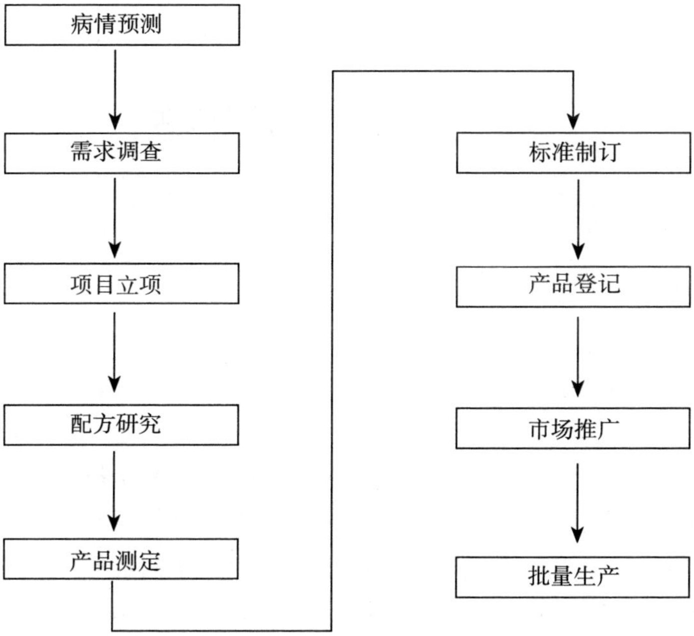

第二十章　价格策略

价格策略观点

1. 组合价格模式：从单点产品模式，单个产品求利润，转变为解决方案整体求利润。

2. 从价格到价值提升：单纯靠产品驱动，改变为产品 + 技术服务 + 解决方案整体价值提升。

3. 提高附加值：通过全面解决方案，提高整体产品附加值和盈利点。如：针对猪场整体设计方案、系统用药解决方案设计和技术服务等内容进行收费。

4. 高、低价格策略：重点发展高端和低端产品，进行高端价格和低端价格策划。

5. 跟随者价格策略：寻找国外优秀企业，针对同类型产品，进行跟随者价格策略，实现低价格竞争。

6. 价格区隔策略：协调好不同渠道价格和公司规模猪场和集团户价格，渠道通过产品包装、品牌进行区隔。

7. 价格管控策略：管理好市场价格体系，深入到经销商、零售点、养殖户等市场环节，铁腕控制窜货砸价行为。

第一节　价格策略案例

价格策略要让产品与客户、产品档次、品牌、宣传、推广、政策、渠道进行互动。

新产品上市价格策略案例

《传世藏书》经典著作的高端价格策略：高端产品、高端渠道、高端价格、高端客户。

高端产品：《传世藏书》1991 年启动，1996 年完成全部 123 卷本的编纂、出版的《传世藏书》，总印数一万套，十六开本缎面精装。这部巨书涵盖经、史、子、集，以传世善本或公认最好的通行本为底本，收集了中国5000年各门类、各学科的学术经典，国学大师北大教授季羡林亲任总编辑，2000多名古籍整理工作者一同参与整理编校。

高端渠道："有个好的概念，寻找概念的一个基本载体，然后再把'概念'卖给银行"。该书在销售方面进行创新，将代售费转给了建设银行，由订书者到建行交款，并由平安保险、太平洋保险作担保。

高端价格：《传世藏书》定价高达6.8万元，如此之高的定价在当时可谓史无前例，比原书价格6千元定价提高了十倍。《传世藏书》一面世，在出版界和文化界引起轰动。

高端客户：政府机关、著名机构、学院、成功人士。

第二节　价格管理制度及案例

畜牧动保企业需要认识价格管理重要性，并做好制度建立。

企业应该在市场中进行价格管理，特别是做好单个区域内的零售环节的价格管理，避免市场中砸价现象。防止经销商在市场零售环节操作暴利，影响公司销量，也不允许故意压低价格，冲击市场。

窜货源头，利子当头

所谓窜货就是跨区域操作，把商品货物低价抛售到兄弟单位的市场责任区域内。窜货行为是主观的，窜货行为的主观特征是投机取巧，以邻为壑。窜货行为的危害很大，必须予以杜绝。

一些经销商（客户），为了争取更多的返利，不顾其他地区经销商的利益，跨区域操作，抛售商品，引起一系列危害。

直接造成他区域市场的价格混乱，弄不好会引起连锁反应，引起更广泛的窜货，从而，引起更多地区价格的混乱，乃至自相残杀，杀价倾销。

所在区域经销商在这种价格自残中无利可图，必然倾向竞争对手，经营竞争品牌，使公司营销网络不战自溃，精耕细作战略化为乌有。

营销网络建设的首要任务是确定市场责任区，确定各经销商（核心客户）的"耕地"；只有分田到户，才能精耕细作。窜货的实质就是抢占他人耕地，破坏整体规则。

如果公司不能防止窜货，意味着不能保护各地经销商的耕地，意味着不能保护自身的根本利益。

规范渠道，契约在前

防止窜货要从“规范渠道”做起，事实证明渠道不规范，难以对价格政策执行情况以及经销商行为进行有效监控，容易发生窜货现象。

所有销售人员都必须坚决执行总部精耕细作的战略方针，按统一的方式掌控终端，建立健全终端零售网络经销商渠道，通过核心客户群落的发育，去覆盖市场空白。

规范渠道的另外一方面，就是规范渠道经销商的行为。所选择的经销商，必须放弃投机经营的念头，在任何情况下都不得跨区操作，不得以任何方式抛售商品货物。

这是经销商取得经销商品资格的基本条件。必须以契约方式让每一个经销商（客户）做出承诺，并加强对经销商（核心客户）的约束。

加强约束，铁腕治理

终端零售网络建设是厂家的命脉所在，一旦发生窜货就会威胁到厂家的生存与发展，必须对网络经销商严加约束，不讲情面，铁腕治理，从警告、罚款到撤销经营权，形成一套铁的纪律。

从根本上说，保护经销商的耕地或领地，防止窜货，是共同利益所在。所有经销商都希望不要成为窜货的受害者。然而，窜货现象屡禁不止，时有发生，根本原因就是缺乏整体且系统有力的约束。

凡是要想成为厂家的经销商，都必须提交“窜货违规抵押金”。并有约在先，一次窜货，没收抵押金，二次再犯，取消其经销资格。

建立联防监控网络，强化各经销商市场责任边界，提高各经销商抵抗窜货与防范窜货的能力。

每个业务人员都应承担责任，教育并帮助经销商管理好商品的流量与流向，坚守零售环节，不搞任何形式的批发与平调，确保商品直接流入消费领域。并通过与当地消费者顾客群保持良好的关系，提高商品销售流量与毛利水平。

价格体系，厂家统一

各公司必须强化价格管理职能，主要指零售终端价格控制与价格信息反馈。

在市场价格体系制定和执行中，必须由厂家统一规范，凡是经销产品的客户，都必须遵守厂家的价格政策，不得超出限价范围进行销售，尤其不得低于最低零售价进行抛售。以防经销商之间相互杀价，破坏厂家的价格体系，引发窜货。

业务人员必须深入展开工作，把握客户的各经销环节，搜集经销过程的实际价格信息，以及竞争品牌的价格信息。依靠这些信息，跟踪客户执行价格政策的情况，以便及时纠偏；同时，把握客户对各品种的心理价位，以支持二次定价策略的制订。

同时，公司必须建立起“价格热线”，不断依靠一线业务人员传递市场竞争价格信息，以支持公司制订价格政策，有效地响应市场竞争。

做好价格管理企业需要制定渠道窜货管理制度

某公司窜货管理制度

窜货行为从根本上损害公司的生存基础，全体人员都应以公司整体利益为重，自觉防范此种行为的发生，为了进一步强化当事人的责任意识，特制定本实施细则。

一、责任意识：

1. 全体销售人员必须深刻认识到窜货行为的危害性，严格自律，自觉防范窜货行为的发生。

2. 鄙弃小批量窜货不是窜货，以及自然流动没有办法的说法，认识到这是一种推卸责任的说法和行为。

3. 不得授意经销商或直接向区域外经销商供货，对发生窜货行为的经销商要严加约束，经常窜货情节严重的停止业务往来。

4. 全体销售人员应充分认识到发挥自身的主观能动性，抓好终端建设工作是取得业绩的根本途径，彻底放弃任何投机取巧的想法。

5. 经销商的根本利益也在于在厂家的配合下，理顺价格体系，深耕细作培育市场，单纯依靠做大流量获取低价的做法已经行不通了。各级销售人员应时时与经销商沟通，确保我们的客户，尤其是大客户理解我们的原则。

6. 依靠向公司争取政策讨好客户的销售人员必将在新的竞争环境下被淘汰，销售人员的根本出路在于帮助客户培育市场，由此获得自身的生存价值，与客户在平等对话基础上建立新型业务关系。

二、窜货认定：

1. 无论任何原因，一方货物出现在所辖区域之外市场视为窜货。

2. 窜货处理本着谁申报，谁举证原则。

3. 同批编号一件以下的认定为一般窜货，一件以上的认定为严重窜货。

4. 窜货事实的认定权在营销公司销售部。

三、窜货举证程序：

1. 各地市场发现非本区域货物流入应积极申报，报商务部查号，商务部将查号结果反馈至销售部。

2. 普通窜货，由销售部直接进行处理，并将处理结果反馈给当事双方。

3. 严重窜货，如果是办事处与区域经销商之间的以购买方式进行，办事处之间的由销售部认定。

4. 五件以上窜货，销售部派专人调查取证。

四、处罚细则：

1. 办事处与区域经销商之间的窜货：

A、由营销公司与区域经销商结算。

B、一般窜货，视情况不同，双方协商解决。

C、严重窜货，事实认定后，每件补贴对方 1000 元费用，提供票据报销。

D、五件以上窜货，事实认定后，协商处理；如果涉及办事处向经销商窜货，同时将营销公司内部处理结果知会经销商。

E、区域经销商之间窜货参照以上方案，协商解决。

2. 办事处之间以及办事处向经销商窜货：

A、一般窜货的，由营销公司对办事处主任、负责业务人员进行处理，处理方式有通报批评、罚款、调整任务、降薪、降职、辞退等。处理主要考虑因素：数量、范围、价格。

B、严重窜货的，年底调整当事双方任务，调整按照 1:3 原则把握，即查证一件，视同三件，同时进行行政处理。

C、五件以上窜货单独处理。

3. 对于每次举报，销售部与办事处确定窜货客户，销售部存档。对客户相应做出通报、取消让利，严重的停止合作等处理。

第二十一章　渠道策略

渠道策略观点

1. 无技术支持门店、无经营管理能力门店、坐商型门店、夫妻型门店的经销商及零售商正在淘汰。

2. 五大新型渠道：技术型、猪场型、品牌型、金融型、公司型，正成为市场渠道主体。

3. 大客户渠道模式将是主流，有实力厂家从做渠道转变直接做猪场，针对集团户和规模户，创立大客户销售模式，组建大客户销售团队。

4. 企业从依赖渠道向主导渠道转变。

5. 企业在市场中，要从没有渠道管理向有渠道管理转变，而且渠道管理的重心要转向终端。

6. 企业渠道政策的重心从经销商环节向零售商环节转变。

7. 渠道激励应该从渠道经销商、零售商深入到养殖户。

8. 渠道窜货将让企业伤害巨大，需要铁腕手段治理渠道窜货。

9. 联合分销模式仍然是当前渠道发展重点模式。

10. 电商渠道、O2O 连锁渠道、微商渠道等新型渠道模式是畜牧动保企业渠道的新势力。

第一节　渠道类型结构

畜牧动保行业渠道结构发展情况

兽药行业流通领域呈现多元化竞争格局，不同类型竞争层面企业，采用不同渠道结构。

1. 外资企业和国内领先企业，在主要区域主要是采用渠道扁平化的直销规模

户 + 区域经销制模式。

2. 部分小企业和营销型企业，主要是直销零售店模式。

3. 少部分有实力的企业开始自建渠道，自建零售点。

4. 一些企业仍然在局部市场走省级代理的长渠道模式。

5. 以批发为主要模式的经销体系正在弱化，大量减少，大量经销商做猪场客户，而且有相当数量的零售销售。

6. 大量厂家直接做到零售店，已经成为目前市场主要渠道模式。

7. 商家做的连锁经营体系，为兽药行业渠道带来了活力，但是仍然不成熟，有关门倒闭的连锁公司，也有不断创新，在市场中新崛起的新型连锁公司。

8. 部分商家针对行业法规允许的产品，在淘宝、天猫、京东等电商平台进行产品销售。

9. 有实力的畜牧企业正在建设电商平台，发展电商渠道。

第二节　渠道提升方法

畜牧动保企业的渠道策略需要做好四个方面：渠道猪场化、渠道竞争差异化、渠道管理精细化、渠道提升伙伴化。

一、渠道猪场化

1. 树立渠道猪场化观念。

2. 根据不同区域市场划分，对渠道掌握猪场情况进行分析、掌控。

3. 通过细致的渠道规划，增加对渠道的管理力度，培养提升渠道成员针对猪场客户的销售服务能力。

二、渠道竞争差异化

1. 由于各区域竞争差异性，应该因地制宜制定方案策略，形成渠道的差异竞争力，努力提升市场占有率。

2. 赋予战略性市场及某些大区一定的市场决策权来采取积极主动的渠道竞争战略。

三、渠道管理精细化

1. 通过有效的渠道管理手段，大力提升经销商能力，全力提升其能力。

2. 形成有效的精细化渠道管理模式，协同经销商销售，进行深度营销，更贴近终端客户。

3. 强化终端管理，把对终端管理作为一项重点工作来抓。

4. 通过渠道管理，建立良好的市场秩序，防止渠道的砸价、窜货。

四、渠道提升伙伴化

1. 大力促进渠道成长，通过多种方式和方法加强核心渠道的培养。

2. 培养渠道忠诚度，与核心渠道形成长久的、战略性的合作伙伴关系。

第三节　渠道建设与管理

畜牧动保企业在渠道实践操作中，需要掌握好方法，有模式、有策略开发，同时进行精细化管理。本章将通过重点论述畜牧动保企业渠道操作实战，内容包括:渠道商评估与选择、渠道商货品供应管理、货款结算管理、渠道商的销售支持、渠道商激励政策、渠道商价格管理、渠道商窜货管理、渠道评估与考核管理、渠道退出制度。

渠道开拓管理流程：

一、渠道商评估与选择

第一条　经销商选择

1. 新加入地级 / 县级经销商的评估

为了更加合理的对意向合作经销商进行评级，公司制订一系列的评级指标：这些指标包括综合实力、营销理念、市场能力、管理能力、资信与口碑、合作意愿等。

公司制定如下经销商筛选与评级指标：

1.1 综合实力:经销商的人力、仓储能力、运力、资金、知名度、产品年销售量。

1.2 合作意愿:经销商是否对厂家的产品、品牌、销售合作模式有强烈的认同，是否对市场前景有信心——没有合作意愿的经销商不会对公司产品积极投入。

1.3 资信与口碑：同业（其他厂商）、同行（其他批发商）对经销商的评价，是否有带头冲货砸价、截流费用、拖欠或截流货款等行为。

1.4 营销理念：经销商对做终端市场的意识是否强烈，是否是那种坐在家里等销售上门的老式经销商（坐商），经销商是否认同企业的营销理念。

1.5 市场问题处理能力：在当地市场是否有一定处理药证关系资源。

1.6 管理能力：经销商自身经营管理状态如何。

在具体筛选与评估经销商时，应根据形成的指标体系，给出各指标的权重和评分标准。

2. 新加入地级 / 县级经销商评级标准

评价指标	具体内容	权重	评分	评分标准
综合实力	兽药产品年销量	10		年销量在xx万元以上，评10分；年销量xx万元以上，评8分；年销量x万元以上，评6分；年销量不足x万元，评3分。
	资金能力	10		分高、中、低三个级别，分别为5分、3分、1分。
	市场人员	5		市场人员5人以上，评5分；4人以上，评4分；3人以上，评3分；2人以上，评2分；不足2人，评1分。
合作意愿	与公司合作意愿	10		合作意愿强烈，评10分；合作意愿一般，评6分；经三次沟通后无合作意愿，为否决项。
	市场信心	5		分为强、弱两个级别，分别为5分、3分。
资信与口碑	同业评价	10		同业评价高，评10分；评价一般，评6分；资信与口碑很低，为否决项。
	市场规范	5		无冲价、窜货行为，评5分；冲价或窜货一次，评0分。
营销理念	市场意识	5		分高、中、低三个级别，分别评5分、3分、1分。
	公司经营理念认可度	10		分完全认可、部分认可、不认可三个级别，分别评10分、6分、0分。
市场能力	应急事件处理的能力	10		非常好为10分；良好为8分；一般为5分；没有为0分。
	现有产品/品牌经营	5		分为好、一般、差三个级别，分别评5分、3分、0分。
管理能力	个人能力	5		分为强、一般、弱三个级别，分别评5分、4分、3分。
	团队管理能力	10		分为好、一般、差三个级别，分别评10分、6分、4分。
考评合计		100		

3. 新加入经销商的选择与政策

3.1 经销商评估分数 90 分以上：优秀合作伙伴，政策等同核心经销商。

3.2 经销商评估分数 71–89 分：良好合作伙伴，政策等同重点经销商。

3.3 经销商评估分数 60–70 分：一般合作伙伴，政策等同普通经销商。

3.4 经销商评估分数 59 分以下：放弃型经销商。

说明：实际评级工作中，评分标准可根据评分结果做适当调整。

第二条 零售商选择

1. 新加入零售商的评级

为了更加合理的对意向加盟新零售商进行评级，公司制订一系列的评级指标：这些指标包括综合实力、生意理念、服务能力、资信与口碑、合作意愿等。

公司制定如下零售商筛选与评级指标：

1.1 综合实力：零售商资金、当地知名度、诊断能力、产品年销售量。

1.2 合作意愿：零售商是否对厂家的产品、品牌有强烈的认同，是否愿意销售公司的产品。

1.3 资信与口碑：同业（其他厂商）、同行（其他零售商）对该零售商的评价，是否有带头冲货砸价、拖欠货款等行为。

1.4 生意理念：是否是那种坐在店面等养殖户上门的老式的坐商，零售商是否认同公司的营销理念。

1.5 服务能力：零售商是否有良好诊断服务水平。

1.6 经营能力：门店自身经营管理状态如何。

在具体筛选与评估零售商时，应根据形成的指标体系，给出各指标的权重和评分标准。

2. 新加入零售商评级标准

评价指标	具体内容	权重	评分	评分标准
综合实力	养殖产品年销售量	15		年销量在xx万元以上，评15分；年销量xx万元以上，评10分；年销量x万元以上，评8分；年销量不足x万元，评5分。
	资金能力	10		分高、中、低三个级别，分别为5分、3分、1分。
合作意愿	与公司合作意愿	10		合作意愿强烈，评10分；合作意愿一般，评6分；经三次沟通后无合作意愿，为否决项。
	合作信心	5		分为强、弱两个级别，分别为5分、3分。

续表

评价指标	具体内容	权重	评分	评分标准
资信与口碑	同业评价	10		同业评价高，评10分；评价一般，评6分；资信与口碑很低，为否决项。
	市场规范	5		无冲价、窜货行为，评5分；冲价或窜货一次，评0分。
生意理念	销售主动性	5		分高、中、低三个级别，分别评5分、3分、1分。
	公司经营理念认可度	15		分完全认可、部分认可、不认可三个级别，分别评10分、6分、0分。
服务能力	诊断服务水平	10		分为好、一般、差、无四个级别，分别评10分、6分、4分、0分。
	现有产品/品牌经营	5		分为好、一般、差三个级别，分别评5分、3分、0分。
经营能力	个人能力	5		分为强、一般、弱三个级别，分别评5分、4分、3分。
	可控养猪场规模	10		网点30个以上为10分；20–30个之间为8分；10–20个之间为6分；10个以下为3分。
考评合计		100		

3. 新加入零售商的选择与政策

3.1 零售商评估分数 90 分以上：优秀合作伙伴，政策等同核心零售商。

3.2 零售商评估分数 75–89 分：良好合作伙伴，政策等同重点零售商。

3.3 零售商评估分数 60–74 分：一般合作伙伴，政策等同普通零售商。

3.4 零售商评估分数 59 分以下：放弃型零售商。

说明：实际评级工作中，评分标准可根据评分结果做适当调整。

二、渠道商货品供应管理

第一条　发货条件

1. 刚合作的新渠道商首次发货前或变更兽药经营相关证件时，必须要向公司提供兽药经营许可证、营业执照、法人代表身份证、工商注册登记发货地址等证件复印件。

第二条　订货

1. 在每次订货前，乙方以传真方式向甲方发出订货单，详细注明产品型号规格，数量，交货期等各项内容，并由双方盖章确认。

2. 任何由于未提供书面订单或提供资料错误造成的订货差错，由乙方承担全部责任。

3. 交货期：在规定时间内交货。

第三条　发货与物流管理

1. 公司组织发货前提是按双方签订的合作协议中发货条件给与发货。

2. 公司一般实行当事人签字负责组织发货的制度。程序如下：

2.1 渠道商原则上提出书面要货计划单以传真或信函等形式通知公司或公司业务代表，要货计划需标明要货品种及数量，同时负责人签名并加盖单位印章认可。

2.2 公司的业务代表根据渠道商的要货计划填写发货申请单并通知营销部调度员，如果公司的业务代表不在公司所在地，可由公司调度员根据渠道商的传真或信函填写发货申请单，并告知公司业务代表认可。

2.3 发货申请单经公司营销部的主管审核后，再经公司的财务部审批后方可发货。

2.4 公司调度员按经审批后的发货申请单组织发货；货物发出后三个工作日内给渠道商寄出或顺货发出提货凭据及发货清单；发货清单视为双方协议的附件，具有与双方签订协议同等的法律效力。

3. 公司原则上采用第三方物流向渠道商工商注册登记地发货。

4. 货物交接时若出现短缺、外观破损、差错等情况必须要求承运商签字确认，并在二个工作日内通知公司核查，凭承运商签字确认证件报损，否则，未在期限内提出异议，公司视渠道商验收合格并以发货单上账目入账，收货后的仓储、保管责任由渠道商负责。

第四条　退货制度

凡渠道商在双方签订协议合作期间直接从公司购进的产品，需要退换时，经过公司的技术营销员核实认可后，按如下条款处理：

1. 渠道商每个季度对自己的库存盘查一次，发现滞销期超过三个月或库存量过大的药品，应及时向公司业务代表书面通报并通过公司进行调配。

2. 渠道商退货前要先通知公司业务代表，经核实后方可退货。渠道商必须将退货清单及时邮寄或传真到公司，以便清点验收，否则造成退货药品数目不符或短缺时，以公司清单的货物数目为准，造成的损失由渠道商负责承担。

所有退货应遵照如下约定：

2.1 超过有效期的药品不允许退货。

2.2 药品有效期内因质量问题造成的退货，退货费用由公司承担。

2.3 非质量问题的退货，原则上不允渠道商退货。因特殊情况确要退货的，渠道商必须书面通知公司，获得同意方可退货。

2.4 因渠道商保管不善造成内外包装损坏的药品，所产生的一切损失由渠道商承担，公司不负任何责任。

2.5 因对销售或使用情况不太了解，渠道商订货发生品种、型号的错误。渠道商承担退换货费用。如果因为公司员工或物流公司的失误导致发货错误，退换货物的运输费用由责任人员承担。

2.6 运输过程中发生的淋雨、破损等情形，渠道商收货时，必须要求承运商签字确认，所造成的损失，由公司凭承运商签字确认证件负责向承运商索赔。

2.7 非质量问题产生的所有退货，退货费用由渠道商承担，公司另向渠道商收取退货的处置费。

三、货款结算管理

第一条　货款结算原则

1. 为防止货款拖欠形成死账，公司对渠道商一律采取款到发货的原则。

2. 公司要统一认识，给渠道商发货前，一定要得到财务部门许可方可发货。

3. 退货造成的退还款一律以货品方式返还，原则上公司不直接返还现金。

4. 优惠政策、奖励、促销等产生的给客户返还款，原则上公司不直接返还现金，以货品方式返还，特别说明：给客户返回利润部分可以返货，也可以返现金。

5. 支票汇款结算，要等货款到账后，才能发货。

第二条　货款结算方式

1. 公司给地级 / 县级经销商零售渠道销售的产品，一律按照厂家制定的零售价给予供货，返回利润按照月度给与结算返利。

2. 公司的地级 / 县经销商物流配送所辖区域的终端网点所产生销量返回利润按照月度给与结算返利。

3. 公司给经销商所辖的终端网点供货的产品，一律按厂家制定的零售价给予供货，对终端网点返回利润结算按照月度给与结算返利。

4. 对于公司直供终端商产生销量，一律按照厂家制定的零售价给予供货，按照月度给与结算返利。

5. 对于经销商给终端赊销的行为，公司允许经销商采取垫付的行为。

四、渠道商的销售支持

第一条　地级 / 县级经销商支持与帮助内容

1. 确定有利双方价格体系，提供价格保护、奖励、折让等支持，具体按公司有关价格政策操作。

2. 在公司联合分析模式下，公司派出营销人员帮助经销商做市场，开拓并未维护其终端市场。

3. 对经销商提供会议操作方面支持，如促销政策、技术推广专家、产品推介专家等支持。

4. 提供公司产品的有关技术资料和有关产品宣传促销资料。

5. 培训：公司定期、不定期地随机或集中对合作渠道商进行培训，内容包括：渠道激励政策、产品知识、经销商自有网络建设、业务财务制度培训、公司文化、战略规划培训等。

6. 提供促销活动方面的支持，进行有关产品促销方面的整体支持。

7. 媒体支持，公司通过媒体及网站之间的合作，积极参加各种会展等手段实现广告宣传的目的。公司将制订年度媒体发布计划，以文字形式通知各经销商，以品牌形象塑造拉动市场。

8. 产品试用：在一定的手续条件下，在一定范围内采取先试用后付款的促销方式。

9. 新产品支持：新产品往往作为高盈利产品而作为经销商经营首选。企业每年将定期、不定期推出高技术含量的新产品支持合作伙伴，确保经销商的盈利水平和持续发展。

10. 有奖旅游对年度经销量排名前若干名经销商公司出资组织旅游。

11. 对年度经销量排名前若干名的经销商公司在授信额度、结算方式、技术支持、宣传推广等方面给予更大的优惠政策。

12. 其他由公司统一制订的经销商激励政策和市场激励政策。

第二条　零售商支持与帮助内容

1. 确定有利双方价格体系，提供价格保护、奖励、折让等支持，具体按公司有关价格政策操作。

2. 在公司联合分析模式下，公司终端零售商提供固定式技术服务支持队伍和110流动式技术服务支持队伍。

3. 提供公司产品的有关技术资料和有关产品宣传促销资料以及提供产品促销活动方面的支持。

4. 为终端零售商提供技术服务、新产品用途、销售技巧、店面管理等相关培训知识支持。

5. 有奖旅游对年度经销量排名前若干名终端商公司出资组织旅游。

6. 对年度经销量排名前若干名的终端商公司在授信额度、结算方式、技术支持、宣传推广等方面给予更大的优惠政策。

7. 其他由公司统一制订的终端商激励政策和市场激励政策。

五、渠道商激励政策

第一条　核心经销商的激励

1. 资源支持

1.1 促销支持

1.2 技术服务

1.3 培训、礼品、旅游

2. 政策支持

2.1 授信支持（年销的 10%）

2.2 结算时间支持（结算期 45 天）

2.3 销售量激励

3. 奖励

3.1 核心合作伙伴，参与公司的一些重要决策

3.2 现金奖励

3.3 管理层培训

3.4 提供并参与管理建议

3.5 人力资源共享平台

3.6 协助建立信息系统

4. 惩罚

4.1 警告

4.2 缩减支持和奖励

4.3 取消核心资格

第二条　重点经销商的激励

1. 资源支持

1.1 促销支持

1.2　技术服务

1.3 礼品、旅游、培训

2. 政策支持

2.1 授信支持（年销的 6%）

2.2 结算时间支持（结算期 45 天）

2.3 销售量激励

3. 奖励

3.1 发展为核心经销商

3.2 礼品、旅游等

3.3 现金奖励

3.4 管理层培训

3.5 提供管理建议，人力资源共享

3.6 协助建立信息系统

4. 惩罚

4.1 警告

4.2 缩减支持和奖励

4.3 取消重点资格

第三条　普通经销商的激励

1. 资源支持

1.1 促销支持

1.2 技术服务

2. 政策支持

销售量激励

3. 奖励

3.1 发展成为重点经销商

3.2 礼品、旅游

3.3 现金奖励

3.4 管理层培训

4. 惩罚

4.1 警告

4.2 断货

4.3 经济处罚

4.4 淘汰

六、渠道商价格管理

第一条　公司价格原则

1. 公司对供货价采取批零一级差原则，充分保证经销商和零售商利润空间，为市场持续发展提供保障。

2. 公司统一地级 / 县级经销商 / 零售商采取统一供货价。

3. 公司统一在终端零售市场采取统一零售价格。

第二条　乱价处理程序

1. 如经销商/零售商发现在自己的发现有其他区域的经销商/零售商乱价销售的行为，无论事前，事中或事后，该经销商都/零售商应在第一时间内通知公司负责该区域市场管理工作销售人员。

2. 销售人员一旦获悉自己的经销商/零售商投诉后，应该在第一时间内，电话或者直面向自己经销商/零售商了解情况，调查乱讲是具体是什么区域，是谁？然后，安抚客户的情绪，告诉该经销商公司会马上在查实取证。

3. 公司相应区域将会安排市场部人员对乱价行为进行调查和取证。一旦证据确凿，市场部人员填写《呈报表》（见附件一）上报公司总经理办公室。

4. 总经理办公室将根据《呈报表》商议后给与相应处罚措施，并将处罚措施通知相应区域经理。

5. 最后由区域经理亲自下达处罚措施给该乱价的经销商/零售商。

第三条　乱价行为取证措施

1. 推行实施货品二维码管理机制，这样可以直接找到乱价产品出处。

2. 实行乱价举报奖励，举报乱价行为如果查到真实，给予200元奖励。

3. 实行乱价隐瞒处罚，对于隐瞒其他人乱价行为刻意隐瞒，不配合取证，给予批评教育，对所辖市场造成损失的后果，由本人自己承担。

4. 对于自己本身为了追求高利润，蓄意抬高零售价，厂家是禁止这行为，对所辖市场造成的后果，由本人自己承担，影响较大的按“第四条”措施予以处罚。

第四条　乱价行为处罚措施

1. 对于乱价行为对市场造成影响较小的情况，给予警告处分。

2. 对于乱价行为对市场造成影响较大的情况，根据具体情况提出严重警告或1000元/次的罚款处分，并全国通报批评。

3. 对于乱价行为对市场造成影响较大的情况，态度恶劣，一不承认过错，更甚者一如既往的产生乱价销售，公司针对这种经销商或零售商应当给予严厉的处罚。由市场部出面，以书面形式对其进行处罚通报，处罚可根据情节采取5000-10000元/次的罚款、限制性供货、降低当年返利、取消当年返利、停止供货、取消经销权等方式。

4. 罚金从其货款或者年终返利予以体现。

七、渠道商窜货管理

第一条　窜货的界定

1. 窜货定义：

窜货是商业行为，其目的是为了赢利，是指经销商跨过自身所覆盖的销售区域而进行有意识的销售行为。

2. 不同类型窜货的处理原则：

2.1 恶性窜货：经销商为了牟取非正常利润，蓄意向非辖区销售产品，采取规范程序制度来处理。

2.2 自然性窜货：一般发生在辖区临界处或邻近的区域，非经销商恶意所为，不鼓励，也不纵容。

2.3 良性窜货：经销商流通性很强，货物经常流向非目标市场，要鼓励该经销商向空白市场窜货。

第二条　窜货处理程序

1. 如经销商/零售商发现在自己的所辖区域内发现有其他区域的经销商/零售商公司产品在本区域销售，无论事前，事中或事后，该经销商/零售商都应在第一时间内通知公司负责该区域市场管理工作销售人员。

2. 销售人员一旦获悉自己的经销商/零售商投诉后，应该在第一时间内，电话或者直面向自己经销商/零售商了解情况，调查是什么货，有多少，以什么价格，是什么时候，以什么方式，货是从哪里来的。然后，安抚客户的情绪，告诉该经销商/零售商公司会马上在查实取证。

3. 公司相应区域将会安排市场部人员对窜货事宜进行调查和取证。一旦证据确凿，区域经理填写《呈报表》上报公司市场部。

4. 市场部将根据《呈报表》进行内部核查，确认冲窜货的经销商/零售商，并将核查结果通知相应区域经理。

经销售人员、区域经理斡旋后，最好将双边经销商/零售商叫到一起，充分沟通，找出问题的症结之所在，大家各自退让一步，就市场规划与价格达成共识，明确经营区域或者网点，有步骤有进度的解决遗留问题，逐步退出侵犯的市场，协商双方达成共识，相互谅解，则需双方签署《协调和解书》(见附件二)，交由公司存档，并签字盖章，一式三份，双边经销商/零售商和厂家各执一份。

对于无法协商的情况，公司可以根据窜货的情况，造成的影响给予主窜货方适当的处罚，以此安抚受损害的一方。

第三条　窜货行为取证措施

1. 推行实施货品条码管理机制，这样可以直接找到窜货产品出处。

2. 实行窜货举报奖励，举报窜货行为如果查到真实，给予200元奖励。

3. 实行窜货隐瞒处罚，对于隐瞒其他人窜货行为刻意隐瞒，不配合取证，给予批评教育，对所辖市场造成损失的后果，由本人自己承担。

第四条　窜货处罚办法

1. 对于窜货造成影响较小的情况，给予警告处分，并以上5倍价钱回收窜出产品。

2. 对于窜货造成影响较大的情况，根据情节对主窜货方提出警告或1000–5000元/次的罚款处分，并全国通报批评。

3. 经销商/零售商发生窜货行为后，态度恶劣，一不承认过错，二不回收所窜货物，更甚者一如既往的窜货，公司针对这种经销商/零售商应当给予严厉的处罚。针对发生窜货行为后态度恶劣的经销商/零售商，由市场部出面，以书面形式对其进行处罚通报，处罚可根据情节采取5000–10000元/次的罚款、限制性供货、降低当年返利、取消当年返利、停止供货、取消经销权等方式。

4. 罚金从其货款或者年终返利予以体现。

八、渠道评估与考核管理

第一条　经销商评估与考核管理

1. 根据经销商的业绩、配合度、成长性，经营实力对经销商进行评估和分类，根据以上四个指标的评分不同，把经销商分为以下三类：

1.1 核心经销商 评分标准：85—100分为核心经销商

1.2 重点经销商 评分标准：70—84分为重点经销商

1.3 普通一般经销商 评分标准：1—69分为普通经销商

2. 评分表

评价指标	指标内容	分值	评分
业绩贡献	销售业绩	40	
配合度	信用情况、合作态度	25	
成长性	市场容量、服务水平、增长率	25	
经营实力	经营规模、付款能力、管理水平	10	

3. 经销商评估的方式

3.1 公司对经销商采用年度评估，每年一次。

3.2 每年十二月份，由市场部组织安排经销商评估小组，按考核标准对各经销商进行打分评估考核（备注：经销商评估小组成员：总经理、财务部、客服部、市场部、大区经理）。

3.3 并由各大区把考评的结果发放给各个经销商，对于考核不达标的经销商，销售人员要及时做好安抚和善后工作。

4. 经销商评估结果处理措施

对降级经销商的采用以下措施：

4.1 降为下一个等级经销商。

4.2 降低支持政策。

4.3 降低激励政策。

4.4 对于不合格经销商按照“退出机制”进行处理。

第二条　零售商评估与考核管理

1. 根据零售商的业绩、配合度、成长性，经营实力把零售商进行评估和分类，根据以上四个指标的评分不同，把零售商分为以下三类：

1.1 核心零售商　评分标准：85—100 分为核心零售商

1.2 重点零售商　评分标准：70—84 分为重点零售商

1.3 普通零售商　评分标准：1—69 分为普通零售商

2. 评分表

评价指标	指标内容	分值	评分
业绩贡献	销售业绩	40	
配合度	信用情况、合作态度	25	
成长性	市场容量、增长率	15	
经营实力	经营规模、付款能力、诊断服务水平	20	

3. 零售商评估的方式

3.1 公司对零售商采用年度评估，每年一次。

3.2 每年十二月份，由市场部组织安排零售商评估，按考核标准对各零售商进行打分评估考核（备注：大区经理和销售人员直接打分评估）。

3.3 并由各大区把考评的结果告知零售商，对于考核不达标的零售商，销售人员要及时做好安抚和善后工作。

4. 经销商评估结果处理措施

对降级零售商的采用以下措施：

4.1 降为下一个等级零售商

4.2 降低支持政策

4.3 降低激励政策

4.4 对于不合格零售商按照“退出机制”进行处理

九、渠道退出制度

经销商由于各种原因需要终止与公司的合作时，可根据具体原因不同分为经销商主动退出和被动退出两种，分别按如下程序进行操作：

第一条　经销商主动退出

渠道商由于自身原因在协议有效期内主动提出希望终止与公司的合作时，或者当渠道商与公司协议期满，且不希望与公司继续合作时，须按如下程序进行操作：

1. 渠道商应提前两个月向公司以书面形式正式提出退出合作申请。

2. 得到同意批复后，渠道商需向公司移交下述物品或事项：

2.1 渠道商需移交其作为公司渠道商期间发展的所有客户名录及购货清单。

2.2 渠道商需退回由公司免费提供的各种工具、设备以及剩余的资料、手册等。

2.3 渠道商履行完成移交手续并经公司确认合格后，公司才能对渠道商的账上货款余额进行转账退还。

2.4 经双方确认上述交接工作完整无误后，公司将正式发函终止渠道商的经销权，双方合作即告终止。

第二条　经销商被动退出

当渠道商在协议有效期内严重违反协议规定或违反本方案中所做的相关约定，公司将单方面终止与渠道商的合作。渠道商被动退出时需按如下程序进行操作：

1. 公司以书面形式正式向渠道商提出终止协议决定，并提出相应理由。

2. 渠道商如对公司的处理决定有异议，可与公司进行协商，协商未果也可向第三方机构申请仲裁解决。

3. 渠道商如对公司的处理决定无异议，需向公司移交下述物品或事项：

3.1 渠道商需移交其作为公司渠道商期间发展的所有客户名录及购货清单。

3.2 渠道商需退回由公司免费提供的工具、设备以及剩余的各种资料、手册等。

3.3 渠道商履行完成移交手续并经公司确认合格后，公司将根据经销商违约事实的具体情况，按规定全部或部分扣除渠道商履约保证金，同时对渠道商的账上保证金余额及货款余额进行转账退还。

3.4 经双方确认上述交接工作完整无误后，公司将正式发函终止渠道商的经销权，双方合作即告终止。

附件：

附表一　呈报表

时间：	区域：	呈报人：
呈报内容：		
销售总监/大区经理审核： 年　月　日	总经办审批： 年　月　日	

附表二　协调和解书

时间：	地点：	和解见证人：
和解内容：		
和解甲方签字： 年　月　日	和解乙方签字： 年　月　日	

第二十二章　终端建设与管理

畜牧动保行业在渠道建设中终端建设是最为重要环节，是企业市场营销竞争的关键点。终端建设，是发展的必经之路，也是终端经销商获得可持续发展的不可逾越的环节，作为零售商，除了按照厂家所提供的终端政策支持之外，也必须制定出自己的终端开发思路：即“以自我开发为主，以公司支持为辅”。本章内容重点介绍终端建设与管理，具体内容包括：终端的基础概念，终端的建设和终端管理。终端建设中主要包括六个方面：硬终端、软终端、终端生动化陈列、终端促销、终端销售技巧、终端服务。

第一节　终端的基础概念

公司终端基础工作介绍

1. 终端的概念

终端——是企业渠道链条中最重要的环节，只有在这个环节，企业产品才能真正与消费者接触，消费行为才能够真正得到实现，企业投入巨额资源所打造的产品的物理属性和品牌属性才能够得到回报。拥用这类场所，才能真正拥有市场。

2. 终端工作的性质

2.1 长期性：公司终端要不断地强化硬终端、软终端、终端促销和宣传工作、终端强化管理和服务作为主要内容，最大限度地挖掘终端销售潜力。

2.2 艰苦性：在乡镇，公司终端店的工作开展相对于比较艰苦，环境也相对要艰苦，这就要求终端人员经常维护终端形象。

2.3 科学性：对于终端而言，公司终端店人员不仅需要掌握足够多的企业、产品知识、行业知识、终端经营知识、管理知识，还需要具备软终端的销售技巧。公司终端店人员在销售中摸索经验，不断学习、不断提高自己的专业知识和业务技能。

2.4 重要性：终端工作有利于确保产品流的通畅，有利于建立公司品牌的营销核心竞争力，有利于提高公司品牌的营销效益，有利于公司产品的销售。

第二节　终端的建设

终端建设一共分为六大部分

一个成功终端要从硬终端、软终端、终端生动化陈列、终端促销、终端销售技巧、终端服务六个方面同时做好才能做好终端工作。

一、硬终端建设

硬终端（制造终端销售氛围，强化品牌，影响购买者）：

1. 硬终端的定义：有形的，能够看得见、摸得着，可以用量化指标进行考核管理的内容。

2. 硬终端的主要形式：商品和包装、POP、DM、宣传折页、包装袋、吊旗、产品模型、灯箱、门头、横幅、墙标、电梯广告、楼贴、门贴、广告牌、条幅、黑板专栏、氢气球悬吊广告、不干胶车贴、车体广告、小报、夹报等。

2.1 海报张贴（分为产品宣传海报和促销海报）：海报的张贴是强化硬终端的常规方法。

注意事项：

a. 由于海报张贴的损毁率较高，所以需要长期强化张贴；

b. 海报张贴的高度一般为距离地面 150cm，并且最好连张贴（2—3 张），并且以醒目位置张贴，不允许张贴到视线无法到达的死角，以提高张贴的效果；

c. 终端人员随时维护已经张贴的海报。

2.2 店招广告：具有视线好，品牌影响力大，使用周期长，损毁率低的特点，建议广泛使用。

a. 制作要求：采用灯箱布，具有铁架内框，电脑写真喷绘。店招的尺寸需要现场测量，公司产品的店招尺寸越大宣传效果越好，但必须使用公司提供的统一设计稿，各据点市场寻找专业广告公司制作。

b. 店招广告的使用：在终端大门正上方。如果这个位置被其他品牌的店招所占据，要么采取覆盖的方式，要么在旁边选择显眼的位置。

c. 店招广告使用的注意事项：务必稳固安装（可以直接用铁钉钉在墙上），确保长期安全使用，终端老板维护好店招的形象，如果发现破损及时修补，确实无法修补则考虑重新制作；

2.3 条幅广告：具有制作、使用方便，成本低，能够起到一定品牌/产品宣传效果的目的。缺点是品牌形象一般，损毁率高，建议适当使用。

条幅广告使用的注意事项：

a. 在终端店显要处（店内、店外）使用，而且条幅要能够很好地固定；

b. 公司产品终端导购人员维护，使条幅随时清洁；

c. 如果发现条幅破损，则需要重新更换。

2.4 不干胶广告注意事项：

a. 在终端内、外部的醒目位置张贴，不允许张贴到视线无法到达的死角，以提高张贴的效果；

b. 不干胶张贴的高度一般为距离地面 120cm—180cm 之间，并且最好连张贴（2—3 张）；

c. 公司产品导购人员需维护好，防止脱落或他人损坏。

二、软终端建设

软终端（从销售人员形象、客情关系到销售政策等都属于软终端）：

1. 终端软终端的定义：无形的，看不见、摸不着却有丰富内涵、极为重要的内容。

2. 软终端的具体形式：人员着装、容貌和举止，人员素养和谈话方式，待客态度，对企业情况及产品知识的了解，对行业及竞品的了解，察言观色与随机应变的能力，客情关系，产品畅销度、产品美誉度、公司形象、经营意识认同度、销售政策、合作融洽度，等等。

3. 软终端的作用：软终端建设到位可以在终端直接促进产品销售。

4. 店员应掌握的基本知识。店员自身素质的高与低，服务技能和服务态度的好与坏，是影响专卖店服务水准的最重要因素之一。因此，新任店员在上岗前，至少需要接受八项基本知识的培训。

4.1 了解公司。要充分了解所在公司的历史状况、得到过哪些荣誉、产品研发与质量管理、售后服务承诺的内容，以及公司未来发展方向等事项，另外，货品在市场上的行情、流通路径等相关知识也应涵盖在内。

4.2 了解行业和常用术语。对公司与行业知识的充分了解，可以增加店员在销售服务应对时的信心。

4.3 产品知识。产品知识是在销售服务介绍时的基本要点。所以，店员要将产品名称、种类、价格、特征、制造流程、材质、设计、颜色、规格、时间性、推广要点、使用方法，维护保养方法等基础知识牢记在心。

4.4 竞争产品。在工作过程中，店员应利用闲暇时间，随时注意同行业竞争对手（类似品、替代品）的举动，如销售额、销售方式、市场活动、价格变动、新品上市、人员变动的情况等，并将这些情况及时向公司市场人员汇报。

4.5 工作职责与工作规范。只有透彻理解自己的工作职责与工作规范，才能更好为养殖户服务。

4.6 了解养殖户特性与其购买心理。由于养殖户个性化、差别化的消费需求，店员应该站在养殖户的立场上去体会他的需求和想法，只有充分了解不同养殖户的购买药品特性与心理，才能更好地向其提供解决方法。

三、终端生动化陈列建设

终端生动化陈列（产品陈列展示是重要的内容）：

1. 产品分类

1.1 在实际销售中，卖出产品才是最重要的。而产品陈列的位置、比例不一样，对产品的销量是有很大影响的。在具体的终端陈列中，哪些产品应该重点突出？哪些产品应该陈列比例较大的面积？

1.2 这里将这些产品划分为三类基本产品，即："主推产品"、"补充产品"，并给出各自的陈列占比。

2 主推产品定义主推产品是指终端老板主要推广的产品。通常是新品、或是在终端老板在市场战略中起着至关重要地位的产品，其传播推广力度投入较大，在终端生动化规范陈列中，也必须陈列于"第一视线位"。

公司终端网点现阶段主要指：公司产品（产品代表兽药行业发展的方向，具有战略意义）。

3. 补充产品定义：补充产品是指占当地销量比例不大，但作为市场的有效补充，又不可缺少的产品。因各款产品和各个地区的差异，其传播推广力度也有所差异，在终端生动化规范陈列中，必须陈列于"第三视线位"。

4. 兽药产品陈列的几个基本原则

4.1 显而易见——产品陈列位置要好、展示面要大、物料要生动美观、力求更多地争取养殖户的注意力。

4.2 最大化陈列——尽可能增加陈列数量，最大程度占据陈列空间。要比竞争产品占据较多的陈列空间。

4.3 全品项陈列——尽可能多地把公司的产品全部品项分类陈列，既可满足不同养殖户的需求，增加销量，又可提升公司形象，加大产品的影响力。

4.4 重点突出——一定要突出主推产品的位置，这样才能主次分明，让养殖户一目了然。

4.5 样品展示——要在产品陈列前面摆打开的样品，这样养殖户更直观看到产品，以利于养殖户选择和终端向养殖户的介绍。

四、终端促销

终端促销活动（促销礼品、促销政策、促销会议等内容）：

1. 终端促销工作执行的注意事项。

1.1 策划和选择的促销活动一方面要能够增加销量，另一方面要能够增值品牌，扩大品牌知名度和品牌影响力、美誉度。

1.2 无论开展哪种宣传和促销工作都必须有一个延续性，必须持之以恒，有些促销活动必须达到一定数量才能产生较好的市场宣传效果。

1.3 即使再好的宣传促销手段也有缺陷，所以公司终端店员必须采取其他补充性工作。

1.4 终端人员做宣传促销工作需要树立投入产出的意识，能够与销量挂钩的宣传促销方式一般都是风险最小的，费用投入也是最划算的。

1.5 地面的宣传促销工作必须与销售产品相结合，这是原则。

2. 公司终端店可以选择的宣传促销方式介绍

2.1 买赠促销

<table>
<tr><th colspan="3">买赠促销</th></tr>
<tr><td>综述：</td><td colspan="2">在终端对养殖户购买兽药产品给予促销品奖励的一种即时促销手段。
买赠促销抓住了养殖户贪占小利的心理，用赠品购买消费者的购买兴趣，从而实现了产品的销售。</td></tr>
<tr><td colspan="2">优　　点</td><td>缺　　点</td></tr>
<tr><td colspan="2">现场奖励，而且买得越多、赠得越多，充分调动了消费者的购买兴趣和热情。
有利于产品执行刚性的价格。</td><td>创新不易，执行到位不易。</td></tr>
<tr><td>操作要点</td><td colspan="2">创新选择：在赠品选择/买赠政策/信息传递/执行管理方面必须有所创新/改善。
政策设计：需要梯级奖励政策，少购少赠，不落空，多购大赠，刺激大。
赠品选择：以实用性为主。
信息传递：要通过海报、《喜报》、条幅、宣传页、微信、短信等进行买赠信息的宣传，力争让更多的养殖户知道买赠信息。
执行限制：必须要有执行时间限制，长期搞买赠就成为变相降价，失去了活动效果。</td></tr>
<tr><td>注意事项</td><td colspan="2">作用认识：买赠只是一个促销活动，并不能解决所有问题，其他的活动如：品牌宣传、技术讲座等工作也必不可少。</td></tr>
</table>

2.2 会议营销

会议营销	
综述：	就是以召开会议的方式对养殖户进行宣传和促销，这是兽药终端常用的一种营销手段。通过会议能够快速传达产品的特点、企业优势等鼓舞养殖户使用该品牌的兽药，给养殖户一个学习和交流的机会，并现场买药有优惠等。
操作流程	针对养殖户的会议营销：由终端人员自行组织或申请厂家业务员协助组织会议。（明确目的、确定时间、人数、会议流程、会议地点等内容）。会议最好邀请养殖户心中的意见领袖、养猪能手等。
操作要点	对于新品类产品，养殖户很多都不了解，召开会议促使当地有影响力的养殖户或养猪能手等人来更好地了解产品。 1. 每次会议必须要有充分的理由和严谨的会议流程安排，在控制费用的前提下确保会议效果。 2. 会议的组织和管理工作很重要，每次会议必须要有专人负责，按照流程相关的《计划》《申请》《通知》必不可少。 3. 每次会议完成之后撰写《会议总结》，通过不断总结提高会议营销的质量。
注意事项	每一次会议都会涉及方方面面的细节，组织和管理者必须要充分考虑到，不要出现大的纰漏。

备注与说明：

宣传促销的种类还有很多，以上列举 2 种，如积分累积促销、集市促销；意见领袖促销（养殖大户、养殖能手、技术专家等）；养殖能手大比武活动；请动保专家技术讲座；黑板报促销，等等。这些促销活动需要厂家工作人员与零售商相应的配合与指导。

五、终端销售技巧

终端销售技巧（终端展示、沟通、商务洽谈、话术等内容）：

实现终端最大化销售是每个兽药终端老板的最终目的，在口碑传播具有极大影响力的兽药行业，使销售更具传播能力、更具说服力是最大化销售有效的保证，为了达到这一目的，经销商提升销售宣传力与店面竞争力是不可缺的功课，而最不能缺少则是终端老板的销售技巧与方法。下面，我们为公司终端销售设计了“魔法销售 9 步法”：

魔法第 1 步：开门几件事

——打开大门迎请贵客

精神饱满，仪表大方——给养殖户良好的印象

清洁环境，整理产品——吸引养殖户注意的基础

备齐用品，熟悉资料——优质服务的基础

——笑脸是最好的见面礼

首先准备好自己微笑，自己先对着镜子笑一个，因为最能传神的是人的双眼而最能打动客人的是脸孔最灿烂的时刻——微笑。

——养成好习惯，才有好生意

开店前必须检查、备齐“必需物、必需量、并放置在必要的场所”，要跟你的笑容一样整洁。

—— 忙碌的气氛最能招引养殖户登门

随手的忙碌，比如整理整理单据、换换宣传画、擦拭展示柜等，这样能够给店里增添一股勃勃生机和活力，养殖户很容易受到这种熏染走进店里来。千万不要傻站着充呆、发愣。

你的快乐可以感染任何人，任何人都乐意跟快乐的人打交道，养殖户也不例外。

—— 别不留神做了挡驾的看门神

店门打开，养殖户可以很方便地走进店来，但千万别站在门口，一不留神充当了挡驾的看门神

扎堆聊天——最恶劣形象，会给人无所事事的印象，直接打击养殖户购买欲望。

—— 打个招呼接着忙自己的

看见养殖户，微笑致意，来个点头熟——打个招呼，忙自己的，越忙碌越吸引养殖户。

——有空也别闲着，至少要“会闲着”

养殖户来的时候随时整理宣传资料、产品或pop等，并脸上挂着灿烂笑容——准备充分，自然自信有序，随时会为你带来好运。

—— 太过热情小心“烫”跑了客人

养殖户一进门就紧随不舍，步步“跟逼”，如此只能使客人犹如芒针刺背、不堪其扰，唯有夺门而逃了。

太过热情容易“烫”跑别人；太过主动会“吓”跑养殖户，记住多数养殖户是比较胆小的。

——店面人气太少怎么办?

在兽药销售旺季的季节，冷冷清清的环境容易使养殖户的选购兴致顿失，养殖户比较喜欢跟风与看热闹，增加店内人气可以带来良好的销售。我们可以按下面的方法来增加店内人气：

播放旋律喜悦、养殖户喜欢听的音乐或是产品性能的视频，充分利用广告视频和背景音乐；

自然而巧妙地在养殖户周边忙来忙去，是非常好的做法；

主动向养殖户推荐兽药产品，说明产品的特点与性能。

适当的可以举行现场技术讲座、促销等活动。

魔法第 2 步：第一印象

——养殖户不喜欢离自己太近的店员

方法：当心！保持距离美——养殖户不喜欢被监视，不要监视养殖户

半米之内的圆径，是每个人的私人空间，除非自己熟悉的亲朋好友走进圈来，才不会感觉不快或受到威胁。

养殖户不喜欢店员站在自己想看的公司兽药旁边，更不喜欢店员站得离自己太近。在养殖户还没有表示出自己需要帮助之前，我们还是先离养殖户稍远点，闪身一旁忙自己的，千万别让养殖户心生疑虑——自己被盯梢了。

当养殖户产生疑问，想向人询问时，店员能够自然而恰如其分地出现在养殖户身旁。

—— 善于用产品激发养殖户兴趣

方法：主动引导——随便摸摸没关系

视觉上的享受和触觉上的感知，能够很快拉近养殖户和产品之间的距离，从而激发养殖户的兴趣和好感，产生拥有的欲望。

——与养殖户答话时，注意些什么？

方法：到什么山唱什么歌——善用语言拨动养殖户的心弦

峨眉山有峨眉山的秀美，泰山有泰山的威武，见了张飞不能夸他白，见了杨贵妃不能夸她苗条，同样养殖户也各有特点，所以说话要讲技巧，讲艺术，语言层次清楚，突出重点、要点，不必做无谓的铺垫，善于解决实际问题，绝不可与养殖户争论，多请求、少命令，多肯定、别否定，多配合感情丰富的动作表情。

——善于捕捉与养殖户初步接洽的 5 个最佳时机

方法：用心观察，机会自然来——关键时刻眼睛不能“近视”

1. 养殖户长时间凝视公司兽药样品，且若有所思之时；

2. 养殖户与同伴议论兽药产品的时候；

3. 养殖户看罢抬头环视，在店内四下找人时；

4. 养殖户仔细地看产品宣传单页的时候；

5. 养殖户的目光与店员相碰时；

——善于创造接触养殖户的机会

方法：顺手递上份资料看看——通过宣传品接触养殖户

因为心里还没有“谱儿”的养殖户往往不愿接受店员的打扰，所以递送份选

购手册或宣传单张等资料较为恰当，等他/她看不懂的地方自然会问我们，从而创造了良好的接触开端，为成功埋下伏笔。

——善于消除彼此陌生感觉

方法：人往熟处走——乡里乡亲套个近乎

熟人熟地、乡里乡亲，套套近乎、拉拉关系，可以很快消除彼此之间的陌生感。养殖户只有把我们当成朋友的时候，我们介绍的话才能听得进去。

——先当教练，再谈生意

方法：如何科学地选兽药——教会养殖户如何解决用药问题。

达成购买意向的基础是具备相同的解决问题的能力，教会养殖户科学选择好的兽药就等于帮他/她做了一把尺。

魔法第3步：识别养殖户类型

准确判断养殖户怀有的6种登门目的：

——每个进店的养殖户都是带有购买动机而来

目的1——问价不看货

不想购买就不会问价格，但养殖户往往是还没有等看明白产品就先问了价格——其实是在衡量自己兜里的“银子”。

——对策

接待此类养殖户切忌一口报价，因为无论价高价低，一连串抽象的价格数字对于买家来讲永远都是两个字——“贵了”。我们要学会“打岔”，即接上一句不相干的话，如“你好，买药呀”，然后将养殖户的注意力转移到产品本身上。

目的2——砍价杀价，挤“水分”

讨价还价是养殖户购买的前奏序曲，只有非常希望买兽药的人才会砍价杀价。之所以如此，是因为大多数养殖户认为当地商家获利够丰，加价水分太大。否则就是已经比较过多家，心中必有标准实价。货已相中，价格当然是能越少越好。

——对策

遇到此类养殖户，要耐心介绍本店信誉和厂家的周到服务即便是勉强做出点滴让步，也是辅赠一些实用性的物品，如洗衣粉、毛巾、衬衣等。切莫一口回绝养殖户，伤了大家情面。

目的3——买个放心兽药

此类客户本身不太懂兽药，因此比较慎重，所以会问问身边朋友或跟从懂行一点的朋友一齐前来，结伴同行当参谋，就图个内行选的放心。

——对策

结伴而来的大都是养殖户的军师参谋，应设法先同他们进行接触和攀谈，恭维加实际的讲解，“话里话外”找到共同语言，如此则已成功大半了。

目的 4——奔着优惠和折扣

肯买公司兽药的养殖户，其实早就看中并且想购买了，只不过由于自己一直觉得太贵。

——对策

冲着折扣或优惠来的养殖户，比较敏感价格，因此如果确实没有价格浮动空间，则一定要耐心而诚恳地向养殖户进行解释和说明，特别强调突出公司兽药在性价比上的优势，让他们对产品质量有绝对的信心。

目的 5——买个牌子货，用着放心

冲着牌子来的，忠诚于品牌，买个心里放心。

——对策

公司是老字号的药厂，资质证件齐全，公司生产的兽药获得多项荣誉，再加上公司兽药的高性价比，必然能打动养殖户。

目的 6——兴师问罪、退换商品

或价格，或产品品质而提出退换公司兽药的养殖户，主要是在心理上动摇了自己当初的判断和选择，其内心往往自觉歉意和理亏。我们可以给予合理解释或者深入猪场实地解决问题，往往可以缓和养殖户的狭隘念头。

——对策

用户因我们的产品不争气而造成麻烦，前来登门问罪，主要还是心里憋了一口恶气。接待此类养殖户要首先将其引离终端销售店内，避免给其他购买公司兽药的养殖户造成负面影响。我们一定要殷勤热情，先在情绪上使其紧绷的弦松懈下来，切不可推诿、顶撞和强词夺理。

准确判断养殖户类型及正确的接待方法

——每个进店的养殖户都有自己的“特点”及“偏好”和“习惯”

1. 见多识广型 —— 顺水推舟

见多识广者大都固执己见、好为人师。应对此类养殖户耐心请教，适当恭维养殖户几句佩服的话，会更加有助于拉近彼此距离、博得好感。对养殖户所提出的异议要保留不同自己的看法，巧妙地岔开话题、避免不必要的争论。

2. 慕名来访型 ——千万不能怠慢

或因广告，或因口碑，慕名而来者大都怀有较强的品牌认购心理，所以也希望我们能够给予不同一般的服务和热情，这将使其更加直接地肯定自己的判断和选购的信心，千万不可怠慢了！

3. 熟门熟路型 —— 保持适当热度

登门自来熟人、拉关系、扯近乎、软磨硬泡，攀谈压价是熟门熟路者的特点。对此类养殖户不能过于热情反而应该避之不急，过于冷淡则易伤情面，保持适当温度不冷不热恰到好处。

4. 犹豫不定型 —— 耐心鼓动

犹犹豫豫、取舍难定、拿不准主意，要留心此类养殖户是否反复的询问与观看公司兽药产品，想必是已基本相中看定了，我们可以了解养殖户的养殖情况，然后以肯定的语气告诉养殖户，如终端店内有第三者，可以征询第三者的意见来促使其下定决心，被问及的养殖户，通常都会给予积极合作。

5. 征求意见型 —— 诚恳以待

养殖户肯于征询店老板的看法和意见，完全是出于对终端老板的信任，我们应该倍加珍惜并尽职尽责地给予帮助，切不可敷衍了事或极力推销未必适合养殖户的兽药。

6. 直言快语型 —— 充当养殖户贴心知音

遇到心直口快、好讲道理的养殖户，一要从自己有把握、有自信的话题开始，凡是看法不同的话题，可尽量岔开，设法捕捉双方共同点，充当养殖户的贴心知音。

7. 谨小慎微型 ——“请您转转再看看”

凡事求全责备、务求完美，遇事小心谨慎、生怕上当受骗，这是谨小慎微者的心理特点。接待此类养殖户要先教会其选择好兽药的判断标准，然后再突出介绍公司兽药产品原理与优点以及企业实力，如果双方卡在价格问题上，则可主动、客气地给养殖户算一笔账，请其再考虑一下，最后向养殖户承诺公司兽药效果。

8. 寡言少语型 —— 暂勿贸然应对

沉默寡言者往往心有主见，一旦他们看中某种品牌就会成为其忠诚用户，在养殖户还没有决定选择哪一款商品之前，且不必贸然上前应对，要任其自由浏览。我们可以貌不经意的留心观察，来揣摩养殖户需求和喜好，等其开启金口问询时，则可成竹在胸地向其介绍。

魔法第 4 步：产品介绍处理异议

首先请仔细阅读（第一部分“公司兽药”特点优势介绍）

要像了解你的“爱人”一样了解产品

前面说给养殖户当教练，教会了养殖户如何科学选兽药，就等于帮他 / 她做了一把尺。这时养殖户的问题就更深刻了，所以你就得比你的养殖户更懂公司用药的原理、优点、行业趋势、售后服务、使用兽药方法以及公司企业情况等，所以你要像了解你“爱人”一样了解公司兽药。养殖户嘴上不说你说的对，但心里却是“哑巴吃汤圆——心中有数”。

术业有专攻，功到自然成

干一行爱一行，想成为销售专家的前提是做个兽药专家，能够快速解决养殖疾病临床问题，我们对每种兽药的特点、优点、不同兽药使用方法、兽药的效果等必须了如指掌，才能让养殖户心服口服，这些知识可以从公司兽药产品手册和宣传资料上了解或请教有经验的养殖户和动保专家，同时需要平时不断地学习积累等。

你就是专家，养殖户不听你的听谁的?

权衡比较，是养殖户判定、购买的门槛，这时要公正而积极地协助养殖户进行对比，帮助养殖户建立起科学选择兽药的评价标准是第一位的，如果你是这方面的专家，比其他人说得更专业，更有道理，养殖户不听你的听谁的呢?养殖户的选择自然不用说你也清楚了。

谁都不能保证不出问题，不然就不会有保险这个行业了，出了问题怎么办?

方法一：——道歉也是有学问的

如果实在是自己搞错了，需要向养殖户道歉，首先表明导购的个人立场和态度，但不仅仅道歉就完了，必要时还必须要提出问题的解决办法，才能真正解决养殖户的不满。

方法二：——越难缠的养殖户忠诚度越高

难缠的养殖户心里明白自己的要求高，因为养殖户在很多店受到不当的待遇，只要我们处理好这类养殖户，还会为我们做宣传，可能他会推荐身边养殖户到你的店子来，达到花钱买不到的宣传效果。

方法三：——“是，但是”法

先肯定并赞同养殖户的意见，然后再解释养殖户因了解并不全面而产生误解的原因，切忌讳上来就否定对方，招致彼此不快。

方法四：——“避短扬长”法

养殖户认为我们产品的有不足之处，很多是其不了解问题的本质，我们可以列举事实来解释和说明。

方法五：——“问题引导”法

透过问题的提示，引导养殖户自己找到解除疑虑的答案，这样最具有说服力。

方法六：——“引证”法

引用使用者的评价和媒体报道来证明消除养殖户的顾虑，媒体报道具有公信力，当然比你解释来得有力。

魔法第 5 步：引导购买

抓紧时间，别让快熟的鸭子飞了

——养殖户购买时的 5 大强烈反映，这是请睁大眼睛

养殖户的话题总是集中在兽药特点上；

养殖户不再发问，而若有所思；

养殖户开始注意价格优惠与否；

养殖户开始关心售后服务问题；

养殖户反复地询问同一种问题。

协助养殖户当机立断，一锤定音，拿定主意

——缩小或转移话题圈，促成购买，

帮助肯定他 / 她所了解的兽药，如：公司兽药效果准好，公司兽药效果一定好等肯地的回答养殖户。

在添一把火对他 / 她犹豫不定的兽药再做一些简要的要点说明。如：我们村 × × 猪场用了公司的药，效果很好，你可以大胆放心地使用。

魔法第 6 步：成交

——唱收唱付

协助付款——告诉养殖户货物的价格和总付款额，并为养殖户指引收银台。

帮助交款——唱收唱付，如果养殖户同意，帮助交款，收款时要声音大点，动作敏捷点，带点小跑也是正常的，要表现得高兴而自信，但不是张扬。

用户登记——清楚详细，建立客户档案，并让养殖户知道你已经为他 / 她作好了用户档案，一同交给客户便于后期客户回访和维护，以便为你带来更多的生意。

魔法第 7 步：谢送养殖户

——服务到最后一秒

成交后，帮助养殖户把公司兽药搬运到装载车上，或公司终端店员承诺在规定时间内送到养殖户猪场里面；

再次问养殖户有什么需要帮忙的；

再次赞美客人的选择是非常明智的，他的选择绝对是明智的；

若情况允许，送客人到离开，目送远方，顺便道谢，道平安。

魔法第 8 步：定期回访维护

——口碑的销售力量高于店员解说的 15 倍

请记住兽药卖出去，只是我们的第一步，记住：用户购买兽药，要在以后半月或每月一次，询问一次使用兽药的效果，根据需要深入猪场进行技术服务。

每次打电话，甭管是谁接听，首先问个好，告诉对方我们是谁，请用户接电话简要问问使用公司兽药后效果情况。有什么问题，可以电话里解决或记录下来。回头自己处理或处理不了的可找公司动保专家再处理。

厂家有什么优惠或促销活动第一时间告诉养殖户。

魔法第 9 步：培养“回头客”

——运用通讯工具进行便捷式互动

定期给有手机的养殖户发微信或者短信，如：问候、行业信息、猪价、产品等。但平均计算下来，等于 3 天访问养殖户一次，不仅可以稳定一个回头客，还可以开发新养殖户。

逢年过节发条恭喜微信或者短信，送点节日纪念品，让养殖户觉得买得不只是兽药，而是一个充满关怀和温馨的有情感的兽药品牌。

六、终端服务

终端服务（重点解决养殖户跟踪服务）：

1. 定期服务，定期去拜访合作的重要养殖户。

2. 随叫服务，根据养殖户要求提供上门诊断服务。

3. 做好养殖户购买记录，做好养殖档案管理，要求经销商填写《公司销售记录本》（见附件一），按照用户填写质量不同分为三个档次奖励：填写一般奖励 200 元 / 本，良好 300 元 / 本，优秀 500 元 / 本。

第三节　终端管理

营销人员下市场每次都要对终端点进行指导之外，需要填写《公司终端执行表》（见附件二）

附件：

附表一　公司销售记录本

客户名称：　　　　　　　　经销商□　　养殖户□　　兽药□				
负责人：			地址：	
联系电话：　　　　　　手机：				
存栏：母猪　　　头；仔猪　　　头；育肥猪　　　头				
日期	规格	数量	使用反馈信息	备注

附表二　地区　终端工作执行表

店主：　　　　　　　　店名：　　　　　　　　市场人员：

<table>
<tr><td>执行项目</td><td colspan="2">具体内容评价</td><td>备注</td></tr>
<tr><td>店面形象</td><td colspan="2">好 □　　　良 □　　　差□</td><td></td></tr>
<tr><td>销售宣传</td><td colspan="2">好 □　　　良 □　　　差□</td><td></td></tr>
<tr><td rowspan="3">产品信息收集</td><td>畅销品</td><td></td><td></td></tr>
<tr><td>适销品</td><td></td><td></td></tr>
<tr><td>滞销品</td><td></td><td></td></tr>
<tr><td>产品建议</td><td colspan="3"></td></tr>
<tr><td>客户建议</td><td colspan="3"></td></tr>
<tr><td>市场人员在终端工作</td><td colspan="3"></td></tr>
<tr><td>此次拜访综合小评</td><td colspan="3"></td></tr>
<tr><td>大区审核</td><td colspan="3">负责人
年　月　日</td></tr>
<tr><td>总经办审核</td><td colspan="3">负责人
年　月　日</td></tr>
</table>

第二十三章　促销推广策略

促销推广策略观点

1. 促销推广创新在于分析具体客户需求。

2. 以核心产品为中心的衍生产品需求是促销推广的重要创新源泉。

3. 传统单一推广模式，转变为组合性推广模式，如：猪场促销旅游+讲座+公司参观。

4. 促销推广会议要精细化、精准化，品牌宣传推广模式，与订货推广模式分离，公司开技术讲座大会与县乡镇开解决问题小会分离，开经销商会和猪场会分离。

5. 集团型客户要打造案例推广模式。

6. 打造微信推广模式，建立微信猪场群，在技术服务、宣传方式上进行微信化。

7. 打造O2O技术服务模式，小问题线上解决，大问题线下解决。

8. 形成推广会议管理机制，实行会前、会中、会后管理机制，会议有没有效果在会前策划，会议有没有销量在会后跟踪。

9. 形成以促定销机制，以促销政策带动销量。

10. 促销推广会是实现现金流快速周转的有效手段。

11. 要根据不同产品线特点进行促销推广，不同的产品线要形成不同的促销推广策略。

在兽药营销中，促销推广是一种非常重要的营销手段。一方面，能直接促成业务成交，另一方面，可以尽快提升企业的品牌知名度。在目前兽药营销发展形势下，需要对促销推广形成新的认识，在产品大复方变单方情况下，产品本身驱动力在下降，需要借助促销、推广的拉力，形成市场销售驱动力。本章主要针对促销推广方式、促销推广实操案例进行论述。

第一节　促销推广方式

一、畜牧动保市场中，目前有效的市场推广方式

1. 直接返点
2. 促销品
3. 行业展会
4. 技术培训、讲座
5. 招商会
6. 公司宣传物料
7. 形象终端
8. 后期技术人员跟踪服务
9. 电视广告
10. 专业刊物杂志广告
11. 微信推广
12. 网络推广

二、市场推广方式具体应用

1. 旅游、参观：旅游作为当前兽药公司主要的宣传促销手段，被广泛采用，主要针对经销商和重点客户。

2. 行业展会、技术培训：作为公司拓展市场基本推广手段，要机制化、常态化。

3. 招商会：主要目的是形成集中订货和激励零售客户多订货，要运用好县市经销商为平台，以零售客户为对象，配合一定的订货奖励政策，同时注意售后服务配合。

4. 技术交流会：以乡镇为单位在终端召开，以养殖户为直接服务对象，抓住核心养殖户。

5. 形象终端：以设立技术服务点的方式进行终端形象建设，主要市场做到一乡镇设一点，由公司统一设计风格与销售任务相挂钩，公司配合优先的政策支持实行差异化的下沉促销方式，公司把更多的促销资源下沉到终端，并且根据不同客户提供不同的促销组合。

6. 企业参观：针对集团户、规模户和重要经销商进行企业参观。企业需要建设企业产品展示厅，做好接待服务。

7. 在线推广:需要运用最新的资讯工具做好促销推广创新，如:APP 平台推广、微信订阅号推广、微信服务号推广、互联网推广。

第二节　促销推广实操案例

一、会议管理制度与流程

1. 目的

为加强市场会议管理，提高会议成交率，实现销售计划目标，同时为促进部门间的协调与沟通，及时发现并解决市场会议管理过程中的各种困难，提升会议质量和效率，特制定本制度。

2. 范围

会议管理制度包括确定会议目的、主题和参会部门人员，在会前调查需求了解、销售目标制定、会议方案审批、会前、会中、会后技术服务、销售促进等环节中所涉及的一系列制度和程序性安排。会议包括：技术服务会、推广会、促销会。会议涉及的部门和人员有:区域业务员、市场策划部、技术服务部、销售总监、总经理、财务总监等。

3. 权责

会议申请人 / 会议负责人:负责确定会议需求调查、会议目的、会议销售计划、会议主题、确定参会人员、确定会议议程、会议组织、会后销售促进、会后技术服务相关事项的跟进。

会议参加人：协助会议申请人 / 会议负责人完成会议目标、积极配合会议执行事项。

4. 相关流程制度

4.1 会议制定、审批、执行流程。

任何会议都必须由会议召集人召集和组织，或由会议召集人授权他人组织，会议的召集人一般为部门经理或系统领导（市场总监和销售总监），会议召集人对会议按时召开负责，会议召集人必须控制会议的讨论集中在会议的主题上，同时必须控制会议按既定程序进行，在会议结束后有义务推动会议决议的实施和跟进。

4.2 重要会议流程。

为了集中利用有限的时间和资源，提高会议质量和效率，加快疑难问题的解决，降低会议召开的成本，不管是何种形式的会议，都必须按一个主题进行组织。会议的主题必须明确，发言只能围绕会议既定主题进行，应避免泛泛而谈和漫无边际的发言。

4.3 常规会议流程。

最少参会人制度是指会议的召集人在确定参会人员时，只需指定与会议主题紧密相关的人员参会，控制参会人员人数，与会议无关的人员不参加会议。

4.4 会议类型

4.4.1 技术服务会

以当地养殖疫情为基础的技术服务会议，重点在于结合当地养殖疫情和难以解决的养殖疾病难题为切入点，组织公司进行技术服务会议，并结合新的市场政策进行公司产品推广，促进销量。

4.4.2 推广会

以公司新产品推广和打开市场品牌知名度为目的进行的推广会，会议重点在于根据公司市场销售目标任务，一方面，在需要占领的市场区域召开会议，提升公司品牌知名度；另一方面，在新产品市场推广炒作中，结合公司政策，召集新老客户，推广会议的形式，进行集体成交。

4.4.3 促销会

以完成市场销售目标为基础的会议，以灵活的政策结合技术讲座进行吸引，从而促进销售工作。

5. 三大会议流程

1. 会议制定、审批、执行总流程；
2. 重要会议流程；
3. 常规会议流程；

二、会议制定、审批、执行总流程

1. 会议流程人员职责

1.1 会议总指导：总经理。

1.2 会议主要负责人：区域销售员、销售总监。

1.3 会议主要配合人员：市场策划部、技术服务部。

1.4 会议参与部门：财务部。

2. 会议流程操作说明

2.1 方案、计划制定阶段：

2.1.1 销售人员提出相关方案和计划，并填写《会议审批及跟踪表》。

2.1.2 销售人员需要对市场需求、客户情况进行充分了解下，提出会议申请。

2.2 审批阶段：

2.2.1 销售人员需将会议审批及跟踪表交销售总监初步审批。

2.2.2 销售总监根据技术服务人员情况，是否调配人员进行讲座支持，技术服务部需要协助人员调配工作。根据情况汇报部门情况，配合人员调度。

2.2.3 销售总监初步审批后，交总经理审批最终确定。

2.2.4 在审批过程中，相关会议费用，根据公司与销售人员制定的政策执行协商。

2.3 办款阶段：

财务根据审批生效的方案、计划进行审核、办款。

2.4 执行阶段

2.4.1 市场部和技术服务部协助销售人员办好会议；

2.4.2 市场部在方案、物料等进行协助。

2.4.3 技术服务部在人员调配方面，包括讲师、专家等进行协助。

2.4.4 销售总监、总经理，对会议进行监督、指导，实行人员、物资的总体调配工作。

2.5 总结阶段

2.5.1 会议召开后销售部相关人员需要及时总结，填写《总结评估》表。

2.5.2 市场部进行会后跟踪并填写《会议审批及跟踪表》，并对相关表进行存档。

三、重要会议流程

1. 会议流程人员职责

1.1 会议总指导：总经理

1.2 会议主要负责人：销售总监。

1.3 会议主要配合人员：区域销售员、市场策划部、技术服务部。

1.4 会议参与部门：财务部。

2. 会议流程操作说明

2.1 会议调查审批阶段：

2.1.1 销售人员需要进行市场需求、客户调查工作，并对会议调查情况做报告。

2.1.2 销售总监对于重要会议，需要深入市场一线调查摸底。

2.1.3 调查内容包括：

2.1.3.1 合作平台商经营情况。

2.1.3.2 当地养殖状况（规模、技术水平等）。

2.1.3.3 当地流行疾病状况、当地重点疫情。

2.1.3.4 需求产品状况。

2.1.3.5 竞争厂家和产品情况等。

2.1.4 销售总监对于会议方案进行审批。

2.1.5 总经理对于会议方案进行审批。

2.2 会前准备阶段：

2.2.1 客户准备：客户邀请，确定到场人数。

2.2.2 公司人员准备：①授课老师确定（提前7个工作日明确）②会前调查、会后跟踪人员③会议期间工作人员及分工前台接待、主持人、会场秩序维护、就餐引导等。

2.2.3 物资准备：①产品样品，产品包装盒，产品宣传资料。

2.2.4 宣传品（如横幅、喷绘图案、易拉宝等）会议用品（如投影仪、音响等），相关文件及物品（如笔记本、讲义、记录笔、促销公告等）。

2.2.5 会议主题及重点产品设定。

2.2.6 重点推介产品。

2.2.7 重点推介方案准备。

2.2.8 会议举行议程表准备，制定《会议议程表》。

2.3 会中举行阶段：

2.3.1 会议执行：按照会议议程表进行执行。

2.3.2 会议纪律管理：要处理好参会人员不齐、会议中嘈杂混乱、与会人员到达滞后等问题。

2.3.3 会议突发情况预案：会议中个别人员起哄、促销冷场、会场停电等。

2.4 会后总结阶段

2.4.1 会议结束后，参会相关工作人员举行总结会，分析会议成功点、不足点，并提出后续改进措施。

2.4.2 市场策划部、技术服务部根据情况参与会后总结。

2.4.3 销售总监对会议总结提出指导。

2.5 会后服务阶段

2.5.1 技术服务负责人：要求：①会后当天或后续两天登门拜访，现场服务，进行疾病诊断、猪场管理服务。

2.5.2 销售人员：要求：①根据客户需求，持续跟进，促进销售；②会后2–3天，电话沟通会议收获，是否有产品、服务需求；③采购产品客户，会后3–5天，沟通产品使用情况，是否需要后续服务。

四、常规会议流程

1. 会议流程人员职责

1.1 会议总指导：总经理

1.2 会议主要负责人：区域销售员。

1.3 会议主要配合人员：销售总监、市场策划部、技术服务部。

1.4 会议参与部门：财务部。

2. 会议流程操作说明

2.1 会议调查审批阶段：

2.1.1 销售人员需要进行市场需求、客户调查工作，并对会议调查情况作报告。

2.1.2 销售总监对于会议方案进行审批。

2.1.3 总经理对于会议方案进行审批。

2.1.4 调查内容包括：

2.1.4.1 合作平台商经营情况。

2.1.4.2 当地养殖状况（规模、技术水平等）。

2.1.4.3 当地流行疾病状况、当地重点疫情。

2.1.4.4 需求产品状况。

2.1.4.5 竞争厂家和产品情况等。

2.2 会前准备阶段：

2.2.1 客户准备：客户邀请，确定到场人数。

2.2.2 公司人员准备：①授课老师确定（提前 7 个工作日明确）②会前调查、会后跟踪人员确定③会议期间工作人员及分工前台接待、主持人、会场秩序维护、就餐引导等；

2.2.3 物资准备：①产品样品，产品包装盒，产品宣传资料。

2.2.4 宣传品（如横幅、喷绘图案、易拉宝等）会议用品（如投影仪、音响等），相关文件及物品（如笔记本、讲义、记录笔、促销公告等）。

2.2.5 会议主题及重点产品设定。

2.2.6 重点推介产品。

2.2.7 重点推介方案准备。

2.2.8 会议举行议程表准备，制定《会议议程表》。

2.3 会中举行阶段：

2.4 会议执行：按照会议议程表进行执行。

2.5 会议纪律管理：要处理好参会人员不齐、会议中嘈杂混乱、与会人员到达滞后等问题。

2.6 会议突发情况预案：会议中个别人员起哄、促销冷场、会场停电等。

2.7 会后总结阶段

2.7.1 会议结束后，参会相关工作人员举行总结会，分析会议成功点、不足点，并提出后续改进措施。

2.7.2 市场策划部、技术服务部根据情况参与会后总结。

2.7.3 销售总监对会议总结提出指导。

2.8 会后服务阶段

2.8.1 技术服务负责人：要求：①会后当天或后续两天登门拜访，现场服务，进行疾病诊断、猪场管理服务。

2.8.2 销售人员：要求：①根据客户需求，持续跟进，促进销售；②会后2–3天，电话沟通会议收获，是否有产品、服务需求；③采购产品客户，会后3–5天，沟通产品使用情况，是否需要后续服务。

3. 三大会议流程表格资料

3.1 会议申请审批及跟踪表

3.2 会议预算表

3.3 产品促销预售表

3.4 会议签到表

3.5 会议住宿安排表

3.6 会议流程表

3.7 会议邀请函

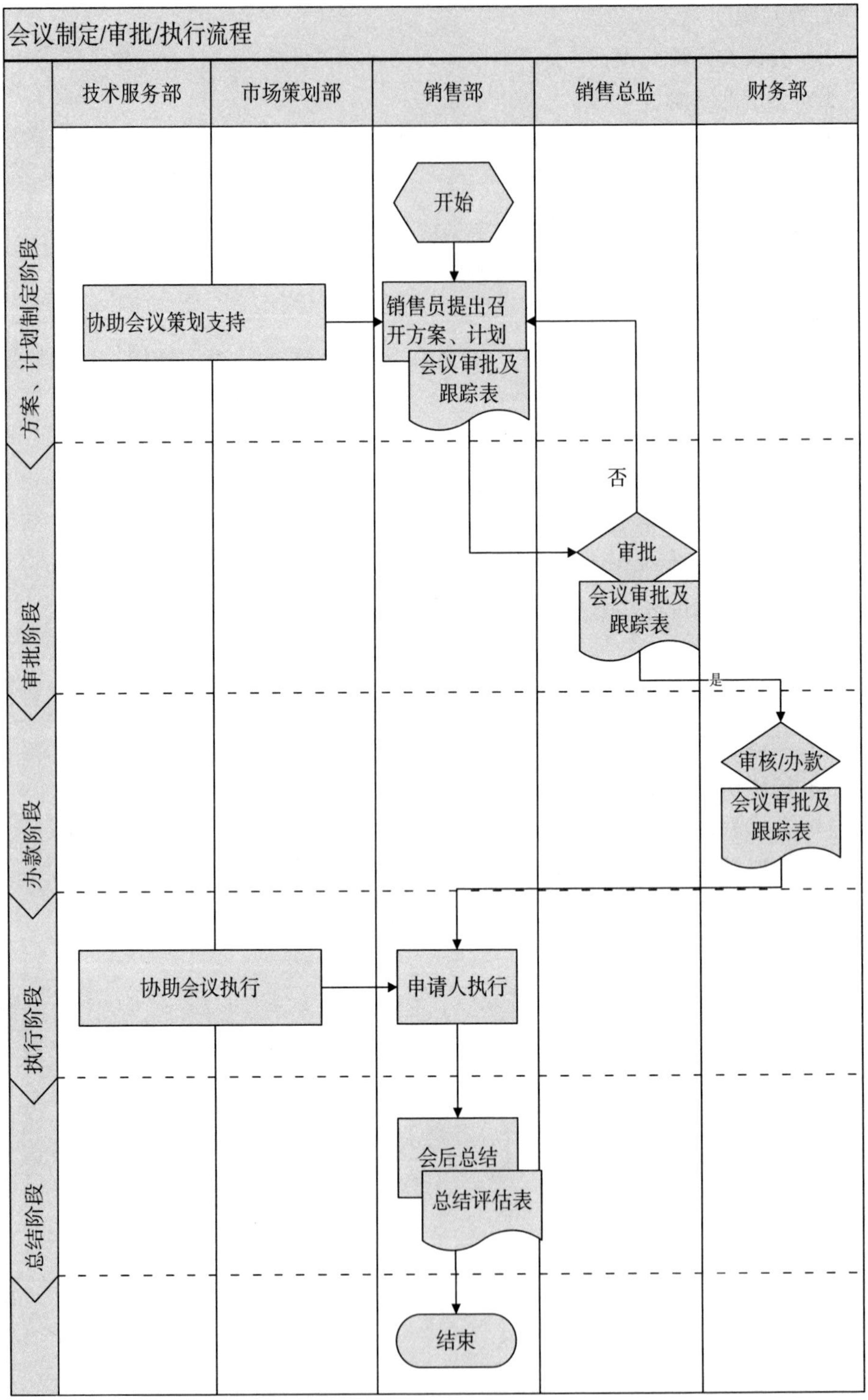
会议制定/审批/执行流程
技术服务部
市场策划部
销售部
销售总监
财务部
方案、计划制定阶段
审批阶段
办款阶段
执行阶段
总结阶段
开始
协助会议策划支持
销售员提出召开方案、计划
会议审批及跟踪表
否
审批
会议审批及跟踪表
是
审核/办款
会议审批及跟踪表
协助会议执行
申请人执行
会后总结
总结评估表
结束

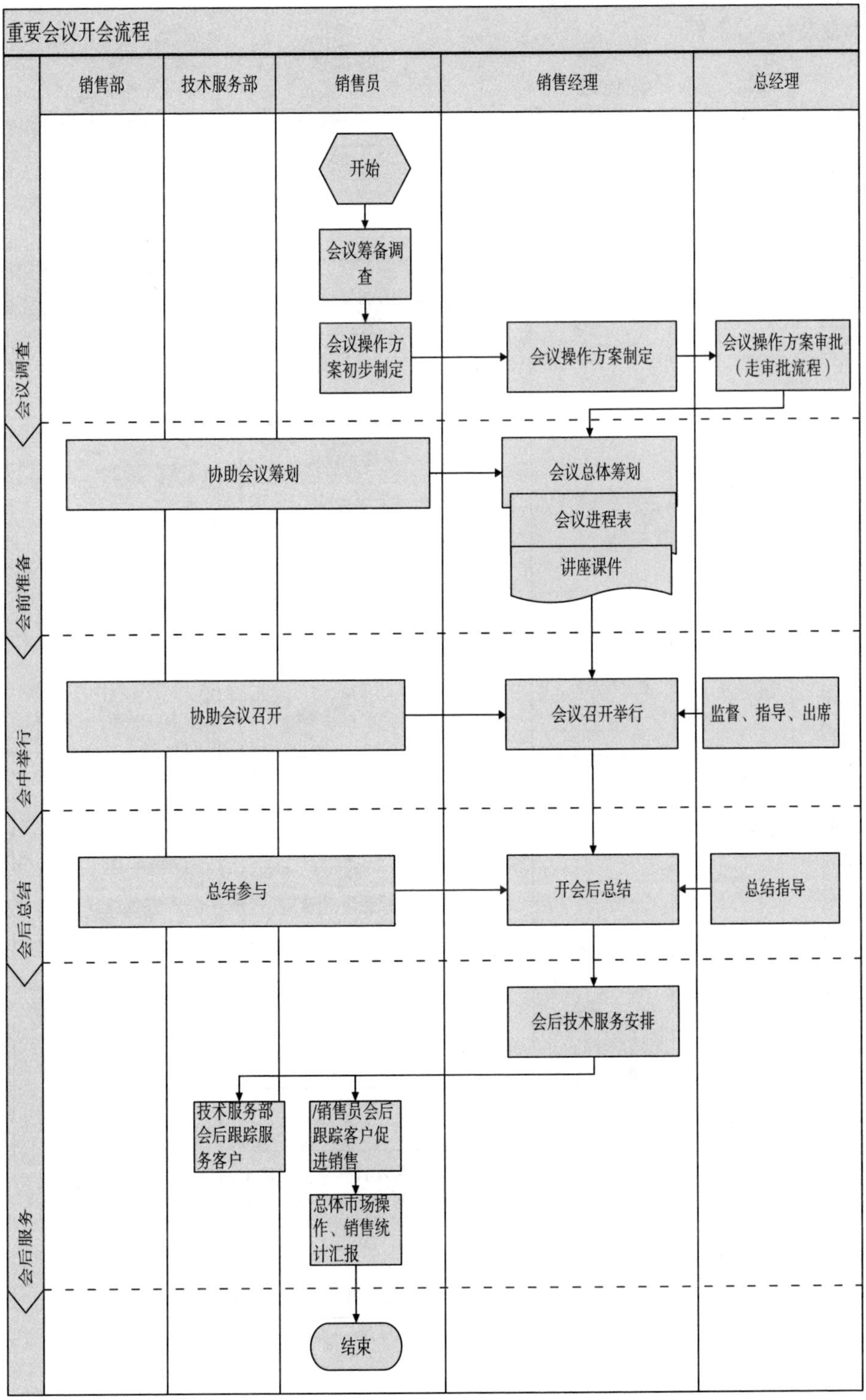
重要会议开会流程
销售部
技术服务部
销售员
销售经理
总经理
会议调查
开始
会议筹备调查
会议操作方案初步制定
会议操作方案制定
会议操作方案审批（走审批流程）
会前准备
协助会议筹划
会议总体筹划
会议进程表
讲座课件
会中举行
协助会议召开
会议召开举行
监督、指导、出席
会后总结
总结参与
开会后总结
总结指导
会后服务
会后技术服务安排
技术服务部会后跟踪服务客户
/销售员会后跟踪客户促进销售
总体市场操作、销售统计汇报
结束

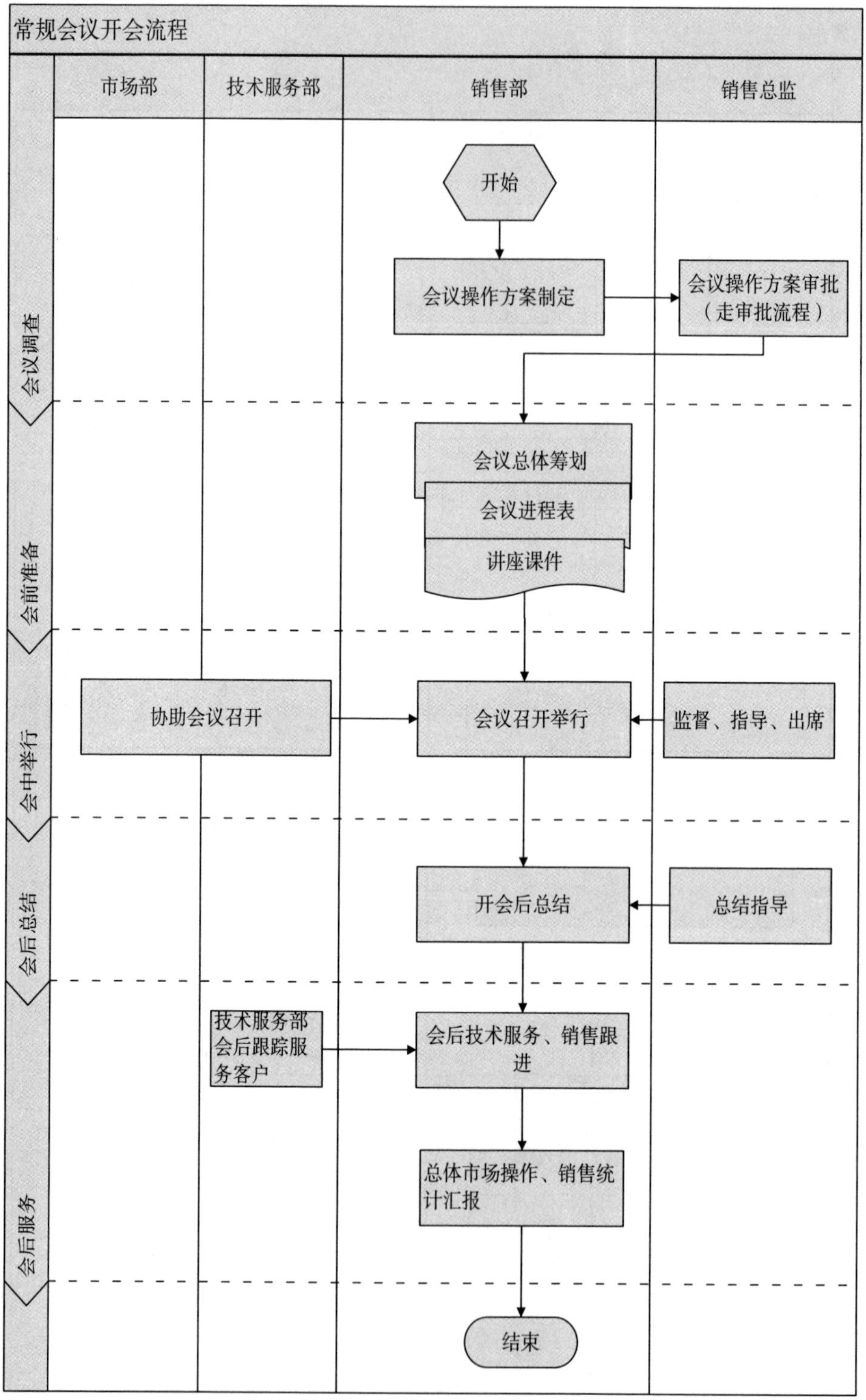
常规会议开会流程
市场部
技术服务部
销售部
销售总监
会议调查
会前准备
会中举行
会后总结
会后服务
开始
会议操作方案制定
会议操作方案审批（走审批流程）
会议总体筹划
会议进程表
讲座课件
协助会议召开
会议召开举行
监督、指导、出席
开会后总结
总结指导
技术服务部会后跟踪服务客户
会后技术服务、销售跟进
总体市场操作、销售统计汇报
结束

第二十四章　技术服务策略

技术服务观点

1. 在畜牧动保行业，应该提倡发展专业的技术服务外包公司，能够将技术服务链条拉长、做深，从猪场设计、养殖管理、母畜繁殖、治疗保健用药等方面，进行整体策划，提出综合解决方案或者进行养殖全面托管服务。

2. 打造一流的在线技术服务平台，需要建设专业技术服务 APP 和微信技术服务平台。

3. 构建 O2O 技术服务模式，线上技术服务与线下技术服务融合，大问题线下解决，小问题线上解决。

4. 打造猪场型、保健预防型技术服务团队。

5. 中小型企业，既要有自建技术服务团队，同时要发展外聘技术服务专家。

6. 优秀企业要从单个产品技术服务，转变为提供解决方案式技术服务。

7. 技术服务仍然是动保行业有效的服务手段。

8. 畜牧动保企业的技术服务应该从单一个人、单一问题、单一时间点的方式，转变为团队化、全面解决方案、全周期的技术服务模式。

9. 预防保健是技术服务重要的趋势，企业要注重治疗未病。

第一节　技术服务方式

一、兽药动保企业在市场中有效的技术服务方式

针对专业户有效的服务手段：

1. 跟踪技术服务

2. 技术讲座

3. 养殖全面解决方案

针对规模户和部分集团户：

1. 派技术人员驻点服务。
2. 为猪场设计全面解决方案服务。
3. 对猪场，采取“周期性主动诊断”电话跟踪或者上门服务。
4. 加强集团户的高层互访，强化双方的合作关系。如：技术总监、猪场老板。
5. 利用资源做好配套服务，如：解决生猪销售问题、解决猪场环保审批问题等。
6. 与养殖集团建立战略合作关系，让其参与公司产品开发，实现共同发展。

二、兽药动保企业在市场中重要的技术服务手段

经销商服务

作为主流的服务模式，通过经销商提高技术服务的覆盖面和响应速度。公司加强辅导、提升，协助经销商服务。

技术讲座、跟踪技术服务

通过技术讲座/跟踪技术服务，协助经销商开拓市场，提升销售。公司强化技术服务组织能力，针对重点区域客户加大服务力度。

系统化技术服务

需要打造一流的技术服务，成为超级服务商。构建系统化、个性化、团队化、全周期化的服务体系。

第二节　技术服务部门建设管理

兽药动保企业要在市场竞争取得优势，需要打造强有力技术服务部门，构建技术服务部门体系。针对技术服务部门体系建设，主要从技术服务部门组织结构、技术服务部门职责、技术服务部门岗位职责、技术服务流程、技术服务制度进行。

一、技术服务部组织结构

1. 技术服务部门经理
2. 电商技术服务专员
3. 微信技术服务专员
4. 驻店技术服务专员
5. 外聘技术服务讲师
6. 猪场技术专家

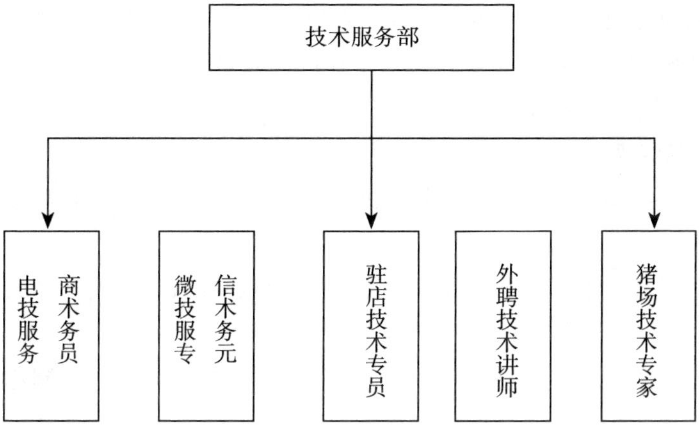

二、技术服务部部门职责

1. 公司技术服务战略规划；
2. 公司技术服务年度技术服务计划制定；
3. 技术服务部组织建设管理；
4. 组织实施技术服务工作，解决客户技术服务问题；
5. 定期客户技术服务沟通，了解分析客户需求；
6. 收集整理客户意见和建议及市场调研结果，提交分析报告；
7. 技术服务部费用预算、控制；

三、技术服务部门岗位职责

技术服务专员职责

1. 熟练运用公司产品，并能对客户进行全面解释；

2. 根据公司对客户服务的计划，制定个人技术服务工作计划，并实施完成，对其结果负责；

3. 解答养殖户、经销商所涉及产品的技术问题；

4. 为产品提供现场技术支持；

5. 处理客户诉怨，尽可能使公司、客户、用户三方满意，维护公司形象和产品信誉；

6. 组织科普宣传：将畜禽“种、料、养、管、防”等方面的技术送到养殖户，改变他们传统的养殖方式，提升产品的附加价值；

7. 检查、验收、指导标杆养殖户用药情况，通过“榜样”的力量扩大用户群体，了解产品性能；

8. 开展对养殖户的技术跟踪服务，使公司、用户共同成长和发展；

9. 收集整理客户对公司及竞争对手在产品质量、价格、服务等方面的意见、信息，及时反馈有关部门。

技术服务经理职责

1. 策划并组织、实施技术服务部对客户的跟踪服务工作，并对其服务的质量和结果负责；

2. 收集竞争对手产品的功能、性能信息，分析比较本公司产品的优缺点，提出比较报告；

3. 定期对服务客户进行技术的沟通，了解分析客户的需求，制定行之有效的技术更新方案、方法；

4. 熟练运用公司产品，并能对客户进行全面解释；

5. 解答养殖户、经销商所涉及产品的技术问题；

6. 定期向公众媒介传播公司产品、技术方向相关的信息；

7. 为产品提供现场技术支持；

8. 策划并组织对驻外技术服务人员的业务管理及考评工作；

9. 组织分析技术服务动态、产品质量信息反馈；

10. 负责技术服务部门的员工队伍建设，提出和审核对下属各部门的人员调配、培训、考核意见；

11. 监督技术服务部门的工作目标和经费预算的执行情况，及时给予指导。

四、技术服务部门流程

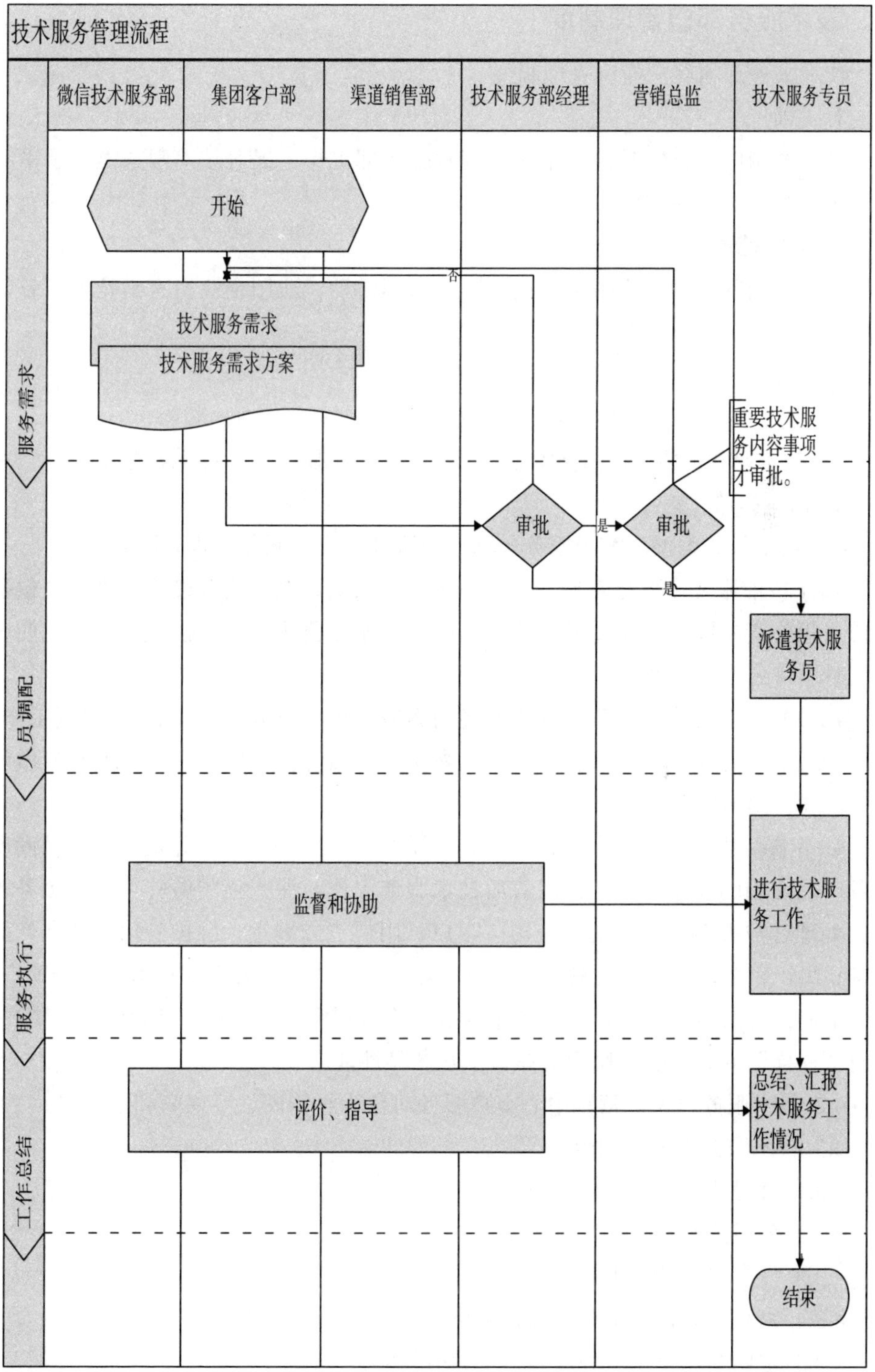
技术服务管理流程
微信技术服务部
集团客户部
渠道销售部
技术服务部经理
营销总监
技术服务专员
服务需求
人员调配
服务执行
工作总结
开始
技术服务需求
技术服务需求方案
否
审批
是
审批
是
重要技术服务内容事项才审批。
派遣技术服务员
监督和协助
进行技术服务工作
评价、指导
总结、汇报技术服务工作情况
结束

五、技术服务部门管理制度

技术服务部和客户投诉管理制度

1. 总则

制订本制度的目的是规范企业的技术服务部工作、提升技术服务能力水平和处理客户投诉问题规定。

2. 适用范围

本管理制度适用于营销中心技术服务系列活动，适用企业所有与技术服务活动相关的任何部门及个人。

3. 职责

3.1 技术服务部工作由营销中心负责管理。

3.2 技术服务具体工作由技术服务部经理、技术服务专员和微信技术专员负责。

4. 管理办法

4.1 技术服务类型。客户服务包括售前服务、售中服务和售后服务。

4.1.1 售前服务主要是营销人员和技术服务人员在销售推荐过程中进行，包括对公司相关产品性能、质量保证体系、市场运作和公司产品新技术的介绍，使客户及时了解公司发展动向。

4.1.2 售中服务主要工作包括协同经销商做好产品技术培训、促销、供货工作，定期和经销商开展互动学习和培训，提高从业人员专业素质等。针对养殖户做好疾病诊断，提出用药方案。

4.1.3 售后服务是技术服务部门工作的重要部分，需要解决养殖户、经销商所涉及产品使用的技术问题，开展售后技术服务工作，深入猪场做驻点技术服务工作；处理客户诉怨，尽可能使公司、客户、用户三方满意，维护公司形象和产品信誉；组织科普宣传：将畜禽“种、料、养、管、防”等方面的技术送到养殖户，改变他们传统的养殖方式，提升产品的附加价值；检查、验收、指导标杆养殖户，通过“榜样”的力量扩大用户群体，了解产品性能。

4.2 技术服务对象。营销中心客户服务对象为经销商、零售商和养殖户。

4.3 技术服务部工作内容。

4.3.1 公司技术服务战略规划；

4.3.2 公司技术服务年度技术制定；

4.3.3 技术服务部组织建设管理；

4.3.4 组织实施技术服务工作，解决客户技术服务问题；

4.3.5 定期客户技术服务沟通，了解分析客户需求；

4.3.6 收集整理客户意见和建议及市场调研结果，提交分析报告；

4.3.7 技术服务部费用预算、控制。

4.4 服务内容与水平。

4.4.1 经销商和零售商的服务内容与水平包括：

1）认真介绍公司相关产品性能、质量保证体系、市场运作及保护体系等，热情做好售前咨询服务，使经销商获得信心支持。

2）有计划宣传展示公司产品、新成果、新技术、新的发展趋势，使经销商及时了解公司发展动向。

3）根据产品供货时间和数量，做好生产、调配计划。

4）做好物流发货工作。

5）及时告知对方发货时间、数量及到货时间等。

6）货到后应及时适时询问收货情况，并向经销商表示谢意。

7）定期和经销商开展互动学习和培训，提高从业人员专业素质。

8）协同经销商做好促销方案。

9）为经销商提供充分的产品简介及宣传资料。

10）经常向经销商 / 零售商介绍公司技术、产品发展变化情况。

11）随时了解经销商库存情况，确保合理库存。

12）与经销商建立互信互助的合作关系，促进营销网络的发展。

13）接到服务请求电话，自己能够办理的，应高效办理；超过自己职责范围的，应及时将情况转交给相关责任人处理。

14）如需技术服务支持时，应及时委派相应的技术服务专员。

15）遇有重大节假日，应及时给经销商、重点零售商发送信息、寄送贺卡、礼品以示慰问。

16）经常与各地、各级经销商进行业务沟通，紧密合作关系，协同销售。

17）定期征询经销商的意见，不断改进工作。

4.4.2 养殖户的服务内容与水平包括：

1）全面、准确、真实提供公司相关产品资讯，及时介绍公司最新科研成果。

2）认真了解养殖需求，为养殖户推荐合适的兽药产品和全面科学解决方案。

3）积极宣传正确使用产品的方法。

4）关注养殖户的需求变化，主动推荐最适合养殖户需求的产品。

5）树立“我们就是宣传队，我们就是播种机”的宣传理念，积极开展多种多样的终端推广活动和养殖户技术讲座。

6）定期跟踪养殖户使用情况，向养殖户咨询意见，了解产品使用情况，解决技术服务问题。

7）定期召开养殖户技术交流会、座谈会，对重点的养殖户定期走访，认真听取意见，及时解决养殖问题。

8）接到技术服务请求后，如有必要，应及时安排相关人员及时抵达现场，解决问题。

4.5 服务效果评估。服务效果评估的目的是为了考核技术服务人员的工作业绩，为了评估企业的整体服务能力而进行，服务效果评估活动应独立于服务提供者之外的部门和人员实施。

服务效果评估工作定期举行，所有服务效果评估活动都必须形成服务效果评估报告上报营销中心。

4.6 客户投诉管理。有客户投诉产生，一方面说明我们的产品有问题，另一方面也说明我们的管理有问题。重视客户投诉管理，可以挽回经济损失，更重要的是可以维护甚至树立公司形象。

4.6.1 客户投诉管理流程。客户投诉管理流程是企业处理客户投诉的一般性准则，各相关部门、相关岗位务必遵照执行和配合。

4.6.2 客户投诉信息接收处理。各区域销售员转达的客户投诉,并及时填写好《客户投诉处理表》，同时召集各区域销售人员进行责任分析。若非公司责任，则需及时向客户解释并追究相关人员责任；属于公司责任，则进入客户服务处理流程。

4.6.3 负责处理客户服务的各区域服务员提出初步处理意见，报营销中心销售经理审核后，再报营销中心营销总监审批（若服务费用在500元以上的，则需预先经总经理审批）。审批后由客户服务专员在规定的时间内派出服务人员，若未及时派出，对责任部门负责人扣罚100元，派出的人员未及时出发的扣罚责任人100元，未按时到达现场扣罚服务人员100元。

4.6.4 负责处理客户服务的各区域服务员将《客户投诉处理表》交与销售员，服务完毕,服务人员须请客户在《客户投诉处理表》上填写处理意见,并签名盖章。服务员回厂后应在24小时内在《客户投诉处理表》填好客户服务总结交客户服务专员，未填写客户服务总结的，扣罚该服务人员50元。

4.6.5 公司按照预算划拨一定的服务费用归口营销中心用于支付服务人员的差旅、工资等服务费用开支。对于因产品质量问题引发的质量投诉，经判定确属于公司生产、制造、人为原因造成的质量缺陷，所产生的处理费用由公司承担，再由公司质量管理领导小组做出责任判定，由责任部门全额承担。

4.6.6 所有客户服务费用，须凭《客户投诉处理表》经客户服务专员核实、营销中心确认，再经营销中心销售经理、营销总监、总经理、财务中心审批进行报销。

第三节　技术服务公司案例

兽药动保企业在走技术服务专业化方面，将出现技术服务外包公司，在这方面欧美发达国家市场已走在前面，中国畜牧市场巨大，技术服务急需改变，需要一批专业技术服务公司。

某技术服务外包公司简介

某公司作为美国专业服务公司托管母猪达 12 万头，保育育肥猪 20.3 万头，并负责商品猪在全美境内的流转。

公司下设 3 个公猪站，4 个扩繁场，19 个商品场及 2 个洗车站。公司拥有 2 个饲料厂，自己的营养师可根据原料行情随时调整配方，提供价格低廉、质量可靠的饲料，以降低成本。公司能够进行专业的母猪场精细化管理，针对规模猪场和集团户提供系统解决方案，打造超级服务商平台。

第四节　优秀企业售后服务案例

海尔的售后服务内容及流程

一、工程师接受服务任务

1. 接到上门服务任务

在接受顾客上门服务任务时，首先要明确并保证用户信息准确，用户信息包括：用户姓名、地址、联系电话（或传呼、手机等）、产品型号、购买日期、故障现象、用户要求，等等。如信息不详细，如地址不详、电话错、无产品型号、无购买日期故障现象不详等，首先同派工的信息员或调度核实，如核实不到则直接联系用户核实。

2. 对用户信息进行分析

（1）根据用户反映的故障现象分析可能故障原因、维修措施及所需备件。如果是用户误报或使用不当，可以电话咨询而不需要上门，但应电话咨询、指导用户正确使用，2 小时后跟踪回访用户使用情况；如果有可能无此备件，则马上领用或申请备件。

（2）据用户地址、要求上门时间及自己手中已接活的情况分析能否按时上门服务，如果是时间太短，不能保证按时到达，或同其他用户上门时间冲突，要向用户道歉、说明原因，征得用户同意与用户改约时间；若用户不同意，转其他人或反馈中心信息员。

（3）此故障能否维修？如果是此故障从来未维修过或同类故障以前未处理好，应立即查阅资料并请教其他工程师，或同中心、总部联系。

（4）此故障能否在用户家维修？是否需拉修？是否需提供周转机？有可能无法在用户家维修，需要拉修的，应直接带周转机上门。

3. 联系用户

在问题确定并找到解决方法后，应电话联系用户，确认上门时间、地址、产品型号、购买日期、故障现象等。

（1）如果离用户住地路途遥远，无法保证按约定时间上门，要向客户道歉说明原因并改约时间。

（2）如果客户地址、型号或故障现象不符，应重新确认，按确认后的地址、型号或故障现象上门服务。如果客户的产品超保，要准备收据（发票），按公司规定的收费标准进行收取费用。

（3）如果问题属用户误报或使用不当的信息，服务工程师电话咨询指导用户使用，若用户不接受咨询，服务工程师应上门进行服务；为了预防咨询错误或误咨询，凡咨询后的用户 2 个小时后必须回访用户，确保用户没有问题。

（4）如果用户电话无人接，服务工程师应改时间打，如再晚就不能按约定时间到达则直接按地址上门，及时向中心反馈中间结果；如果用户恼怒，拒绝服务工程师上门，应耐心听取用户发泄（注意中间要应答，让用户知道你在听），并本着承担责任，解决问题的原则与用户沟通，征得用户同意上门，接受服务；如果用户一直联系不上，服务工程师要按地址上门，或用户不在家，则给用户留下留言条，留下电话，希望用户以后再联系。

二、准备出发

1. 准备好各种服务工具

服务工程师应准备好维修工具、备件（或周转机）、五个一道具，保修记录单、收据、收费标准、留言条、上岗证等，其中垫布属于必备物品，以免弄脏用户的东西。为了防止物品带错或漏带，服务工程师在出发前都要将自己的工具包对照标准自检一遍。

2. 服务工程师出发

服务工程师出发时间要提前 1 小时根据约定时间及路程所需时间确定，以确保到达时间比约定时间提前 5–10 分钟。服务工程师要根据约定时间及路程所需时间倒推出发时间，以预防出发晚导致不能按时到。

3. 服务工程师在路上

如果路上不出现塞车或意外，服务工程师在其他用户家不要耽误，以确保到达时间比约定时间提前 5–10 分钟；若服务工程师在路上遇到塞车或其他意外，要提前电话联系向用户道歉，在用户同意的前提下改约上门时间或提前通知中心改派其他人员；如果服务工程师在上一个用户家耽误时间，应将信息反馈信息员或相关人员，以便通知到用户。

三、正式服务前的工作

1. 服务工程师进门前的准备工作

服务工程师应首先检查自己的仪容仪表，以保证：海尔工作服且正规整洁；容仪表清洁，精神饱满；眼神正直热情；面带微笑。

为预防服务工程师着装为非海尔工作服或衣服脏、不干净，服务工程师头发长且蓬乱，胡子过长等，海尔严格要求服务工程师平时要注意自己的修养，另每天上班前要对自己的仪容仪表进行检查，在敲用户家门前，要首先对自己的仪容仪表进行自检，直到符合服务规范方可敲门。

2. 敲门

虽然敲门只是一个微不足道的普通动作，但海尔照样严格要求服务工程师，一丝不苟。海尔规定的标准动作为连续轻敲 2 次，每次连续轻敲 3 下，有门铃的要先按门铃。海尔要求服务工程师平时多加练习，养成习惯；另敲门前稍微稳定一下自己的情绪，防止连续敲不停；敲的力量过大。

如果用户听不见，或有其他事情无法脱身或用户家无人，服务工程师应每隔 30 秒钟重复 1 次；5 分钟后再不开门则电话联系；电话联系不上，同用户邻居确认，确认用户不在家后，给用户门上或显要位置贴留言条，等用户回来后主动电话联系用户，同时通知中心（话务中心）。为了预防用户在楼下等待，服务工程师应到楼下周围查看，有无用户在此等候。

3. 进门

服务工程师按约定时间或提前 5 分钟到达用户家，第一要自我介绍，确认用户，并出示上岗证。

（1）如果服务工程师遇到迟到，未按约定时间到达，用户不高兴甚至不让进门等情况，海尔给服务工程师提供了各种解决方法：如用户有联系电话，必须在同用户约定的时间前 1~2 分钟同用户取得联系，道歉取得用户的谅解。

若服务工程师迟到时间小于15分钟，应首先向用户道歉，可以以交通受阻为理由向用户解释，争取得到用户谅解（不能以服务用户太多为理由）；若用户要赶时间可主动提出改约，再按约定时间提前上门。

若服务工程师迟到时间超过15分钟（或更长）首先向用户真诚道歉，可解释为本来是安排其他师傅上门，但他在另一具用户家耽误了，临时改派我来，所以耽误了时间，希望得到用户的谅解，可赠送小礼品；若道歉不接受，再由售后经理上门道歉。

（2）如果用户不在家，服务工程师要表示道歉，离开并落实原因，及时找到用户；如果用户本人不在家（在家的是保姆等），而不让进门，服务工程师应亮出自己的上岗证，向对方说明事由，请对方马上联系用户确认，特殊情况下改约。

（3）若用户对上门服务工程师资格表示怀疑甚至不让进门，服务工程师应首先亮出上岗证，给用户进明是受过正规培训的；把海尔的投诉、监督电话告诉用户；通过规范的咨询语言，熟练的维修技术来赢得用户的信任；如用户就是不让进门，则同用户改约时间，由售后经理亲自上门。

（4）服务工程师有可能遇到报修产品不在此处而在别地的情况，在这种情况下，服务工程师应在征得用户同意的前提下，由用户带领到产品所在地或自行前往或改约重新上门。

（5）如果用户家临时停电或用户临时有事出门，在征得用户同意的前提下改约时间；如果用户正在吃饭，服务工程师应等用户吃完饭再上门，也可按用户的意见办。

4. 穿鞋套，放置工具箱

服务工程师穿鞋套时，先穿一只鞋套，踏进用户家，再穿另一只鞋套，踏进用户家门。如果用户不让穿，服务工程师要向用户解释为工作纪律，原则上必须穿；特殊情况下可按用户的意见办理。如果服务工程师穿鞋套站在门外，进门前要擦干净鞋套。为了预防鞋套太脏、破烂、太旧等，工具包内要带备用鞋套一付。

放置工具箱时要找到一个靠近产品的合适位置，在保证工具箱不弄脏地面的前提下放好工具箱，取出垫布铺在地上，然后将工具箱放在垫布上。安装时，用盖布盖在附近可能因安装而弄脏的物品。海尔要求服务工程师出发前一定要自检，以防止工具箱、垫布太脏，工具箱内工具不整齐、乱，零部件放置杂乱、脏等，给用户造成坏印象，影响公司形象。

四、开始服务

1. 耐心听取用户意见

服务工程师要耐心听取用户意见，消除用户烦恼，服务工程师服务语言要规范，海尔要求服务工程师的语言文明、礼貌、得体；语调温和，悦耳、热情；吐字清晰，语速适中。

如果用户恼怒，情绪激动，服务工程师要耐心、专心听取用户发泄，眼睛注视用户并不时应答，让用户知道你在认真听；若用户拒绝修理，要求退换弄清用户不让修的原因，从用户角度进行咨询，打消用户顾虑，让用户接受检修服务；如果用户有强烈要求维修工休息，喝水，抽烟等违反海尔服务规范的行为，服务工程师要详细讲解海尔服务宗旨及服务纪律，取得用户理解。

2. 故障诊断

服务工程师应准确判断故障原因及所需更换的零部件，若超保产品，则向用户讲明产品超保需收费，征得用户同意并出示收费标准。

（1）如果服务工程师对故障原因判断不准，就以拉回通过检测仪全面检测为理由拉回检查；若所需更换备件未带，备件不好或错，服务工程师应向用户表示歉意，仅凭电话所叙述的故障现象进行判断，所带备件不对，如果用户有时间，可以马上回去取备件，如果用户暂无时间，则与用户重新约定合理时间上门服务；如果机器正常但用户认定有问题，服务工程师应用规范的咨询口径向用户进行合理咨询。

（2）服务工程师要严格按公司下发的相关技术资料，迅速排除产品故障。能在用户家修复的就现场修复，不能在用户家维修的，委婉向用户说明需拉回修，并提供周转机。对需拉修产品外观进行检查，出示欠条并签字。如安装产品，则安装前要与用户商量安装位置，尊重用户意见，但如果用户意见违背安装规范，则应向用户说明可能会出现的隐患，请用户再斟酌，但最后的意见一定要由用户来确定。

在用户家言行一定要规范：工具、工具包、备件等维修时用的或从产品上拆卸下的一切物品必须放在垫布上；尽可能不借用用户的东西，特殊情况下如需借用，则必须征求用户同意；如需移动用户家摆放的物品时，必须事先向用户说明，并征求用户同意；要借用户家的凳子或其他物品时，必须事先征得用户同意，踩时必须用垫布防护；绝对禁止在用户家抽烟，喝水、吃饭、留宿；绝对禁止使用用户家的洗手间和毛巾等；进行产品或家具搬运时，不允许在地板或地毯上推来拖去，给用户家损坏东西应照价赔偿，并表示歉意。

（3）在实际维修中，如果用户小修不让换件，服务工程师要向用户咨询解释；如果在用户家无法修复，需拉回维修而用户不让拉修，或怀疑将好件给换掉或怀疑产品有大毛病而不让位修，服务工程师应以维修后需全面检测为由，讲明拉修的好处，说服用户拉修；如用户就是不同意拉修，则在用户同意的前提下在用户家中修，可让用户记下备件编号。同时为用户提供周转机，将用户产品拉回，提供收条，并跟用户约定送回时间，按规定时间送回。

（4）如果在维修中遇到新的问题，服务工程师要暂时回避用户，及时将新问题反馈到中心或总部技术科，争取当场解决，若无法保证当场解决则以检测为由说服用户拉修。如果用户不同意维修，要求退机或换机，符合退机或换机条件的，服务工程师应按用户要求给予退机或换机；不符合退机或换机条件的，给用户认真解释国家三包规定，通过真诚的服务来感动用户；特殊情况上报中心请示。如果用户要求给予赔偿，服务工程师不要轻易答复用户，报中心请示后办理。

（5）如果服务工程师在用户家服务时接到另一上门信息，需马上上门处理，要向用户解释需打个电话（不准用用户家电话），向中心讲明现正在用户家服务及尚需时间，由中心根据用户的轻重缓急程度改派其他服务工程师或同用户改约时间。

如果在维修时遇用户家吃饭而产品一时不能修复，原则上在征得用户同意的前提下继续维修，如确有不便则清理现场，与用户约定等用户吃完饭再回来，明确再回来的时间（不能在用户家吃饭）；若用户强烈要求服务工程师吃饭，则婉言谢绝。

（6）服务工程师如果遇到用户以他提出的条件没有得到满足为由，扣押服务工程师或扣押服务工程师工具，或用户态度蛮横，对服务工程师打骂等情况，不要同用户发生正面冲突，电话通知中心，由中心出面处理。

（7）试机通检。服务工程师要保证产品修复正常，且无报修外的其他故障隐患。如果产品未修复，要重新检修或拉修；存在其他故障隐患要将其他故障隐患一并排除掉；若服务工程师没有时间试机，则两小时后跟踪回访，以确保机器运行恢复正常。

（8）指导用户使用和产品清擦及现场清理。服务工程师在试机通检后，要向用户培训产品的基本使用常识及保养常识，对于用户不会使用等常见问题进行耐心讲解。

维修完毕后，服务工程师要将产品恢复原位，用自带干净抹布将产品内外清擦干净，并清擦地板，清理维修工具。让用户签意见之前，自己要对产品及现场自检一遍，整理工具箱，对工具箱自检一遍，防止产品清擦不干净或现场清理不干净、工具遗漏在用户家等；如果产品搬动复位时将地板、产品碰坏，给用户照价赔偿。

五、收费

1．升级费用

在上门维修前服务工程师要首先给用户出示收费标准和服务政策。如果使用备件要给用户出示备件费用，按用户要求给用户升级收费并给用户开具发票或收据；用户要求将旧件折费的，服务工程师要给用户讲明服务政策及公司规定，按标准收费。

2．软件收费

上门安装一个月内的软件，给用户免费调试并培训到位；三个月后的，给用户调试，收费并给用户开具发票或收据。

3．超保收费

出示收费标准，严格按收费标准进行收费，并开具收据，如用户要求开发票，则必须给用户开发票。如果收费标准与用户保修证标准不符，要以二者中最低收费标准为准，若现场未带发票，应与用户约定再送发票或寄发票。

4．其他

如果保收费用户不交，或要求减免费用再修，服务工程师要详细向用户解释国家三保规定及保修期范围，以真诚打动用户，让用户明白收费的合理性，如果用户一再坚持则将信息处理结果报回中心，根据中心批示处理，特殊情况向中心领导汇报，请求批示。

六、服务完毕

1．征询用户意见

服务工程师在维修完毕后要详细填写保修记录单内容，让用户对产品的维修质量和服务态度进行评价，并签名（如故障原因及维修措施需对用户进行适当隐瞒，则这两栏可以不填，等回到维修部后再进行填写）。

如果用户不填意见和签名，不要强迫用户签名；用户不满意则跟踪服务直至用户满意为止。

2．赠送小礼品及服务名片

最后服务工程师要向用户赠送小礼品及名片，若用户再有什么要求可按服务名片上的电话进行联系。如果用户要求服务工程师留下电话，服务工程师要向用户解释，名片上的电话为公司服务电话，若有什么要求我们都会及时上门服务。

3．向用户道歉

同用户道别时，服务工程师要走到门口时先脱下一只鞋套跨出门外，再脱另一只鞋套，站到门外，最后再次向用户道歉。如果在用户家中脱了鞋套，服务工程师要用抹布将地擦拭干净，并向用户道歉。

七、回访与信息反馈

1. 回访

对没有彻底修复把握的用户信息，维修工 3 小时后回访（正常情况下由电话中心统一回访，或中心回访用户），若回访用户不满意，则重新上门服务直至用户满意为止。

2. 信息反馈

服务工程师要将《服务任务监督卡》当天反馈至网点信息员处，网点信息员当天将用户结果反馈中心。如果服务任务监督中“满意”非用户所签或保修记录单未及时反馈，网点信息员每日与维修人员对帐，对弄虚作假按规定处理，并及时回访用户采取补救措施；若网点信息员信息反馈不及时，中心信息员每天同网点信息员在固定时间对账，并按规定处理。

海尔服务对畜牧动保企业技术服务启示

1. 精细化：技术服务解决实际问题要做精做细。
2. 专业化：需要构建专业服务团队，进行专业化管理。
3. 流程化：技术服务流程化，售前、售中、售后流程体系建立。
4. 标准化：对技术流程制定标准化操作方式，并进行复制。
5. 制度化：构建技术服务管理制度。

第二十五章　大客户营销

第一节　大客户营销概念

大客户营销

指“企业对企业（或团体）”的营销，即客户是一个组织，或企业，而不是个人消费者，或称为组织间、团体客户营销，在畜牧动保行业主要指规模养殖户和集团养殖的营销。

大客户营销是决策链营销——左右营销的五种角色

1. 决策者——对购买决策做出完全和部分决定的人
2. 购买者——实际采购人
3. 把关者——对产品质量、技术、价格把关的人
4. 使用者——实际消费或者实际使用产品或服务的人
5. 影响者——看法与建议对最终决策有影响的人

大客户营销是关系营销

1. 组织间营销性质决定
2. 没有关系就没有业务
3. 关系不硬业务就不大

大客户营销是方案营销

不是简单卖产品，而卖的是方案

大客户营销是服务营销

1. 没有服务就没用市场
2. 产品是形，服务是魂
3. 产品可以同质，而服务难以模仿
4. 对技术有依赖性

5. 行业客户有限

6. 每个客户具有战略性，客户失去，难以挽回，损失巨大。

大客户营销的特征

1. 购买者相对集中：如潜在客户主要集中在某些区域，且数量屈指可数。

2. 购买量较大：单笔业务金额较大。

3. 供需双方关系密切：良好的关系是业务的基础，甚至双方还要建立战略伙伴关系。

4. 需求缺乏弹性：总需求并不受价格变化的很大影响。

5. 专业采购：业务的采购是由受过专门训练的采购人员来执行的，它们必须遵守组织的采购政策、结构和要求。

6. 影响购买的人多：业务购买中影响决策的人多。

第二节　大客户销售流程及实战操作

一、 销售前准备

在销售前准备工作中需要进行充分调研，针对用户、产品和关系制定一整套计划。

1）查看本周工作计划的完成情况，客户拜访情况和潜在业务的业务状态；

2）检查前一日的工作计划，结合实际，从新列出本日工作计划；

3）研究工作计划，根据轻重缓急安排时间表，并根据需要向上级主管汇报；

4）制定科学合理销售计划；

5）仪容规范及商务礼仪学习；

二、打开销售之门

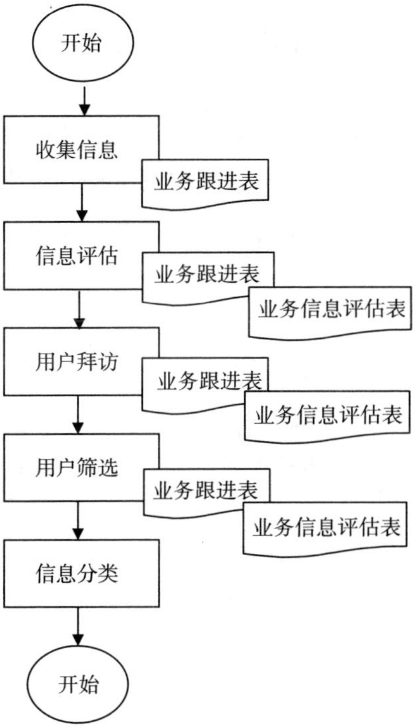

操作说明

1. 大客户经理通过各种渠道(含经销商)收集采购项目信息或上门推广,将收集到的采购项目信息填入《业务跟进表》。

2. 通过电话或电邮与采购项目信息的关联人连络了解采购项目的基本信息,初步确认采购项目的用户方发起人。

3. 拜访用户方采购项目的发起人,初步了解用户的基本需求,采购项目的动因,计划的时间和采购项目的投资预算及来源。

4. 对采购项目信息进行筛选,选择符合公司销售政策和资源匹配的优质用户。

5. 对经过筛选的用户信息按用户的采购项目计划和与用户所处的关系程度进行分类

1. 收集采购项目信息

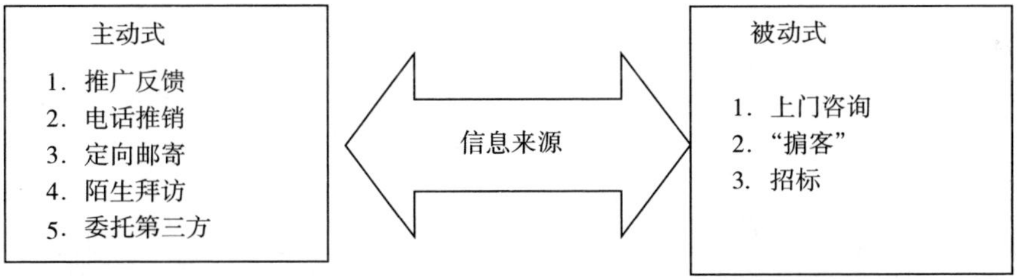

1）推广反馈

通过行业展会，产品推广会和行业论坛，主动构建客户关系圈，从而挖掘潜在目标用户。区域经理要帮助经销商策划高效的推广活动，并协助经销商对由此开发的采购项目信息进行跟进和开展客户关键人物的续访工作。

2）电话推销

针对目标消费群，通过电话巡访的方式，探询用户的采购意向和销售机会，同时进行品牌推广，接触客户。

3）定向邮寄

选择性的向目标用户的采购关联人员定期邮寄公司的产品介绍和内刊，强化公司品牌在用户侧的记忆留存，扩大用户采购的咨询管道。

4）陌生拜访

通过区域的客户信息收集，按客户的规模，客户的发展潜力，客户的业务性质进行分类，或目标用户的公开扩建投资信息，按其对产品的需求可能性，次序性的进行陌生拜访，了解用户的即期需求和未来的可能需求，寻找客户关系的突破口和公司的品牌推荐。

5）委托第三方

通过专业的第三方客户信息收集机构，进行客户采购信息的筛选和分拣。

6）上门咨询

基于用户的显性需求和对公司的认知，用户直接到专卖店咨询或打电话咨询。

7）"捐客"

通过社会关系或行业内人士的业务介绍。

8）招标

用户的公开招标信息。

销售项目业务跟进表

信息分类：　　　　　　近期：　　　　　　　远期：

企业名称				企业性质			
地　　址				邮编			
信息来源		信息联络人		电话		手机	
用户关系人		职务		电话		手机	
第一联络人		职务		电话		手机	
第二联络人		职务		电话		手机	
第三联络人		职务		电话		手机	
跟进时间	跟进记录				主要进展		

2. 采购项目信息评估与筛选

在市场上充斥着众多的销售信息，但这些信息并不都是销售机会，区域经理应对所收到的采购项目信息进行评估，以免浪费不必要的跟进时间，甚至是浪费公司的资源，以至对一些重要有效的采购项目信息，在时间和资源上的投入不足。进行信息评估首先要问自己四个问题：

1）是不是机会？

哪些信息还只停留在用户空洞的想法层面？

哪些信息用户已产生明确的需求？

哪些信息背后有足够的采购资金支持？

2）是不是存在竞争？

公司手中的资源和所能提供给用户的产品和服务是否能满足用户的要求？

如果不能满足用户的要求，是否有其他的途径或替代？

3）是不是能赢？

公司在行业中的竞争地位？

与用户的亲密程度？

竞争对手与用户的亲密程度？

与竞争对手相比，公司的优劣势是什么？

4）是不是值得赢？

资金风险？

法律风险？

技术风险？

因次，在对疏通用户的信息渠道后，大客户经理要填写《采购项目立项评审表》，并通过内部评估，确定采购项目信息的有效性。

采购项目立项评审表

<table>
<tr><td colspan="2">信息来源</td><td colspan="2"></td><td>用户关系人</td><td></td><td>职　务</td><td></td></tr>
<tr><td colspan="2">企业名称</td><td colspan="2"></td><td>企业性质</td><td colspan="3">国营 □　民营 □　外资 □
合资 □　股份 □</td></tr>
<tr><td colspan="2">地　址</td><td colspan="2"></td><td>邮　编</td><td></td><td>电　话</td><td></td></tr>
<tr><td rowspan="3">用户基本信息</td><td>主营业务</td><td colspan="3"></td><td>行业地位</td><td colspan="2"></td></tr>
<tr><td>目前设备</td><td colspan="3"></td><td>投资年代</td><td colspan="2"></td></tr>
<tr><td>用户组织结构</td><td colspan="6"></td></tr>
<tr><td rowspan="12">客户立项信息</td><td>采购的驱动因素</td><td colspan="6"></td></tr>
<tr><td>对产品和服务是否有明确需求</td><td colspan="6"></td></tr>
<tr><td>采购金额预算</td><td colspan="6"></td></tr>
<tr><td>采购计划</td><td colspan="6"></td></tr>
<tr><td rowspan="5">是否有独立的采购项目决策权</td><td rowspan="5"></td><td rowspan="5">关键决策人</td><td>姓　名</td><td>职　务</td><td>联系电话</td><td>亲密程度</td></tr>
<tr><td></td><td></td><td></td><td></td></tr>
<tr><td></td><td></td><td></td><td></td></tr>
<tr><td></td><td></td><td></td><td></td></tr>
<tr><td></td><td></td><td></td><td></td></tr>
<tr><td rowspan="3">竞争对手</td><td colspan="3">企业名称</td><td colspan="2">主要产品</td><td>亲密程度</td></tr>
<tr><td colspan="3"></td><td colspan="2"></td><td></td></tr>
<tr><td colspan="3"></td><td colspan="2"></td><td></td></tr>
<tr><td colspan="2">备注</td><td colspan="6"></td></tr>
<tr><td colspan="2">申请人意见</td><td colspan="6">采购项目预期：（目标、时间、成功率）
签名：</td></tr>
<tr><td colspan="2">中心经理意见</td><td colspan="6"></td></tr>
</table>

3. 用户拜访

在对采购项目信息进行初步摸底后，大客户经理一定要进行用户拜访。用户拜访是深入了解企业需求和建立用户关系的重要阶段，因此，大客户经理要进行精心准备与策划。

在用户拜访阶段，解决进门问题的技巧：

（1）与同行厂家销售人员一起进门。

（2）整合经销商资源，通过区域经销商介绍进门。

（3）整合人脉关系，如朋友、同学、领导、行政人员、专家等。

（4）通过协会进行交流，找机会接触。

（5）投标的方式，直接接触客户。

（6）通过炒作疫情，宣传企业，引起客户关注，从而借机进入。

（7）找影响力专家推广。

用户拜访分为三个步骤：

1）拜访前准备

在用户拜访前，大客户经理应仔细进行拜访检测：

客户拜访自检表

	主要内容	检测结果
主要目的	1. 了解用户采购动保产品的动因。	
	2. 了解用户使用的主要动保产品，购买时间和运转情况。	
	3. 了解用户对各动保产品品牌的认识和对相关竞争对手的认知。	
	4. 了解用户的采购项目投资预算和资金来源。	
	5. 了解用户的采购和决策的流程。	
	6. 了解用户的采购和决策的流程和各环节的关键决策人。	
	7. 了解信息提供者与用户联络人/用户关系人的亲密程度。	
	8. 了解用户联络人/用户关系人的个人和组织需求。	
	9. 展示公司的综合实力和成功案例。	
	10. 展示大客户经理的个人素养。	
	11. 确定下一步的工作方向。	

续表

	主要内容	检测结果
准备内容	1. 与用户联络人确定拜访时间和地点。	
	2. 与用户联络人确定拜访对象，并通过用户联络人或用户关系人对拜访对象的工作信息和个人信息进行初步了解。	
	3. 动保行业的现状和发展趋势的知识准备	
	4. 用户的行业和竞争能力相关知识。	
	5. 用户的养殖场管理问题。	
	6. 拜访流程和话术设计：打招呼—自我介绍——提出议程（陈述议程对用户的价值；时间约定；询问是否接受）——问题设计。	
	7. 公司宣传册（写上大客户经理的名字和联系电话）。	
	8. 案例介绍（图片资料，效果确认书）。	
	9. 名片。	
	10. 公司的小礼品。	
	11. 用户拜访时的着装。	

2）拜访交流

开场白

议程陈述（表达本次拜访的目的，议程和对用户的价值和意义）

定位陈述（公司的市场定位以及与解决用户问题的关联性）

——建立良好的沟通理解平台。

例： 我们公司拥有宽泛的产品线以及强大的研发和生产能力，可以满足贵公司养殖的需求，特别能根据您的养殖情况专门定制解决方案，帮助贵公司优化用药方案，提高养殖存活率的同时，达到降低采购成本的目的。

——将客户的可能需求与您的承受力相连接

例：我们公司的产品依托院士专家研发实力，采用先进的生产工艺技术，目前已在畜牧养殖行业得到广泛应用并得到一致好评，行业大型养殖企业也是采用我们的产品。

——特别性：产生兴趣点

——广泛的没有限定的选择限

——你与竞争者的区别

用户背景探询（了解用户的基本情况和对各动保产品品牌的认识）

约定（业务跟进的延续性）

拜访后跟踪

拜访之后大客户经理要根据对采购项目可行性的判断及时跟踪，从业务层面和情感层面进行交流和沟通。

——业务层面：

围绕拜访交流的内容，大客户经理积极准备，向用户联络人/关系人通报进度和获取其确认。

就双方还不清晰的环节进行交流，达成共识。

邀请参观公司或意见领袖。

邮寄公司资料（公司企业资料）。

——情感层面：

拜访后，回电/发微信、短信（邮件）表示感谢。

邀请用户联络人/关系人或拜访中已建立联系的用户关键人物聚会。

家庭拜访（如有必要）。

4. 采购项目信息分类管理与销量预测

大客户经理在对采购项目信息进行评估和筛选后，要对采购项目信息进行分类和管理，以提高自己的销售效率。

1）业务跟进表分类：

按照采购项目的紧迫度（用户采购的时间计划）将采购项目信息分为近期采购项目和远期采购项目。

对近期采购项目要保持与用户相关人员不超过一周的联络（业务联络和情感联络）频率，做好跟进记录。

对远期采购项目要保持与用户相关人员不超过一个月的联络（业务联络和情感联络）频率，做好跟进记录。

2）采购项目进程管理与销量预测

绘制业务进展汇总表（销售管道图）：大客户经理根据采购项目跟进的记录和进展，以周为单位将所有在跟采购项目绘制成业务进展汇总表以明确采购项目的动态进展情况，并汇入《采购项目汇报表》。

业务进展汇总表　　　　　　　　时间：

采购项目进展	采购项目名称	需解决的问题
信息评估		
公关策划（明确关键决策人）		
技术交流		
确认采购需求		
商务及技术方案		
商务谈判（确认报价）		
成功关闭（签订合同）		
失败关闭		

大客户经理通过对销售管道的动态监控，可以很方便地预算销量。由于用户的大额采购不会马上下订单，从有购买需求和意向到产品选型，实际购买少则3个月，多则1年时间。在用户漫长的采购决策过程中，采购项目将始终处于不同的采购进程中，处于不同阶段的采购项目其成交率是不同的，通过加权分析，对处于不同阶段的采购项目根据以往的销售经验设定相应的权重，可以很科学地进行销量预测，比如某潜在用户下一年有意向采购100万元的动保产品，目前处在技术交流阶段，预算销量时就是$100\times25\%=25$万元，其他潜在用户依此类推，最终累加。

三、需求分析

客户的需求是基于其自身的认知和模仿，认知来源于实践和教育，而模仿则来源于对标杆的信赖。 分析客户的需求，首先要了解客户的认知现状，也就是在客户的实践中，对问题点的认识，然后通过教育不断具体化客户对问题点的抱怨、不满、误解，最终将公司所能提供的产品和服务与所挖掘的客户需求相连接。

大客户经理在探询客户的需求，引导客户的购买决策意向时，应熟练地掌握SPIN技巧。

Situation	背景问题
Problem	难点问题
Implication	暗示问题
Need - pay off	需求——效益问题

背景问题是指有关客户现在的业务和状况的事实和背景。大客户经理对客户的背景问题了解的越透彻，就越能发现客户目前实践中对问题点的认识程度，有利于大客户经理针对问题点与客户进行交流，并在未来提出有针对性的解决方案。

背景问题包括：

目前所使用的动保产品品牌？ 购买的时间？ 运转情况如何？

潜在目的：了解用户目前使用的用药体系情况，通过分析目前用药存在问题，引导用户交流，为进一步的难点问题的开发打下基础，例如："这产品还是不错的，就是……" 切记，在引导的时候，针对客户可能对解决疾病的问题，一定是公司的产品所能解决的。

你公司未来的发展规划是什么?

潜在目的：一个有长远发展规划的公司领导，其投资行为更具有前瞻性，考虑的因素较多，因此，采购决策较理性，但在其考虑的诸多因素中，如果有任何一个因素成为主导，都可能会改变其最终决策，关键是大客户经理能否挖掘到公司能够最好满足的因素，并与其长远利益有力的挂钩，同时，对于这样企业的领导，他们是及愿意交流一些行业的发展趋势和行业的竞争要素，大客户经理一定要多注意收集这方面的信息和资料。

企业的主要养殖品种及疫情?

潜在目的：不同的养殖品种及常疫情对企业在动保产品方面的要求和优势是不同的，大客户经理要针对这一问题的交流，敏锐的判断其使用动保产品的侧重方向，为在探讨下一步的难点问题是留下接口。

本次采购项目，您公司的基本想法是什么？ 有其他的考虑吗?

潜在目的：了解客户对目前动保产品的基本认知以及公司品牌在用户心目中的地位，客户的基本认知是双方交流的平台，在这一认知的基础上，突出公司的差异性，是实现地位突破的有力武器。

促成本次采购的动因是什么？ 是负责人更换，调整采购策略？还是原有产品使用成本高？使用效果不佳？出现新疫情问题？新的采购周期调整?

潜在目的：不同的动因决定了用户采购决策的出发点和关注点，对于负责人更换调整采购策略，需要改变关键人对公司的认知，重新进行公关，对于换厂家采购，挖掘用户对目前品牌设备的不满是关键。

本次采购大概的预算是多少?

潜在目的：只有了解了客户的支付能力，才能整合出对客户而言最合适的产品组合。

您认为作为动保产品生产企业应该在哪些方面给你的企业提供解决方案?

潜在目的：进一步探讨用户对目前动保产品生产企业的基本认知，同时，挖掘用户可能的潜在需求。

背景问题的基本交流技巧：

1）探询性问题不要太多。

2）目的明确，主要针对可以开发成为明确需求，并是我们可以通过产品和技术服务解决的问题。

3）与用户形成互动，在客户对行业理解（用户的自我判断和个人观点）的基础上进行问题交流。

4）与行业的案例相联系，增加可信度，证明理解并经历过与用户相同的业务过程。

难点问题是针对客户的难点，困难和不满来问，诱导客户说出隐含需求。挖掘用户对目前的不满，并达成共识，是引导用户改变思维惯性的关键。

难点问题包括：

针对目前动保产品某个方面的问题，您公司目前是如何解决的？

潜在目的：引发用户对动保产品某个方面问题的关注，并激发用户对为解决目前使用动保产品对某种病症所造成的麻烦而不满。

目前使用的动保产品存在什么问题吗？

潜在目的：引导用户对目前所使用的动保产品存在的没有效果和问题进行思考，同时这些问题将是大客户经理未来向客户推荐产品时要有针对性的解决的问题。

××牌尽管知名度较高，但往往店大欺客，您如何解决这一问题？

潜在目的：与国际性品牌相比，公司的优势是灵活的销售政策和提供细致技术服务，强化用户在与某品牌合作时所面临的博弈压力。

提高效率，关注成本是企业赢利的保障，目前的动保产品是否有效，能否与其价值匹配。

潜在目的：强化客户对效果和成本的关注，将客户的注意力转到公司产品所拥有的独特的成本和药效的功能上。

目前，常规产品的药效都差不多，与国际品牌相比，品牌差异决定了产品的溢价空间，您能接受国际品牌的高价吗？

潜在目的：激化用户对产品价格的关注，价格高并不代表性价比高，而公司的优势是能够提供高性价比的产品。

难点问题的基本交流技巧：

1）只有对用户的背景信息足够了解并与用户之间建立了相互的信任关系时，才能与用户探讨难点问题。

2）难点问题对用户而言必须足够重要，以便于将暗示需求转化为明确需求。

3）关键点问题必须揭示你的产品和服务可以解决的问题。

内含型问题是关于客户难题的影响，后果，暗示等问题。通过与客户对内含性问题的探讨，使客户对目前所存在的问题或对未来采购决策可能会产生问题的严重性有重新的认识，并逐渐成为用户在采购决策时的主要参考因素。

内含型问题包括：

××品牌的技术服务是其企业赢利的一部分，使用这种产品一旦有问题，您的技术服务成本较高吧?

潜在目的：通过将由于使用/选用××品牌所面临的问题与可计算的成本相对接，进一步让用户明确地意识到问题的严重性。

产品价格高，意味着您的投资加大，这同时也意味着您的投资回报期将延长吧。

潜在目的：价格是每一个用户进行采购决策所考虑的因素，但由于价格的显性化，用户的考虑往往是将其作为孤立的因素，大客户经理应进一步将其将价格因素与投资成本进行分析解释。

内含型问题的基本交流技巧：

深刻理解用户的暗示问题。

深刻了解用户的业务过程和养殖环节，在此基础上挖掘用户的价值感。

深刻了解公司的产品和服务可以解决那种类型的难题，以选择最合适的暗示需求来开发。

需求–效益问题是指对策对客户难题的价值，重要性或意义的问题。通过与客户就需求–效益问题的交流和探讨，使客户能够对解决目前的不满和困扰有明确的价值感，同时产生解决问题后的想象，由此激发出解决的问题的欲望。

需求–效益问题包括：

如果能采用（公司）某方面的动保产品将提高动保产品的治愈率，提升猪的存活率，对您公司意味着什么呢?

潜在目的：与用户探讨通过采用（公司）某方面的动保产品，对用户未来的赢利能力的提升作用或其他可感知的利益。

选用我们公司的 ×× 产品，不仅具有你所需要的功能，而且能帮您技术服务问题呢?

潜在目的：使用户能够深切地体会到公司产品性价比的优势，提供的是一种高价值的服务，同时在探讨中，双方对此能达成共识。

需求 – 效益问题的基本交流技巧：

1）在与客户就内含型问题达成共识后，有助于客户对需求 – 价值问题的理解。

2）描述相应的解决方案，引导客户说出因此而获得的价值。

3）需求 – 价值问题对影响者最有效。

对客户需求的分析，并不意味着要满足其所有的需求，任何一个公司都不可能无限满足客户的需求，否则就会陷入“过度承诺”的陷阱，因此，大客户经理在采用 SPIN 挖掘客户的需求时，一定要围绕公司可提供的优势环节和功能对客户进行引导，理解客户“想要的”，引导客户“需要的”，然后导入我们的价值定位：针对客户的“想要的 & 需要的”优化组合资源，为客户形成“想要的 + 需要的方案”。

四、解决方案

解决方案是指针对客户的需求、问题、期望、远景和目标，帮助客户正确地识别需求、解决问题、满足期望、实现远景和达到目标的方法和措施，正确的展示公司产品、技术服务等解决方案。在解决方案式营销法中，客户的需求是第一位的，怎么发现、识别、激活、加工和满足客户的需求并使客户认同成了营销成功的关键。 解决方案要求公司不能简单地卖产品，而是深度了解客户的需求，通过公司的增值服务最完美地满足客户的需要。

产品展示

产品展示是在了解客户需求的情况下，为客户整合产品和服务，并使用户能够产生价值感并做出采购决策。展示产品由低到高分为三个层次，产品的特点，产品的优点，产品利益点。

——产品利益：即产品带给顾客的利益。

——企业利益：由企业的技术、实力、信誉、服务等带给顾客的利益。

——差别利益：即竞争对手所不能提供的利益，也就是产品的独特卖点。

FABE 产品展示法：F 代表特征，A 代表由这一特征所产生的优点，B 代表这一优点能带给顾客的利益，E 代表证据。

FABE 法简单地说，说是销售人员在找出顾客最感兴趣的特征后，分析这一优点能够带给顾客的利益，最后提出证据（技术报告、顾客来信、报刊文部分、照片、示范等）。证实该产品确能带来这些利益。

1）讲故事。通过故事来介绍产品，是说服客户的最好方法之一，一个精彩的故事能给客户留下深刻的印象。故事可以是企业的发展历程，产品研发的细节，生产过程对产品质量关注的一件事，也可以是产品带给顾客的满意度。

2）引用例证。用事实证实一个道理比用道理去论述一件事情更能吸引人，生动的例证更易说服客户。可引为证据的有荣誉证书、质量认证证书、数据统计资料、专家评价、广告宣传情况、报刊报道。

3）用数字说话。应具体地计算出产品带给顾客的利益是多大。

4）富兰克林说服法。即把客户购买产品后所能得到的好处和不购买产品的不利之处一一列出，用列举事实的方法增强说服力。

5）形象描绘产品利益。要把产品带给顾客的利益，通过有声有色的描述，使顾客在脑海中想象自己享用产品的情景。

6）比喻。用顾客熟悉的东西与你销售的产品进行类比，来说明产品的优点。

疑问一：产品价格太高，不好卖！

1. 从产品治疗的效果和对客户需求的针对性来讲，我们的产品没有价格的可比性。

2. 强烈的销售意识是销售人员对工作、企业、顾客和事业的热情、责任心、勤奋精神和忠诚度的成果，能使销售人员发现或创造出更多的销售机会。

3. 销售不是我的东西最便宜，不买就可惜。若是东西因为便宜才能卖掉，那么，卖掉的原因是生产单位有效控制成本的功劳，不是销售的努力。如果您没有便宜的东西能卖的时候呢，怎么办呢？

疑问二：产品质量不稳定，不好卖！

1. 出产品的优点与缺点，并制定相应对策。销售人员要找出产品的优点，把它作为子弹打出去，找出缺点，则考虑如何将缺点转化为优点或给顾客一个合理的解释。实践中存在的问题是：一些销售人员对产品了解越多，就对产品的缺点认识得越透，而产品的优点则熟视无睹，销售人员的视线被缺点挡了。

2. 信赖产品。在了解产品知识的基础上，销售人员要更进一步地欣赏自己产品的优点，相信自己的产品是一个好产品，一个值得客户购买的产品。这种信赖会给销售人员以信心，从而使说服顾客的能力更强。可以说，初级的销售人员知道产品的基本知识，中级的销售人员能进一步了解产品的卖点及优缺点，并制定应对之策，高级销售人员则在了解产品的基础上信赖产品。

五、发展用户关系

关键角色定位（决策者，影响者，把关者，使用者，采购者，内线）

大客户经理需要明白，采购中心的成员往往由具有不同背景和身份的人员组成，因此在用户整个采购决策链中，你必须找到关键人物，销售的一条基本准则就是“向权力先生推销 ”。但采购中心组成与运作的动态性和复杂性，使得采购中心的任何一个成员都有可能成为你的合作伙伴或销售瓶颈，因此，你要迅速识别出对推进销售进程有影响力的关键人物，并努力与之建立良好的业务与个人关系。下图为权力—影响力模型可帮你迅速准确地找到决策链中的关键角色，发现销售瓶颈。

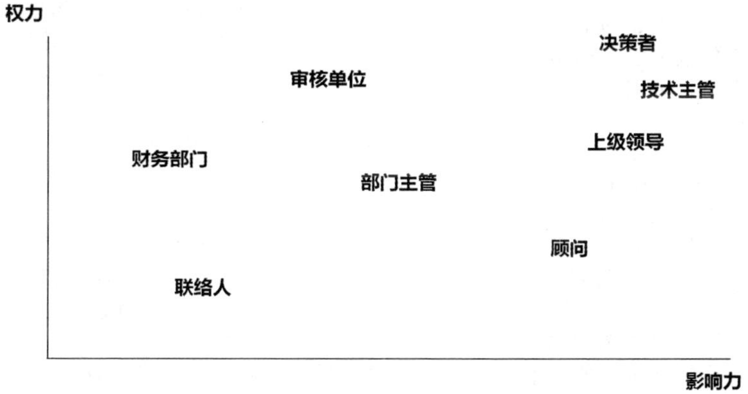

权力—影响力模型

上图中的每一个角色都会在整个采购项目采购决策的过程中，分别对采购中心做出采购决策的不同阶段产生不同的影响。区域经理 / 经销商一定要准确识别各个环节的关键人物，并且针对性的采取不同的策略。通常，关键人物有五种类型：

类　型	类型分析	公司内/外部角色	对　策
决策者	1.握有购买的财务权利。 2.具有最后的拍板权。 3.当其他人都赞成时，他可能否决。 4.往往居于高地位，难以掌控。	老板 总经理 采购项目决策人	1.除非有直接的关系，一般在采购项目启动阶段，很难找到和接触到关键决策者，因此，大客户经理一定要利用其内部人物来引导与教育，产生影响。 2.在交往过程中，由于身份对等的原则，大客户经理要善于利用公司的高层资源。 3.大客户经理一定要多方面了解关键决策人的个人背景，从中找到能对关键决策人产生影响的周边关系作为突破口。
影响者	1.对决策者有重要的影响。 2.身份比较复杂。 3.能够与决策者有直接的接触。	老板娘 上级领导 亲戚朋友 顾问，秘书等。	1.寻找影响者一定是建立在对用户内部和决策人个人信息非常了解的基础上。 2.影响者往往是凭个人的喜好进行评价，因此，大客户可以重私交而轻业务关系。
使用者	1.最后使用产品和服务的人。 2.如果是使用者部门的负责人，则有是否采用的说话权。 3.即使是处于组织最下层的人，他们的意见也可能会给最终是否采用带来一定的影响。	技术人员 饲养人员	1.使用者往往关注产品和服务的有效性和方便性，大客户经理要充分展示公司可靠产品和周到服务，让他们相信使用公司的产品和服务是没有职业风险的。 2.由于使用者往往对采购没有直接的权力和责任，他们往往没有很强的戒备心态，以至于最好沟通和建立关系。大客户一定要保持对其足够的尊重并构建基本的关系，最起码不要在使用或用户决定采购公司产品时，他们有负面的评价。
执行者	1.根据企业的内部需求收集供应商的产品和服务信息。 2.与供应商进行商务谈判。 3. 由于承担着对供应商的筛选功能，因此对供应商有很强的屏蔽作用。	采购部 财务部	1.由于执行者位于整个采购的核心，组织采购的理性使其与周边有很强的关联性，大客户经理一定要了解执行过程中每一个人的功能，相互之间的敌友关系，喜好和背景等，并善于协调和利用。 2.大客户经理一定要评估需求产生源的推动力，通过与其他关联人的关系构建，强化推动力。
把关者	1.可能在公司地位不高，但由于是主要联络人，承担着向领导汇报工作的责任，因此对信息有一定的控制权。	联络人 技术主管	1.“现官不如现管”，把关者可能会使你的信息管道断裂，甚至衍生出负面的信息。大客户经理在构建用户关系时首先要与联络人保持和谐的关系，而且，相比之下，这层关系是最容易构建的。

确定公关策略

在对用户的基本需求，组织结构，采购流程以及采购预算有清晰的了解之后，大客户经理应进行采购项目公关策划，以取保在采购项目的跟进过程中有条不紊，充分整合资源，争取用户采购中心关键角色的支持，主动推进用户的采购进程。

1）采购项目背景分析

用户的基本需求

竞争状况。

摸清用户内部的政治，包括内部的组织结构和决策链以及关键人物的个人背景与彼此之间的关系，并建立

用户个人信息档案。

了解用户是首次购买还是延续购买，其与相关各厂家与用户交往的历史和关系网络。对采购项目进行了 SWOT 分析，锁定成功的关键因素。

2）了解用户关键角色的购买倾向和内部支持度，绘制用户内部关系图。

3）制定采购项目目标。

区域经理 / 经销商通过对以下四个方面进行评估，拟定采购项目的业务目标。

竞争状态、功能性地位（用户的基本需求与公司产品的匹配度）、关系地位（与用户关键角色的亲密程度）和核心产品。

4）发展用户关系

评估公司关系人在采购决策链中的地位和影响力。

从用户关系地图中寻找突破口。

通过对用户各个关键人物个人信息的了解，寻机建立关系。

寻找“内线”。

5）拟定行动方案和时间进度表

采用分段营销组建销售项目组，分工合作，安排相应责任人对用户决策链的各关键角色进行公关。

拟定采购项目跟进计划，主动推进用户的采购进程。

充分考虑在采购项目跟进过程中整合公司的内外部资源，扩大采购项目的成功率。

6）预算业务费用和进行风险评估

大客户经理应对采购项目的业务费用进行预算，并对业务费用进行管理和控制。对采购项目跟进过程中可能存在的问题和风险进行评估，并提前寻求规避的方法。

大客户经理在通过采购项目评估后，根据《采购项目信息评估表》进行采购项目策划，并填写《采购项目策划书》。

采购项目策划书（背景分析）

编报日期：　　　　年　　　　月　　　　日

<table>
<tr><td colspan="2">采购项目名称</td><td colspan="2"></td><td>采购项目编号</td><td></td></tr>
<tr><td colspan="2">采购项目重要性</td><td colspan="4">□一般销售采购项目　　□大采购项目　　□战略大采购项目</td></tr>
<tr><td rowspan="5">项目背景分析</td><td rowspan="2">用户需求分析</td><td colspan="3">用户明确的需求　首次（　）　延续（　）</td><td>公司相应的产品组合</td></tr>
<tr><td colspan="3"></td><td></td></tr>
<tr><td>用户关系分析（关系图）</td><td colspan="4"></td></tr>
<tr><td>竞争分析（SWOT）劣势</td><td>优势</td><td></td><td>机会</td><td></td></tr>
<tr><td></td><td>劣势</td><td></td><td>威胁</td><td></td></tr>
<tr><td rowspan="3"></td><td colspan="2" rowspan="3">采购项目成功的关键因素</td><td colspan="3"></td></tr>
<tr><td colspan="3"></td></tr>
<tr><td colspan="3"></td></tr>
<tr><td colspan="2" rowspan="3">采购项目目标设定</td><td colspan="4"></td></tr>
<tr><td colspan="4"></td></tr>
<tr><td colspan="4"></td></tr>
</table>

采购项目策划书（行动计划）

发展用户关系

<table>
<tr><td rowspan="2">采购项目责任人</td><td>销售服务中心总监</td><td colspan="2">大客户经理</td><td>大区经理</td><td>片区经理</td><td>经销商</td></tr>
<tr><td></td><td colspan="2"></td><td></td><td></td><td></td></tr>
<tr><td rowspan="9">发展用户关系</td><td>关键人</td><td>姓　名</td><td>职　务</td><td>责任人</td><td>切入方式</td><td>时　间</td></tr>
<tr><td>决策者</td><td></td><td></td><td></td><td></td><td></td></tr>
<tr><td>影响者</td><td></td><td></td><td></td><td></td><td></td></tr>
<tr><td>需求发起者</td><td></td><td></td><td></td><td></td><td></td></tr>
<tr><td>购买者</td><td></td><td></td><td></td><td></td><td></td></tr>
<tr><td>使用者</td><td></td><td></td><td></td><td></td><td></td></tr>
<tr><td>采购把关者</td><td></td><td></td><td></td><td></td><td></td></tr>
<tr><td>内　线</td><td></td><td></td><td></td><td></td><td></td></tr>
<tr><td>关系人</td><td></td><td></td><td></td><td></td><td></td></tr>
<tr><td rowspan="9">大客户经理销售行动计划</td><td>采购项目阶段</td><td>完成时间</td><td></td><td></td><td></td><td>责任人</td></tr>
<tr><td>成立项目组</td><td colspan="4"></td><td></td></tr>
<tr><td>需求确认</td><td colspan="4"></td><td></td></tr>
<tr><td>决策链公关</td><td colspan="4"></td><td></td></tr>
<tr><td>方案提交</td><td colspan="4"></td><td></td></tr>
<tr><td>商务谈判</td><td colspan="4"></td><td></td></tr>
<tr><td>产品试用</td><td colspan="4"></td><td></td></tr>
<tr><td>采购项目验收</td><td colspan="4"></td><td></td></tr>
<tr><td colspan="6" style="display:none"></td></tr>
<tr><td>外部资源整合</td><td colspan="6"></td></tr>
<tr><td>内部资源协调</td><td colspan="6"></td></tr>
<tr><td>费用预算明细</td><td colspan="6"></td></tr>
<tr><td>风险分析</td><td colspan="6"></td></tr>
</table>

用户关系发展的五个阶段

用户关系的发展阶段（关系方格）

级别		E	D	C	B	A
A	远景战略					
B	情感品牌					
C	价值增值					
D	信任承诺					
E	喜好偏好					
		寒　喧	事　实	观　念	习 惯	价值观

第一阶段：E 级——关系孕育阶段

个人关系上至少达到观念上的趋同，公司关系上至少达到对你产生喜好偏好。

第二阶段：D 级——关系初期阶段

个人关系上至少达到观念上的趋同，公司关系上至少达到彼此信任承诺。

第三阶段：C 级——关系形成阶段

个人关系上至少达到习惯上的一致，公司关系上至少达到能够相互价值增值。

第四阶段：B 级——关系紧密阶段

个人关系上至少达到习惯上的一致，公司关系上至少达到情感品牌的认同。

第五阶段：A 级——合作伙伴阶段

个人关系上至少达到价值观的一致，公司关系上达到远景战略一致。

因此，发展用户关系包括发展用户公司关系和个人关系两个纬度，在具体业务实践中，公司要切合实际，周密策划，社会关系是构建的，而不是先天拥有的。同时，公司要对用户关系要进行准确的级别定义，以在企业内部形成统一的沟通平台，以方便进行采购项目分析和策略制定。

客户关系

针对与用户公司关系所处的不同的级别，大客户经理可采取不同的策略和措施以升华用户关系。

E 级

特征：仅限于与用户联络人 / 关系人交流的层面，关系的延展性较差，一般而言，即使有采购项目，采购项目的规模也较小，而且无法完成采购项目开发的连续性。

措施：

——强化与用户联络人/关系人的个人关系，由联络人变为关系引荐人。

——向高层延伸关系，必要时双方高层进行会晤。

——深入了解用户购买决策的流程，确定关键环节的关键人并有计划的接触，交流，建立私交。

——区域经理加强对用户所在行业和用户价值链的了解，加深与用户交流的深度，提高在用户心目中的位置。

D 级

特征：已在用户中建立了“线人”关系，在用户内部已有支持的声音，但与公司的其他层面还处于业务关系层面，用户的着眼点仍局限于公司的产品和服务上。

措施：

——充分展示公司的解决方案和专业性，强化使用维护的方便性和售后服务的快捷性，必要时邀请用户参观样板，借第三者排除异议。

——努力与用户的影响者，把关者，使用者和购买者结为死党，提升用户关系，非公司利益而是私交。

——加强联络频度（公私结合），细节到位。

——区域经理可考虑公司的资源，申请公司大区经理等更高级别的管理者加入与用户的接触。

C 级

特征：已与用户的基本层面建立了初步的信任关系，除业务交流外，还频繁地进行私人沟通，甚至是家庭互访。但与用户的关系圈还没有上升到整个公司的层面，用户对公司的认知还处于方案本身，而没有认识到其长远的价值。

措施：

——扩展与用户的关系圈，加强与用户多层面的交流，提高与用户的沟通层次，如通过免费的资讯服务，包括提供专用的疫情信息，业务信息等，强化用户对公司的认知，滚动发展关系圈。

——为用户度身定制专业的整体解决方案，为用户提供在未来的业务发展过程中的增值服务，甚至是非采购项目所涉及的范围，如提供预热利用方面的供应商。

——定期召开用户例会，加强对用户的培训，服务，技术交流等。

——对技术把握大，客户经理可考虑产品小范围试用。

B 级

特征：已与用户上下整条决策链建立了高度信任的关系，在业务上，用户相信公司能帮助全面的解决问题而没有任何不可预见的风险，在个人感情上，已建立了良好的私交，用户内部表现出一致支持的声音。

措施：

——与用户共同成立采购项目组，拟定采购项目开发的计划和阶段。

A 级

特征：已与用户建立更广泛的合作，共同开发行业专用产品，用户成为公司的市场鼓吹者，并进行联合推广。

措施：

——双方高层紧密互访。

——对用户进行贴身服务。

个人关系

大客户经理必须针对与用户个人关系所处的不同的级别，采取不同的策略和措施以强化私人关系。

E 级

特征：相互不了解，在用户眼里大客户经理只是一位业务人员，相互除了业务的沟通，没有其他语言。

措施：

——多观察，多听，多恭维，从多方面了解用户的性格和喜好。

——每次拜访交流，为下次交流留下话题，加强与用户见面沟通的频度。

——认真准备每次交流，充分展示公司的实力和区域经理个人的魅力，行事不要拘谨，随和，周到而细致。

——做一些小的承诺，而且每诺必践。

——赠送公务性小礼品，定时寄送公司内刊等。

——创造机会，邀请在非办公场合聚会。

D 级

特征：用户开始对大客户经理和公司及其产品和服务形成印象并产生兴趣，并已在非公务场合相互接触，除业务交流外，相互之间还探讨一些私人情绪和话题，用户甚至还开始对大客户经理进行私人问候。

措施：

——针对用户职能上的关注点，详细解说公司的解决方案和思路，排除用户的异议。

——多创造私人聚会的机会和非公务环境，主动就私人话题展开交流，甚至可邀请用户的家人参与。

——针对用户的私人信息，寻求感动用户的机会。

——探询共同的兴趣点和社交圈，共同参与互动。

C 级

特征：已深入了解用户的兴趣点和社会关系，用户与大客户经理成为熟人，双方开始共同参与一些私人活动，用户开始提一些需要你帮助的私事，并愉悦的接受你的帮助。

措施：

——向用户明确说明与公司合作的利益点，包括组织利益和个人发展利益。

——力所能及地为用户提供帮助与关怀。

——主动就一些个人私事要求用户帮忙，并真诚的表达谢意。

B 级

特征：已与用户成为相互信任，观点一致的朋友，并在业务上成为你的强劲拥护者，积极通报采购项目运作过程中的内部信息，并成为你竞争对手的排斥者。其将促成业务的成功看作是除满足公司的需求外，还是其个人情感表达的一种方式。

措施：

——与用户共同策划采购项目的公关，跟进和实施计划。

——通过用户的引荐，滚动发展用户关系圈。

A 级

特征：已与用户成为无话不谈的死党。

措施：

——与用户展开全方位的合作，包括采购项目开发和私人发展合作。

六、促成业务

在促成业务方面，主要解决的就是上量的问题，综合来看主要有如下技巧：

小产品接触，深入接触，找机会上量；

免费体验；

技术人员驻点服务，营销采购决策链中的相关人员，从而上量；

通过利益驱动上量，如在折扣、返利等方面下文章；

打击竞争对手上量，或者等待竞争对手出现问题，伺机进入；

寻找需求点，抓住机会上量，或者文体娱乐进行公关上量；

搞定使用者；

核算成本；

技术培训；

常见促成业务方式

制定商务政策：通过分析商务政策的吸引力以及每个客户认为其所具有的价值，来确定商务政策。

客户合作的急迫度。

客户对企业和解决方案的认可度和信任度。

是否有竞争对手无法取代的而客户认为必需的优势。

与客户之间的关系地位。

客户的背景评估（见 <用户资信评估表>）。

商务条件沟通：同客户就商务条件进行沟通，这是一个微妙的过程。

——把握对客户报盘的最佳时机，充分沟通之后，即将达成交易之前，减少讨价还价的因素和时间。

——降低客户对部分商务条款的敏感度。

利用资源，借力打力。

利用关系，发挥影响力。

营造客户内疚的气氛。

利用商务条件进行谈判。

技术交流，内部参观，改变客户观念，体现价值。

同行客户见证。

细节决定成败。

把问题扩大化。

增加附加价值。

——满足关键角色的降价要求，尊重非关键角色。

用户资信评估表

<table>
<tr><td colspan="7">企业基本情况</td></tr>
<tr><td>企业名称</td><td colspan="2"></td><td>地　址</td><td colspan="3"></td></tr>
<tr><td>法人姓名</td><td></td><td>联系电话</td><td></td><td>手　机</td><td colspan="2"></td></tr>
<tr><td>工商注册号</td><td></td><td>注册资金</td><td></td><td>股本结构</td><td colspan="2"></td></tr>
<tr><td rowspan="2">经营面积</td><td>厂房</td><td></td><td>租赁□　自有□</td><td>市场估价</td><td colspan="2"></td></tr>
<tr><td>写字楼</td><td></td><td>租赁□　自有□</td><td>市场估价</td><td colspan="2"></td></tr>
<tr><td>汽车台数</td><td></td><td>员工数量</td><td></td><td>中层管理人员平均工资</td><td colspan="2"></td></tr>
<tr><td colspan="7">主要管理人员</td></tr>
<tr><td>姓名</td><td>性别</td><td>年龄</td><td>职务</td><td>主要爱好</td><td>毕业院校</td><td>家庭住址</td></tr>
<tr><td></td><td></td><td></td><td></td><td></td><td></td><td></td></tr>
<tr><td></td><td></td><td></td><td></td><td></td><td></td><td></td></tr>
<tr><td></td><td></td><td></td><td></td><td></td><td></td><td></td></tr>
<tr><td></td><td></td><td></td><td></td><td></td><td></td><td></td></tr>
<tr><td colspan="7">经营情况</td></tr>
<tr><td>主要业务</td><td colspan="6"></td></tr>
<tr><td rowspan="2">连续三年营业额</td><td colspan="2">______年</td><td colspan="2">______年</td><td colspan="2">______年</td></tr>
<tr><td colspan="2"></td><td colspan="2"></td><td colspan="2"></td></tr>
<tr><td rowspan="4">主要客户</td><td>名称</td><td>电话</td><td rowspan="4">主要供应商</td><td>名称</td><td colspan="2">电话</td></tr>
<tr><td></td><td></td><td></td><td colspan="2"></td></tr>
<tr><td></td><td></td><td></td><td colspan="2"></td></tr>
<tr><td></td><td></td><td></td><td colspan="2"></td></tr>
<tr><td colspan="7">相关评价：　①同行评判______________________
　　　　　　②业务关联单位评判______________________</td></tr>
<tr><td colspan="7">评估结论：</td></tr>
</table>

评估人：__________　销售服务总监：______________　总经理：__________

商务谈判的技巧。

进入商务谈判阶段，用户已经相信或确信能够与公司一起合作并找到共存问题的解决方案。但谈判过程仍然是一个复杂的局面，大客户经理一定要有良好的心理素质，在谈判桌上不同的角色一般会表现出不同的举止，如决策者，往往很少发言，而是始终保持微笑和聆听，并摆出一副不置可否的姿态，尽管你已经在卖力表现，这往往令你产生无处受力的紧张状态；技术决策人员一般跃跃欲试，尽力去捕捉机会，挑战你的权威，这常常让你不知所措。因为即便你知道他对这方面技术理解的局限性，也不好与其争辩而破坏谈判的气氛。财务人员则会不停地抬出你竞争对手的报价来压制你。产品的使用者则不停地希望你增加售后服务的内容，以降低其在未来管理过程中所可能面临的风险。如此，种种的狂轰滥炸，往往使你身有百口，却无从辩起，也不好强辩。因此，大客户经理要对谈判要有足够的重视，并严格遵循几个基本的环节：

1. 前期充分的准备

掌握对方心目中优先顺序，能够有效地控制谈判，灵活处理对方要求的优先权，巩固自己的优先权，这就需要对用户的谈判筹码和议题的现实性进行衡量，评估用户对公司的信赖程度与依赖程度。依赖度越高，其所承担改变的心理压力越大。同时，用户在前期探讨中与你接触得越多，问题探讨得越细，甚至是已按公司的建议准备采购项目运作的前期工作，或已要公司人员与其一同工作，确定采购项目的技术规范和要求，那么，其做出变更的壁垒就越大。

2. 制定谈判的基础

定义共同的谈判基础，以及双方在根本利益和对议题轻重缓急的态度上的共同之处，这一点也很重要。双方在对议题轻重缓急的态度上的共同之处在制定策略和谈判过程中应当加以突出，因为这有利于双方的会谈和谐，有利于问题的解决（合作式谈判），而不仅仅是消除冲突（对抗式谈判）。

3. 制定谈判的策略

制定策略取决于自己拥有的信息和对谈判的期望。谈判人员应当把问题和谈判议题列出来，尤其是那些可能引起双方存在冲突的议题，并为自己或对方可能提出的解决方案制定相应的策略并加以取舍，可以把这些策略分为首选的，希望的，符合期望值的以及无法接受的四个类别。如果属于无法接受的策略，那就提出对方能够接受的方案。因此，谈判策略应确定：

最重要的————根本利益；

议题————什么需磋商，什么不需要；

有效地表达议题，避免冒犯对方或纠缠不清；

制定让步准则，需要做出什么样的让步，什么情况下做出让步以及什么作为交换。

4. 拟定多种被选方案

随着谈判进程的继续，应当对用户提出的选择方案进行评估，并选出满足自身期望的方案。做出选择最好的办法是首先明确可选方案的判断标准，并根据这些标准评价自己提出及用户提出的可选方案的等级。

5. 有步骤的商务退让

——退让的次数要进行适当的把握。

——有条件的退让。

——退让幅度之间的等差比要越小越好。

——每一次退让必须要阻击。

6. 邀请公司高层参与

客户往往具有强烈的探底心理，公司高层的参与会让客户感觉到已得到最终的商务条件，同时，双方高层的会晤与交流，更多的是关于采购项目的承诺和围绕采购项目展开的长远合作，这往往使一些纯心理障碍的条款和异议被忽略掉，从而加速业务的进程。

7. 技巧

1）针对谈判的不同参与角色寻求机会先进行非正式的私下的个别探讨，而在谈判过程，经常采用“正如 ××× 所说的，……”，或“正如 ××× 所了解的，……”，来通过拉近同盟的方式表达自己的观点。

2）适度地采用一点非专业人士似懂非懂的专业术语，一方面提高了谈判的深奥来展示自身的专业，另一方面，通过保持与对方技术层面的专业沟通语言来拉近距离，同时也可提高其在采购组织中的专业技术地位。

3）有节奏地插入讨论双方的共同利益，并在语言使用上多采用“我们”，“咱们”来强化同盟关系。

4）在谈判中，说话预留余地，以观察对方的坚持程度并了解对方的底线，如“这个问题我需要与 ×× 部门商量一下，看是否有好的方案”。

5）有效回避谈判冲突，进行冷处理，脱离采购项目谈判内容，寻找与客户共同感兴趣的话题，或进行双方都有兴趣的活动，喝酒（纯中国特色）等。

七、排除异议

客户的四类拒绝：

条件—妨碍客户购买的真正原因

借口—客户不想买的理由
直接说不—要想成交非常困难
异议—是对更多信息的委婉请求

异议解读：
客户已经过于投入，不可能说不
客户对你的产品有渴望
客户不知道这样做对不对
客户需要更多的信息或说服工作

处理异议的一般原则：
制造异议—将拒绝转化为异议
忽略轻微异议
忽略的第一次异议
永远不要与异议争辩
孤立异议
对异议有同感，但不同情

处理异议的步骤：

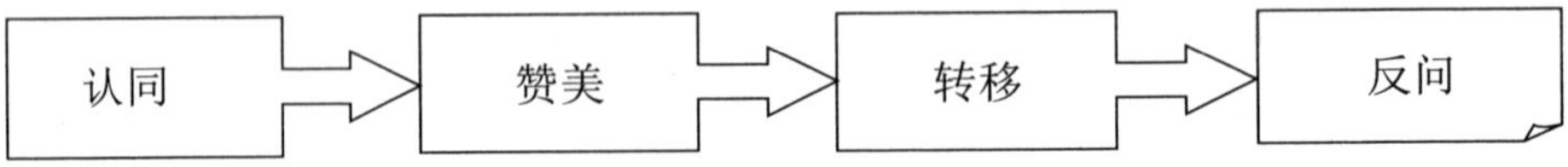

不要插话，忽略轻微异议
表示同感或称赞
澄清拒绝的真相
孤立异议
战胜异议
确认问题已经解决

第三节　大客户销售促进

销售促进是为了提升公司的品牌，从用户侧整体拉动产品销量，同时，通过集中推广，建立业务交流平台，挖掘潜在客户信息，促进销售机会的实现。具体的销售促进手段包括：

——交流（推广）会

——企业参观

——意见领袖影响

一、交流（推广）会

目的：

—接触潜在客户

—进行品牌推广

—促进销售

交流（推广）会定位

推广会要以推广目的为核心确定明确的主题，根据客户群的不同进行选择，基本原则是主题的提炼要最大程度的迎合客户的兴趣点，即要与客户的关注重心相吻合。

	推广目标对象	
关注点	大客户	中，小客户
1	品牌	质量可靠
2	质量可靠	价格
3	意见领袖	付款方式
4	兽药动保产品的发展趋势	品牌
相关主题		
对应资料		

因此，根据交流（推广）会的目的，交流推广会可分为：

——品牌推介会

——产品（新产品）推广会
——技术交流会
——经营管理论坛

品牌推介会

——目标：提升公司品牌在用户端的知名度，构建目标用户交流平台。
——针对用户群体：高端客户的主要经营管理者。

——策划形式：
嫁接全国（区域）性影响事件，以合作或主办的方式针对目标用户群体进行品牌传播。
选择性的区域路演。

产品（新产品）推广会
——目标：促进产品销量和新品试用。
——针对用户群体：中，低端客户的采购决策者（老板）。

——策划形式：
通过邀约目标用户，进行产品推介，现场体验，设定时段让利促销。
组织区域性新品发布会，选择性的邀约目标用户，无偿试用，分期付款。

技术交流会
——目标：挖掘潜在客户群，建立用户关系圈，对用户进行技术教育，树立公司的行业地位。
——针对用户群体：中，低端客户的技术主管和饲养管理人员。

——策划形式：
通过选择性的邀约潜在目标用户，对动保产品的病理，技术发展趋势和用药解决方案等技术问题进行讲解和讨论。用户技术人员驻厂培训指导，现场技术服务解决用药问题。
经营管理论坛
——目标：围绕目标用户的运营和业务发展提供增值服务，建立与用户高层的关系，提升公司在行业内的品牌地位。

——针对用户群体：中，高端客户的高层管理者。

——策划形式：

以养殖行业所关注的问题，通过协办或主办聘请知名专家和标杆企业的企业家吸引目标用户的高层管理者参与，组织论坛。

交流（推广）会的组织与操作

交流（推广）会分为集中型和时段型。

——集中型交流（推广）会是指在既定时间里，将邀请参会客户集中起来，进行集体交流与推广，集体安排议程。

——时段型交流（推广）会是指在一定的时间段里，陆续接待参会客户，进行一对一交流与推广，一般没有统一的会议议程。

交流（推广）会地点的选择与确定：

依据目标对象的需要和相关条件，主要有以下二类：

——在意见领袖客户举办专场交流（推广）会。

——在高档酒店或专业会议交流中心进行。

交流（推广）会时间的选择与确定：

时间则要考虑大多数目标单位或个人的接受程度，最好不要定在周一和周五。

推广会参加人员的确定

——公司人员：为保证会议顺利进行，成立会务组，相互协作，分工明细，权责到人。

——参与部门：根据举办级别，由相应级别的部门主办。

若需公司相应部门协助配合，要在《组织交流（推广）会申请表》中提出，批复后协助部门方可参与。

——人员分工：

主办部门经理或其授权人员任会务组组长，全面负责

目标对象或来宾要按不同行业、地域、部门、组别进行归口，设立专项公关小组，专人负责全程接待陪同。

会议要安排专人现场摄影、录像与记录。

——邀请人员：

目标群的选择应至少满足以下条件的其中一条：

客户群性质相近

客户群行业相近或相关

客户群地域相近或相关

会议所需的资料、讲稿及物品的准备：

——文件的准备

——活动宣传单（放在邀请函内）（如果需要）

——会议议程

——企业介绍、企业理念、产品介绍的专项宣传文件及幻灯片文件（进行专场设计）

——宣传内容（欢迎牌、条幅等）的编写

——宣传视频

讲稿

——开幕词讲稿

——介绍企业的宗旨、理念、目标、发展战略、产品销售形势等的讲稿

——关于产品的讲稿

——设计安排的客户讲稿

——现场提问问题汇总稿

——答谢词讲稿

物品的准备

——条幅

——话筒

——饮料

——签到册、笔

——幻灯设备

——投影仪

——礼品、奖品（如有需要）

——样品
——宣传资料
——录像机等。

交流（推广）会费用的预算及规模控制

根据报名的总人数，公司的组织者要有严格的费用预算和物品预算，具体包括下列几项：

——会议室租赁费；
——餐饮费（如果需要）；
——饮料；
——赠送小礼品、奖品
——交通费（只包括物品运输费）；
——器材租赁费；
——宣传物品费（包括品牌宣传袋、条幅、宣传单页、样品、其他需要提供的物品）
——其他费用（使用时要求详细列出）。

会场的布置

租赁会议室

根据各专项公关小组确定参加的人数由会务组统计准确人数，以此为依据确定租赁会议室的地点及大小。

总结会及制订后续工作安排

会务组在会议结束两天内召开本次推广会总结会议，填写《交流（推广）会总结汇报表》（见附表三），总结会议的经验包括成功之处和不足之处、评估会议效果，奖励对会议有功的工作人员，安排下一步跟进、拜访、公关计划。

推广会以后，各专项小组在三天以内开始第一轮跟进拜访，并按工作计划开展后续工作。

在参观结束一周内将此次公关活动的全部资料完整上报公司市场策划专员备案。

——《交流（推广）会申请表》
——《交流（推广）会工作计划表》
——《交流（推广）会总结汇报表》

交流（推广）会申请表

<table>
<tr><td>申请时间</td><td></td><td colspan="2">申请部门</td><td></td><td colspan="2">申请人</td><td></td></tr>
<tr><td>举办时间</td><td></td><td colspan="2">举办地点</td><td></td><td colspan="2">举办级别</td><td></td></tr>
<tr><td>交流（推广）会的主题</td><td colspan="7"></td></tr>
<tr><td>组织规模</td><td colspan="7"></td></tr>
<tr><td>需公司支持部门人员</td><td colspan="7"></td></tr>
<tr><td>邀请人员</td><td colspan="7"></td></tr>
<tr><td>会议所需的资料、物品</td><td colspan="7"></td></tr>
<tr><td rowspan="5">费用预算</td><td colspan="2">会议室租赁费</td><td></td><td colspan="2">器材租赁费</td><td colspan="2"></td></tr>
<tr><td colspan="2">餐饮费（如果需要）</td><td></td><td colspan="2">饮料</td><td colspan="2"></td></tr>
<tr><td colspan="2">赠送小礼品、奖品</td><td></td><td colspan="2">交通费</td><td colspan="2"></td></tr>
<tr><td colspan="2">宣传物品费</td><td colspan="5"></td></tr>
<tr><td colspan="2">其他费用</td><td colspan="5"></td></tr>
<tr><td>情况说明</td><td colspan="7"></td></tr>
<tr><td>备注</td><td colspan="7"></td></tr>
<tr><td>举办单位</td><td colspan="3"></td><td colspan="2">上级部门</td><td colspan="2"></td></tr>
<tr><td>市场策划中心</td><td colspan="3"></td><td colspan="2">营销公司</td><td colspan="2"></td></tr>
</table>

（推广）会工作计划表

<table>
<tr><td>举办时间</td><td></td><td>举办地点</td><td></td><td>举办级别</td><td></td></tr>
<tr><td>主题</td><td colspan="6"></td></tr>
<tr><td>邀请人员</td><td colspan="6"></td></tr>
<tr><td rowspan="6">会务组全体人员名单及任务分配</td><td>组长</td><td></td><td>主持</td><td></td><td>记录</td><td></td></tr>
<tr><td>后勤</td><td></td><td>技术人员</td><td></td><td>试用客户</td><td></td></tr>
<tr><td colspan="6">专项公关小组</td></tr>
<tr><td>一组</td><td></td><td>四组</td><td></td><td>七组</td><td></td></tr>
<tr><td>二组</td><td></td><td>五组</td><td></td><td>八组</td><td></td></tr>
<tr><td>三组</td><td></td><td>六组</td><td></td><td>九组</td><td></td></tr>
<tr><td>文件的编写安排</td><td colspan="6"></td></tr>
<tr><td>物品的准备安排</td><td colspan="6"></td></tr>
<tr><td>租赁会议室安排</td><td colspan="6"></td></tr>
<tr><td>会场布置的安排</td><td colspan="6"></td></tr>
<tr><td>会议讲稿准备</td><td colspan="6"></td></tr>
<tr><td>其他安排</td><td colspan="6"></td></tr>
<tr><td>会务组组长</td><td colspan="2"></td><td>日期</td><td colspan="3"></td></tr>
</table>

推广会总结汇报表

<table>
<tr><td>总结时间</td><td colspan="3"></td><td>主持人</td><td colspan="2"></td></tr>
<tr><td>人员签到</td><td colspan="6"></td></tr>
<tr><td>举办时间</td><td colspan="3"></td><td>举办级别</td><td colspan="2"></td></tr>
<tr><td>举办地点</td><td colspan="3"></td><td>举办部门</td><td colspan="2"></td></tr>
<tr><td>客户群类型</td><td colspan="3"></td><td>到会人数</td><td colspan="2"></td></tr>
<tr><td>全部费用合计</td><td colspan="3"></td><td>费用节约率</td><td colspan="2"></td></tr>
<tr><td rowspan="5">效果评价</td><td></td><td>效果</td><td>表现</td><td>联系方式登记率%</td><td>愿意深入接触人数比例%</td><td>现场预约回访人数比例%</td></tr>
<tr><td></td><td>效果很好</td><td>积极、踊跃</td><td></td><td></td><td></td></tr>
<tr><td></td><td>效果一般</td><td>比较积极</td><td></td><td></td><td></td></tr>
<tr><td></td><td>效果不好</td><td>漠不关心</td><td></td><td></td><td></td></tr>
<tr><td></td><td>公关失败</td><td>普遍不满</td><td></td><td></td><td></td></tr>
<tr><td>成功之处</td><td colspan="6"></td></tr>
<tr><td>不足之处</td><td colspan="6"></td></tr>
<tr><td>改进意见</td><td colspan="6"></td></tr>
<tr><td>会务组长</td><td colspan="3"></td><td>日期</td><td colspan="2"></td></tr>
</table>

二、参观企业

邀约客户决策层参观企业是大客户营销的重要手段，其主要目的是：

——制造对关键人或主要影响者专项公关的机会。

——开展深层次交流。

——展示公司的实力规模，研发能力，生产管理和企业文化。

1. 访客类型、级别的划分

1.1 来访人员类别的划分：来访人员类别的不同会直接导致公关侧重点的不同。

关键人或主要影响者参观：当进行关键人的公关时，运用企业参观的方式建立关键人对公司及产品的信任，同时也创造了集中公司资源进行强势公关的条件。

正式官方考察团参观：当在进行客户决策层的公关时，运用企业参观的方式建立客户决策层对公司及产品的信任，同时也创造了集中公司资源进行强势集体公关的条件。

1.2 来访目标人员级别的划分：

根据来访目标人员级别高低的不同，在目标接待方式、水平以及公司资源支持的力度、范围都会有所不同。

2. 组织企业参观的流程

2.1 企业参观的申请及审批

2.1.1 企业参观申请的提出：

企业参观作为有效的推广手段，营销公司的各部门均可提出申请，申请时详细填写《客户来访申请表》。见附表一大客户部组织的企业参观由销售服务中心总监提出申请。各大区组织的企业参观由大区经理提出申请。

2.1.2 企业参观的审批：

企业参观的审批按《公司企业参观的审批管理流程》执行

2.2 参观前的准备

接待组成员

企业参观的主办部门为营销公司市场策划中心，凡营销公司组织人员来公司参观一律由营销公司市场策划中心专门负责接待工作。

总牵头人：市场策划中心经理

配合成员：营销总经理，销售服务中心经理，大客户经理，相关销售人员，生产管理人员，研发人员及相关接待讲解人员，记录人员，司机。

陪同方式和人员的确定

该采购项目的销售人员在参观前与客户协商，确定是全程陪同还是部分陪同。对重要目标，要尽力争取全程陪同。

准备事项

——提出申请

目标客户到公司参观，需提前五天将企业参观申请通知市场策划中心助理，递交企业参观申请表到市场策划中心。

——办理相关审批手续

市场策划中心助理接到以上人员的通知后，迅速办理相关审批手续。

——发“邀请函”

获得批准后，由市场策划中心助理向该采购项目的销售人员核实来访人数，填写“邀请函”，要求该采购项目的销售人员提前拜访相关客户，当面递交邀请函；若不便拜访，则要求将电子版“邀请函”发到客户微信或邮箱处，电话确认客户收到。

——客户关怀

市场策划中心助理，组织人员进行客户关怀，用以表达公司官方的问候与关怀。（主要是微信、短信提醒来公司之前与离开公司后的微信、短信跟踪，发送微信、短信时须带上客户的尊称。）

内容包括：

出发前一天行程安排提醒

如：尊敬的 ×× 经理，您好！我是“公司的 ×××”，您此次来公司的行程安排如下：此次来访是 ××××××，核心内容为 ××××××××××××，接待组主要由 ××× 人员组成，联系 ××× 人，联系电话：××× 此次来访时间为 × 天，我们将在公司恭候您的光临。

出发前关怀

出发前提醒出发时间、到达目的地、联系人及联系方式及所在地的气温。

如：尊敬的 ×× 经理，您好！我是“公司的 ×××”，您该准备上车了，车程约 ×× 个小时，预计您到达时，×× 市的天气为 ×××，请您注意 ××××。如果您有什么需要或疑问请及时与我们取得联系，联系电话：××××× 联系人：××。最后祝您旅途愉快！

到达后关怀

如：尊敬的 ×× 经理，您好！我是"公司的 ×××"，一路辛苦啦！欢迎您来到 ××××，我们的迎接团队及车辆在 ××× 地方恭候您的到来。

——制定接待计划表

由营销公司助理根据申请审批表填写该采购项目接待计划表（见附表二）及参观流程设计表。（见附表三），接待计划表根据《组织企业参观申请表》批复结果及客户接待标准填写。同时，根据客户的不同接待组要设计不同的参观流程，基本原则如下：

（1）针对性原则：即针对客户的需求进行设计，客户关心什么就安排参观什么；

（2）突出强项原则，即充分展示公司的成熟套路，如展示厅，实验室，自动化生产线等。

（3）节奏控制原则，客户参观的路径已在接待组的控制之下，最重要的是控制展现公司各个强项的时间节奏。在展现强项的时候，要善于运用提问，解答，讨论等手段和方法加以控制，以达到最大程度的客户对公司印象加分认可。

——接待准备

资料准备：参观流程，企业介绍、企业理念、产品介绍的专项宣传文件及幻灯片文件，（进行专场设计），欢迎条幅，产品样本、公司形象片视频。

（1）会议室安排

（2）接送车辆准备

（3）欢迎条幅布置：在客户来当天内，公司办公主楼电子屏显示欢迎词。

（4）会议室布置：桌上需放每个人桌签、纯净水 1 瓶（冬天小瓶，夏天大瓶）、企业样本各一套，时令水果一份，投影仪滚动播放企业形象片视频。

（5）展厅按标准方式布置，现场展示厅灯光调试正常，体验区演示设备调试正常，休息室的电脑幻灯机、投影仪等调试正常。

（6）提前通知各车间注意环境卫生、着装、人员安排，等等。

（7）临走时礼品的准备最好具有持久性，能充分体现公司的人文关怀。

（8）住房、用餐安排是根据接待级别不同按以下标准进行具体安排。

——接待参观流程

陪同与接车：

一般情况下，要求相关销售人员全程陪同，市场策划中心助理安排相应车辆，由市场策划中心助理带队接人。若特殊情况，相关销售人员无法陪同，则接人任务应增加相应人手，以提高接待质量。在机场出口处迎接时持接机牌，一来烘托热情的主人气氛，二来便于迅速接到客户。接到客户后，首先将客户接到下榻宾馆，待客户整理后再进行后面的活动。

参观流程

（1）由市场策划中心助理带队，将客户请到办公楼会议室，由相应级别的领导接待，递送、接收名片，接着请与会代表签字或题字，发放相关资料。

（2）欢迎会开始，由接待领导致欢迎词，再由市场策划中心助理宣布主要参观流程。

（3）由接待领导介绍企业的宗旨、理念、目标、发展战略、产品销售形势等公司简介。（根据情况也可以放公司的宣传片）

（4）由接待领导陪同开始参观，按本次设计流程进行参观，由市场策划中心助理进行现场解说，解说讲稿见《厂部参观讲稿》。

（5）参观结束，回到办公楼会议室座谈。

（6）接待领导，相关公关人员与客户共进中餐（无酒）/ 晚餐。

——总结

接待组在客户参观结束二天内填写《企业参观总结汇报表》（见附表二），评估参观效果，及时通报采购项目的跟进人员（或经销商）和上级主管，安排下一步跟进、拜访、公关计划。

企业参观以后，各相关销售人员按工作计划开展后续工作。

在参观结束一周内接待组将此次公关活动的全部资料完整上报公司客服助理备案。

——《客户来访申请表》

——《参观企业总结汇报表》

客户来访申请表

<table>
<tr><td>来访单位</td><td colspan="3"></td><td>来访时间</td><td colspan="2"></td></tr>
<tr><td rowspan="6">主要来访人</td><td>姓名</td><td>性别</td><td>年龄</td><td>职务</td><td>手机号码</td><td>备注</td></tr>
<tr><td></td><td></td><td></td><td></td><td></td><td></td></tr>
<tr><td></td><td></td><td></td><td></td><td></td><td></td></tr>
<tr><td></td><td></td><td></td><td></td><td></td><td></td></tr>
<tr><td></td><td></td><td></td><td></td><td></td><td></td></tr>
<tr><td></td><td></td><td></td><td></td><td></td><td></td></tr>
<tr><td>企业状况</td><td colspan="6"></td></tr>
<tr><td>来访目的</td><td colspan="6"></td></tr>
<tr><td>参与接待</td><td colspan="6">总裁 □ 总经理 □ 市场策划中心总监 □
销售服务中心总监 □ 其他人员□</td></tr>
<tr><td rowspan="11">接待计划（市场策划中心填写）</td><td>时 间</td><td colspan="3">行 程</td><td>地 点</td><td>参与人</td></tr>
<tr><td></td><td colspan="3"></td><td></td><td></td></tr>
<tr><td></td><td colspan="3"></td><td></td><td></td></tr>
<tr><td></td><td colspan="3"></td><td></td><td></td></tr>
<tr><td></td><td colspan="3"></td><td></td><td></td></tr>
<tr><td></td><td colspan="3"></td><td></td><td></td></tr>
<tr><td></td><td colspan="3"></td><td></td><td></td></tr>
<tr><td></td><td colspan="3"></td><td></td><td></td></tr>
<tr><td></td><td colspan="3"></td><td></td><td></td></tr>
<tr><td></td><td colspan="3"></td><td></td><td></td></tr>
<tr><td colspan="6">接待等级： A □ B □ C □ D □</td></tr>
</table>

申请人　　　部门领导　　　市场总监

参观总结汇报表

客户名称			
访客类型		访客级别	
参观时间		联系人	
效果评价	效果很好：访客对公司充分信任，明确表示愿意合作 效果一般：访客对公司比较信任，明确表示可以尝试 效果不好：访客对公司印象一般，明确表示很难合作，但不会完全否定 公关失败：访客对公司完全不认可		
来访要点记录			
备　　注			
记　　录		日期	

第四节　大客户客户关系管理

对已经发生业务往来的用户，大客户经理一定将其视为最宝贵的资源，一方面通过前期的业务跟进，已在用户内部建立了良好的人脉关系，另一方面，用户通过前期合作已在心理上排出了首次采购的风险。因此，通过对用户关系的管理，有利于采购项目的延续性开发，同时，在行业内建立口碑链。

用户关系分为商业交易关系和社交关系，商业交易关系是保持用户对公司的信任和依赖，社交关系是保持用户的关键决策人与大客户经理的情感交流和积累。因此，大客户经理一定要在两个层面上展开用户关系管理。

一、 客户分类

由于公司的资源和大客户经理的时间精力是有限的，因此，大客户经理可以建立用户联络记录表，进行分级管理和适时跟进记录，避免大客户经理因忙于业务拓展而造成客户沉睡。

1）战略大客户：
大采购项目或集团用户
有较高的行业地位，在行业内有很强的示范作用
具有很强的连续性采购的意向
对公司有良好的合作意愿

2）大客户：
客户的规模较大，具有较强的发展潜质和盈利能力
有连续性采购的趋向
对公司有良好的认知

3）客户：
采购项目较小，局限于“点”采购
采购非连续性

客户联络记录表

用户分类：战略大客户　　　　大客户　　　　客户

企业名称	关键联络人	联络电话	联络记录			
			1	2	3	4

电话问候 D　上门拜访 S　定时技术诊断 P　邀约活动 F　私人交流 C

二、发展商务关系的有效手段

1）开展联谊活动

与战略用户举办联谊活动，如聚餐，旅游等。

2）邀请领导走访参观，承办会议。

公司各区域中心可与区域内经销商联合定期组织的交流（推广）会或用户经验交流会，邀请用户相关人员参与，一方面加强对用户进行品牌教育，提高用户的品牌忠诚度，另一方面，维护与用户的关系。

借力行业热点话题，与用户共同策划行业推广会议。

3）冠名赞助。

保持与用户的接触频度，联合策划一些推广活动。

4）赠送内刊，形成品牌文化链。

区域经理应按时邮寄公司的《公司报》给用户相应的主管人员。

5）建立用户档案，提供全程服务。

为维护与用户的长远合作关系，公司推行了针对用户的一系列售后服务政策，区域经理/经销商应善用资源，随时跟进。

——定期对养殖户进行技术诊断。

——全天候的快速急救服务。

——增值服务

一旦公司推出新产品或有价格调整，区域经理/经销商针对用户未解决的问题及时向用户进行展示和通报。

6）提供个性化产品或服务。

对使用公司产品的用户，提供增值服务。

7）回访用户，提高用户满意度。

在用户采购公司的产品，试用一段时间内，区域经理应及时回访，了解用户的使用情况，其后，每季度应安排回访一次。

三、发展社交关系的有效手段

1）节日问候，“礼”尚往来

2）家庭访问

3）建立社交圈，联络感情

管理篇

管理是当前畜牧动保企业的短板，由于本身是传统畜牧行业，在管理方面存在多方面问题，如：管理人才问题、管理分工问题、管理标准化问题、管理的专业问题等。畜牧动保企业需要从目标体系、过程管理、组织建设、流程制度、激励考核等方面进行提升。在管理篇章中，主要针对管理的组织、流程、广义制度、狭义制度、薪酬激励、考核等方面进行论述。

第二十六章　组织建设管理

企业组织观点

1. 组织发展要与战略匹配，根据战略发展需要不断变革组织。

2. 构建动保企业以客户为中心的市场导向型组织，技术服务型组织是重点。

3. 企业要做好集团客户关键在于建设大客户组织，而且要团队化、专业化、高层化。

4. 企业轻公司运作应该大力发展大包业务员制度。

5. 员工经销商化，或者经销商员工化可以根据企业发展阶段进行调整。

6. 平台型组织、互联网型组织是行业组织建设创新方向。

7. 中小企业在向专业化组织结构转变同时，要注意流程分工设计。

8. 中小企业组织建设要轻行政管理组织，重市场营销组织。

9. 集团化企业，面对多业务领域，需要发展产品型组织结构，根据情况发展升级到事业部制。

10. 集团企业，要注重技术服务型组织和研发型组织打造。

11. 组织内部市场化，是打造高效企业组织有效制度。

12. 中小企业领导组织有效快速行动是关键，集团企业领导组织科学决策是关键。

第一节　组织建设管理理论

《企业变革与发展》对组织建设原理论述

从 1 到 0 与从 0 到 1 的产业链分工关系：

产业链分工的发展将出现从 1 到 0 的现象和从 0 到 1 的现象。从 1 到 0，就是产业链分工中，从早期到精细化的分工过程，从单个整体，再细分到各个局部，期间将变成无穷多个细分，而各个细分都能够产生企业。

从 0 到 1 就是产业链中企业的数量，从无穷多个企业，变成单一垄断企业或者几个垄断企业的过程，产业链中的企业也从自由竞争阶段，变成垄断阶段。需要说明的是在从 0 到 1 的过程中，产业链高度垄断，产业链的分工变成企业内部的组织分工，即使是分工在发展，但是远不如自由竞争阶段的分工发展，严重影响了产业链的分工的发展，会产生产业链分工发展停滞不前，甚至倒退的现象，企业也没有创新，死水一潭。

从 1 到 0，从单一到无穷多；从 0 到 1，从无穷多到单一。

产业链分工：从 1 到 0 的过程的原理。

当需求的规模在不断扩大，差异的天赋要素存在且在发展，同时具备交易条件，分工会不断发展，分工形成专业化，带来分工效应，产业会不断扩张，形成精细分工系统，各个系统以不同组织存在，这种组织就是市场中的企业。

在分析产业分工从原始 1 到细化到无穷多过程中的形成原理，我们要抓住产业链里面的两个要素，一是分工效应，即分工能让产业链中的组织 / 企业效率更高；二是分工成本，不同的分工主体需要成本，如人员成本、办公成本等。

当分工效应大于分工中产生的分工成本的时候，那么分工会不断地产生，也就是我们看到的产业链在不断地分工。产业链越来越精细，产业链中的企业非常专业，都有各自的优势。产业链的企业和提供的商品也非常丰富，产业呈现良性发展。在产业链中，有负责专业的设计、有负责 OEM、有负责零配件供应、有负责原料供应、有做品牌的、有做研发的，等等。

当需要的规模在不断提升，差异的天赋要素在发展的时候，交易在不断进行，各种利于分工因素存在时，可以说分工是在永远发展，分工形成的专业优势，分工形成的分工效应是永远不会停止的，永远都是从 1 到 0 的过程，也就是从 1 的单一整体到无穷多的过程，也就是接近 0 的过程，而各种分工的节点都可能形成一个组织或者以企业的形成存在。

在产业链分工发展过程中，企业组织内部的分工也在变化发展，而且会形成企业扩张，让企业从小变大，下面来了解它的变化规律和原理。

企业组织的分工与非分工：

组织的分工产生的专业效率大于组织的分工成本的时候，组织会进行分工，这个时候我们看到组织的分工很细很专业，如：在大企业里面的专业分工。

组织的分工产生的专业效率小于组织的分工成本的时候，组织不会进行分工，这个时候我们看到组织的分工很粗糙，在实际企业中，经常都是一人多岗，一人多职位的情况，作坊式的企业通常是这样。

企业组织的扩张与非扩张：

企业组织扩张的效率大于企业组织扩张的成本的时候，企业组织就在扩张，同时企业组织的中期效率会大于中期成本，企业组织拥有近期成本因素。这个时候我们看到企业业务良好，企业在招人，企业的规模在不断扩张，企业在变大。

企业组织扩张的效率小于企业组织扩张的成本的时候，企业组织就萎缩，同时企业组织的中期效率小于中期成本，企业不能够支撑发展。这个时候我们看到企业业务不好，企业在裁员，企业的规模在缩小，企业在变小，甚至倒闭。

企业组织扩张的成本来源：人员工资、办公桌椅、办公场地、水、电分摊等。

企业组织扩张的效率来源：岗位价值的体现，业务项目处理或者协助处理，要看不同的岗位。

第二节　组织建设管理原则

在畜牧动保企业组织建设管理方面，需要通过协调和控制实现对资源能力与各项业务的合理配置，从而取得组织的竞争优势。为实现战略目标，有效的组织结构需满足一定的建设原则。

1. 战略性原则：企业战略为中心进行组织建设，企业战略取向决定组织结构和功能的设置。

2. 精简高效原则：在保证企业任务完成的前提下，应力求做到机构简练、人员精干、管理效率高。

3. 权责利对等原则：企业每一管理层次、部门、岗位的责任、权力和激励都要对应。

4. 有效管理幅度原则：管理人员直接管理的下属人数应在合理的范围。

5. 灵活性原则：保证对外部环境的变化能够做出及时的反应。

6. 客户导向原则：组织设计应立足于客户需求建设。

7. 竞争性原则：保证设立的组织在内部和外部都具有竞争力。

8. 专业分工和协作原则：兼顾专业管理的效率和企业目标、任务的统一性。

9. 管理明确原则：即避免多头指挥和无人负责现象。

第三节　组织建设管理方法

1. 明确的架构

建设组织的最重要的事情，是明确组织架构。架构的关键是：谁在什么位置，负责什么内容，一定要明确。所谓“明确”的意思是：不允许两个人交叉负责、也不允许集体领导、不允许有模糊的领域，出了问题，大家都清楚谁应该出来承担责任。取得了成绩，谁的功劳非常清晰。

2. 明确的战略目标

建设组织需要明确的战略目标，他必须明确地指出团队发展方向，向全员传达。如果这个没有做好，再优秀的团队也不会拿出好的结果。

3. 有权力，有责任

明确了组织要求，就要明确的授权和投入资源给团队。让团队有权利和职责，才有担当，才能发挥团队潜能。

4. 可视化

团队大了，最大的问题就是：你看不到问题。

即使团队还小，组建一个可视化的工具和流程的组合是必需的。这样公司的团队才有足够的可扩展性。

比如：

微信群可以让你们实时沟通。

基于表格的及时汇报可以让所有人对项目的状况一目了然，公司并不需要真的跟踪这些，但是公司需要有看到这些的能力。这样才能在出问题的时候掌握第一手的材料。而团队成员知道他的东西“可能会被看见”，执行的效率和质量，也会有提升。

可视化还意味着“信息的对称”，上面所有的工具和流程可以保证团队成员用最低的成本了解“项目中的新鲜事”，保证快速准确的响应。

5. 扁平化

组织建设上，切忌设置太多级别。确保任何一件事的负责人，都可以直接找到可以拍板的那个人。

6. 组织过程管理：分割和适当的中间结果检查

把一个大项目分割成多个时间点做检查可以有效地管理风险。

确保你检查的结果不是虚的。一定要求可见的、可控。导入一些有效的管理方法保证这一点。

7. 提前要求承诺

组织建设管理上常被忽视的一点是，没有提前要求团队成员的承诺。一个“向上承诺会做好的项目”，会给予预想不到结果。

8. 不要让组织来等待人，要让人来适应组织

人并非不可改变，但盲目等待人，会造成公司成本高。如果一个人在他的岗位上做不好（不是在上升的过程中），那么最好的办法是把他换到更合适的地方去。所谓“有潜力”，“慢慢提高”等很多时候都是一厢情愿。

9. 要结果，不要借口

工作上的事情只有两个结果：搞定，或者没搞定。

如果没搞定，我想听的是损失如何？是否有确定的办法？需要再投入多少？怎么解决？

10. 不断变革与发展

不断变革与发展组织，要求组织与时俱进，公司才不会被时代抛弃。企业外部环境在飞速地变化，今天有效的方法，明天可能就失效。观察团队，发现问题，不断变革与发展自己的组织，才是真正的王道。

第四节　组织结构案例

不同组织结构的展示：

一、专业化组织结构

某企业实行组织分权管理：

1. 生产集中化，主要在东莞生产。
2. 市场部专业化，运作独立分开。
3. 销售阵地化，在各公司所在销售区域相对独立。
4. 品牌区隔化，多品牌运作，品牌定位差异，区隔。

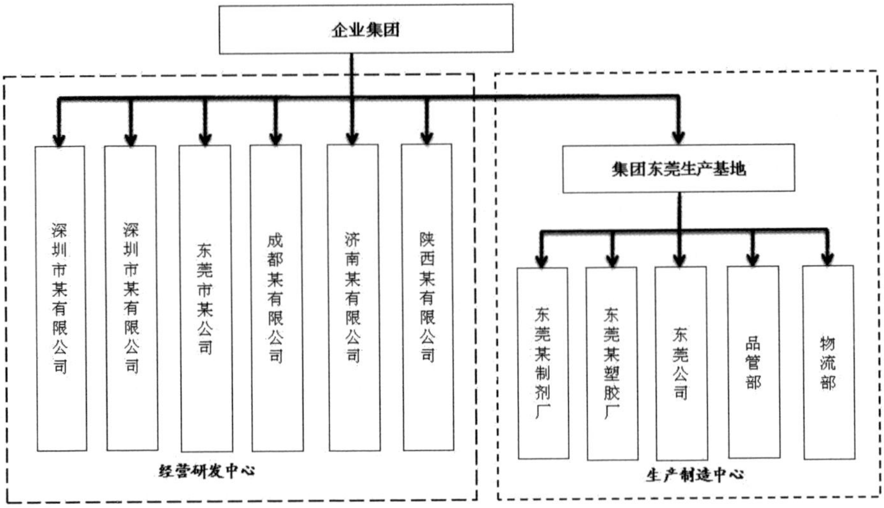

二、产品经理型组织结构

某企业实行销售、市场、服务职能化分工，产品经理将新品开发、销售、市场推广、技术服务贯穿起来，各区域分公司又联合作业，以团队方式开拓市场。

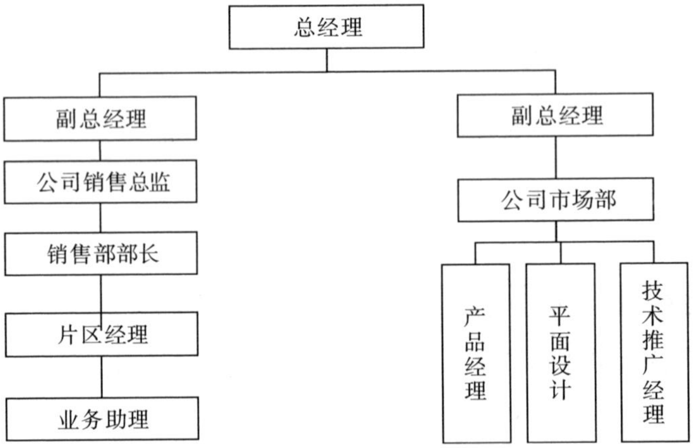

三、技术服务型组织结构

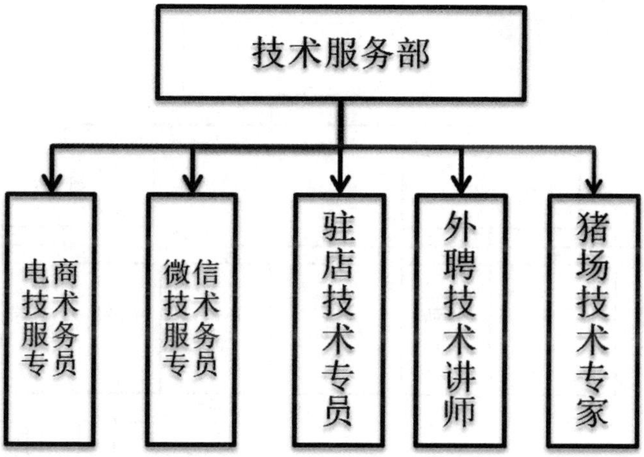

四、多业务大型企业组织结构

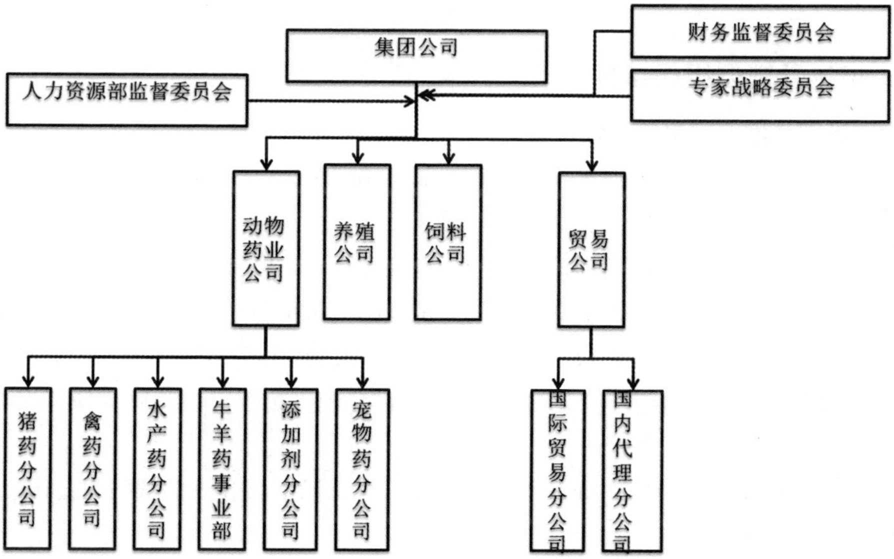

五、生产型大包制组织结构

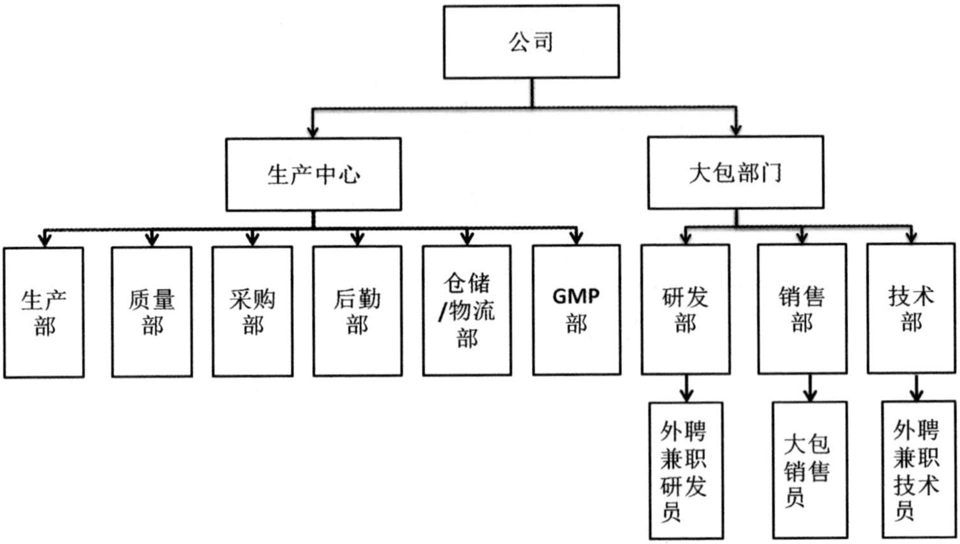

六、市场营销型组织结构

市场营销型组织是组织建设重点

1. 市场营销组织是企业深入客户需求最前端组织；

2. 以市场为导向的经营和价值管理模式；

3. 最好的人才放在经营岗位上，经营者拥有更多的资源；

4. 可以在业务、技术及管理等多类岗位证明成员价值；

5. 能主动与合理的分配权利、责任和利益，权、责、利与各级岗位能较好匹配；

6. 业务部门和职能支持部门高度聚合，符合现代企业价值链管理模式要求，部门协调配合较好；

7. 以企业主价值链上各业务部门为主导，各资源配置及支持部门为公司业务发展提供强力支撑；

8. 资源配置和支持部门设立到位，营销职能完整、强大；

9. 组织能较好平衡集权和分权，能合理集权和分权。

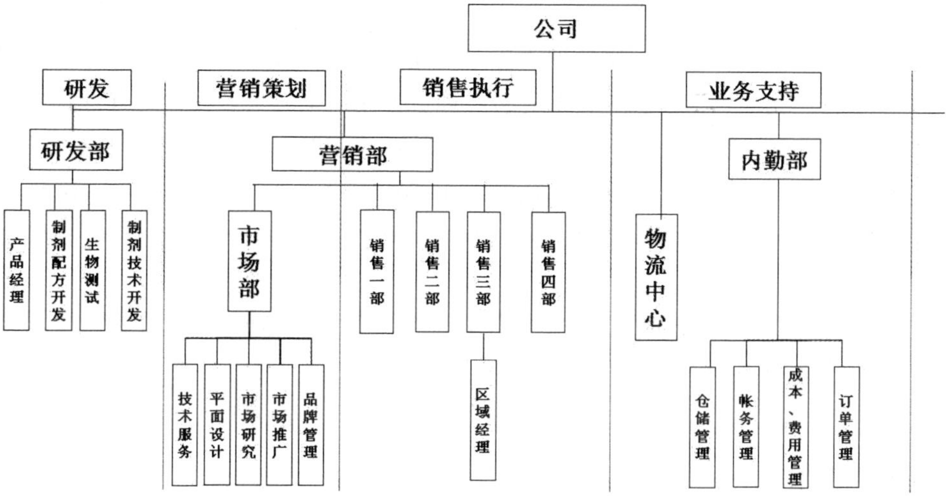

第五节　优秀企业组织建设管理案例

华信国际企业组织建设管理案例

华信国际董事长叶简明论述企业组织。

一个集体或者组织，无论是什么性质的，从事什么领域的，归根结底要面对的问题就是对每个人进行定位，并根据不同的定位确定相应的权利和义务，最终把大家的力量汇聚到一起，形成合力，形成有序的力量。就像太阳系，围绕着太阳，各大行星、小行星、卫星等不同等级的星体，形成一种有序运转的状态。星体之间相互联系、依赖，又各自独立，互不冲突，各自发挥各自的价值和作用。“三种关系”就是要从理念上，从制度上来解决这个问题。

“三种关系”非常重要。我们处理内部的关系就是用这“三种关系”。简单地说就是老板、事业经理人和职业经理人。商人经济、儒家主义、军事化管理分别代表这三种关系的定位。

首先我们从事的是商人经济，商人经济也就是老板经济。我们共同组建的这个共同经济体，就像一批商人以母公司、以董事会为主，共同组成的一个异姓大家庭。为这个企业做出巨大贡献的人成为老板，也做了一些企业的法人、股东。

如果你的定位是老板，就要知道如何做好老板。何为能成为老板的人？要有大智大勇。光有大智只能当事业经理人。如果只有才智，不敢承担，当然只能做管理人员。老板就要敢于担责任，要有一定的意志力。

何为儒家主义？儒家主义就是事业经理人。事业经理人是方方面面加盟的人才，带资金的、带技术的、带各种资源的，或者有丰富管理经验的加盟进来。他还不是老板。我们是董事会领导下的总经理负责制，也就是总经理是有行政管理权的事业经理人，是聘任制。事业经理人要具备应变管理的能力和高素质。

作为儒家主义的事业经理人，这份事业就有你的一份，将来发展到一定时期的时候，做得特别好的事业经理人就到卫星公司当股东、当董事长，到更高层次成为老板。

职业经理人指的是最基层的员工和基层的主管。对职业经理人管理的特点就是实行军事化的管理,要有铁一般的纪律。职业经理人主要是“服从命令,听指挥”。华信就像一个军校或者商学院，进入华信的首先是军事化的管理，有学习金融的，有学习管理的，有学习业务的，有学习做项目、做投资的，等等。学习到一定程度的时候，有能力的可以当总经理，就提升为事业经理人。

我们华信共同经济体跟别的企业不一样，我们可以挑选精英，这可以由外部加入或者由内部产生。华信员工进来是军事化的管理，有很好的保障。你有本事、肯做事，就变成老总，更有本事变成董事长，不断支持你，让你成为董事长，变成商业精英。董事长还有分大企业的董事长和小企业的董事长，卫星公司也可以做大，小的卫星公司可以做成大的集团公司，可以无限放大，永远都可以进步。

第二十七章　流程制度建设

第一节　流程建设观点

1. 企业的流程设计要遵循“大道至简”原则，不要犯大企业病，“凡事讲流程”，办事效率低下。

2. 非标准的东西要差异标准化，差异标准化的东西要双向流程化，双向流程化的东西要制度化。

3. 中小企业要轻流程，重效率。

4. 以老板为中心的流程和以市场需求为中心的流程都要兼顾。

5. 在企业的流程里面，针对没有效率和效果的流程全部都要砍掉。

6. 流程设计要注重时间节点。

7. 要注重流程过程性管理，要做到凡事有过程。

8. 流程要确保简单的事情能高效的重复做。

9. 流程的流向要双向化，注重流程的回复机制建设。

10. 关键流程设计，要以核心事务为重点。

第二节　营销管理流程类型

企业营销管理流程类型

1. 年度营销计划制定流程
2. 信息收集流程
3. 新产品开发流程
4. 新产品推广上市流程
5. 产品定价流程
6. 经销商 / 零售商开发流程

7. 业务员年度评估审核流程
8. 促销流程
9. 技术服务管理流程
10. 物流发货流程
11. 客户投诉处理流程
12. 危机事件处理流程
13. 市场交接流程
14. 客户接待流程及标准
15. 冲窜货处理流程
16. 出差审批流程
17. 销售费用审批流程

第三节　优秀企业流程建设案例

华为公司流程建设案例

任正非对流程论述：

2016 年 10 月 26 日，任正非在华为公司的质量与流程 IT 管理部员工座谈会上的讲话，对流程变革管理进行了深刻的分析，以下是讲话内容。

首先祝贺本次企业数据中心顺利搬迁到东莞，大家不要认为这只是一次简单的搬迁，而是一次升级换代，将在公司未来发展中发挥重要作用。

过去几年,质量与流程 IT 支撑了公司业务的高速发展,取得了一些成绩,比如：建成了覆盖全球业务的网络,构建了 8 个 100ms 业务圈,建立了 IT 服务质量承诺,接受业务监督；通过“三朵云”部署，面向客户首次实现体验式营销；结束区域站点存货无法盘点历史，中心仓存货的账实准确率 99.89%，站点存货的账实一致率 98.17%；业务对流程 IT 的满意度达到 87.22 分历史最好，IT 需求端到端交付周期也下降了 3 倍……虽然还有不满意，华为还是从“农民”公司走到现在的 IT 能对全球业务的支持，而且现在部分领域已经支持单兵作战，是我们很大的进步，一定要肯定。

金融危机可能即将到来，我们强调，一定要降低超长期库存和超长期欠款。以前我们的货款记录不清晰，客户来还欠款时，我们还莫名其妙，连合同和欠条都找不到了，如果客户不还钱，多少预备金都付诸东流。现在我们已经结束区域站点存货无法盘点的历史，货款记录开始清晰，进步很大。

你们还做出了很多成绩，我就不一一陈述。你们自己去评奖，想表彰多少人都行，奖牌可以从道德遵从委员会领取。今天我们主要谈谈下一步工作的要求和期望。

一、变革和 IT 也要聚焦，减少变革项目数量，IT 不能遍地开花。每增加一段流程，要减少两段流程；每增加一个评审点，要减少两个评审点。

面向一线，要做好跨功能、跨部门的流程集成和 IT 集成，改变每个变革项目有自己专用 IT 系统的状况。从需求管理与结果评估入手来加强 IT 应用开发的有效性。对于生产 IT，业务部门要承担决策责任，投入使用后，没有使用量的要建立问责机制并问责。对于办公 IT，流程 IT 部要承担责任，并基于使用量来评价。我们要学习川普，每新增加一个流程节点，必须关闭另两个流程节点。流程必须持续简化，IT 应用及文档文件要有日落法。

第一，不产粮食的流程是多余流程，多余流程创造出来的复杂性，要逐步简化。

回顾过去五年的变革，看看到底哪些流程使用量大。没有使用量或者使用量很少的流程，能否先把带宽供给压缩一半，支持流程的人员也减少一半；再过三个月，如果没有投诉，把带宽再压缩一半；如果还没有投诉，就只留下一名人员支持。不想升职升薪的人可以守在那里，希望进步、升职升薪的人都聚焦去消除流程断点。

流程是为作战服务，是为多产粮食服务。使用量少的流程是不是多余流程？当带宽不断减少时，可能会有人投诉，你们就去访谈，看看这个需求有无可能合并在其他流程中。当然，不能简单直接减掉一个流程，因为可能会产生断裂带，引发矛盾冲突，就不会成功。

不可持续的就不能永恒，烦琐的管理哲学要简化。有人说，已经走了很多复杂化道路。不经过复杂，也简化不了，如果一开始就能做出简化方案，那你是神仙。

第二，集中精力消除流程断点，打通信息流。

目前公司的架构流程乱、数据断点多。甚至有些业务流程，操作人员要跳过四、五段流程，才能达到最后目的。举一个例子，以前深圳有很多断头路，之所以堵车这么厉害，因为没有微循环，后来交通改革打通了断头路，让一些车辆不用绕到主干道上，交通就比原来通畅一些。

现在我们公司的流程也比以前好了一些，但还要精简无效流程，将减下来的人员集中精力去打通“断头路”。重点打通合同信息流，目前合同中的配置数据、价格数据依然存在断点。

第三，IT 应用开发投入使用后，没有使用量的要建立问责机制并问责。

对于五年内的无效流程清理，能否敢于实行问责制？谁提议开发这个流程，能否追溯他的责任？如果他提议开发，一直在使用这个流程，可以赦一半罪；如果他自己也不使用，能否狠狠处分两个人？有人在命令高级干部看无效视频，以撑大流量，这种人就是拍马屁的，一律免职。

我们不能满足客户需求多元化，每个人都会有需求也无法都满足。如果把所有个性需求上升到很重要的地步，那公司会乱成一团麻。

二、主业务流程和能力解耦，能力模块化、微服务化是方向。

第一，流程和能力解耦，IT 部门最重要的职责是把“高速公路”修好，打通到前线、到战壕。

能力要和流程解耦，包括财务能力的优化。从单纯自建 IT 基础设施到自建与使用公有云服务相结合，把应用分类，涉及核心信息的应用部署在自建私有云上，不涉及核心信息的应用大胆使用公有云服务，以此来提升资源使用效率，减少运营、运维人员。有部分领域已经在支持单兵作战，这点非常好，我们要巩固。

IT 部门最重要的职责是把“高速公路”修好,至于路上跑的是“轿车”“卡车”“牛车”…… 跟 IT 部门无关。如果流程和能力纠结在一起,“路”不通,能力也就不能用。

我们一定要聚焦主航道，以合同信息流为中心全打通，合同信息包括从合同生成到交付回款，其他先放一边。我在 LTC 会议上说过，我们就是将合同信息流打通，其他优化模块、能力模块，先放一边。现在 GTS 流程基本打通了，企业网流程阎力大也基本打通了。我们打不通的是做了几十年的系统，为什么？因为不聚焦在主航道上，什么乱七八糟的都往主航道上放。流程要支持主航道主干体系，这个系统的人多提拔，优秀儿女都涌过来，怎么可能会打不通？打通了，再去挖小沟、小渠。大禹治水，如果大江大河都没有打通，难道把小沟挖完后就没有水灾了？现在流程 IT 之所以困难这么大，就是因为主航道没打通，导致投入了很多兵力，做几百个项目都没有用。

第二，能力要模块化。

我们不要有完美主义思想，流程与能力解耦。能力模块化以后，单个能力能及时、快速优化，不要因为这块能力优化，把其他能力也给拖住。以前华为公司存在那么多问题，也发展到了今天，所以能力即使达不到最优化，公司也不会活不下去。如果今天的能力能做到完全优化，那五年后我们做什么？

第三，所有能力要有统一接口，IT 应用坚持软件包驱动。

IT 部门要与业务部门形成合力，重点突破，为一线作战队伍提供集成的 IT 平台。一线人员登录 IT 系统后，能够获得作战所需的资源、能力和服务，使得一线能够灵活作战，后方有力支撑前方，业务过程透明可视并监管有效。公司各种数据（如 GTS 数据、供应链数据、三朵云的数据等）要制定统一的规范接口，拉通互用，才能多维度关联建模分析，提升作战效率，数据资产价值最大化。建立业务部门与 IT 部门的联席会议，重要问题在联席会议上讨论，一定要打通各个业务模块、信息模块、信息共享。

IT 部门是“万里长城”的主要建设者，需要建立自己的能力中心，坚持购买软件包驱动变革、驱动流程，不强调自主开发。前期公司已经将流程 IT 的开发部门全部切出去了,你们要学会当甲方,他们是乙方。如果你们自行开发出一个软件，无法想象五年、十年后还能不能使用，而且算算开发人员的股票、分红……成本多高，还不如从国外或企业 BG 购买。一方面他们已经构建了软件包的生命周期，另一方面他们会不断维护生命周期的循环。所以我们强调改变模式，减少自主开发，用美国砖、欧洲砖……来修建“万里长城”。

三、未来五年，华为要自己实现 ROADS，实现数字化转型，变革与 IT 要在夯实 IPD/ISC/LTC/IFS 的基础上围绕这个目标来展开。

公司提出了 ROADS 计划，要沿着这条路持续走下去。使能公司实现数字化转型和大平台下的精兵作战，在研发、销服、供应等业务领域要率先实现 ROADS 体验（实时、按需服务、在线、自助、社交化连接）。

第四节　制度建设观点

1. 企业的本质在于制度创新。
2. 制度创新要成为企业发展的驱动力。
3. 广义的制度存在企业的方方面面。
4. 广义的制度包括：规范的制度、流程、组织、模式、习惯、文化等。
5. 一把手要注重顶层制度设计。
6. 制度建设要用发展观点看，企业制度是不断演变的。
7. 业务快速发展的过程中企业要注重制度更新变化。
8. 商业模式是企业制度里面重要的制度。
9. 企业制度建设要围绕市场需求为中心建设。
10. 从广义的制度讲，企业出现的问题，归根结底往往是制度问题。

第五节　广义制度建设理论

《企业变革与发展》中关于广义制度论述

企业变革与发展的本质在于制度创新，建立优势的制度能让企业高速发展、能让企业超越竞争对手，保持企业的长久生命力，反之企业的衰落，往往是制度的衰落。

那么企业如何进行制度创新，企业如何建立自己的制度呢？

首先我们认为企业是一种制度安排，企业的本质是制度，企业的发展在于制度创新。当企业这种制度安排的组织形态，进行要素运作时。如果企业内部的制度效率要高于市场中的效率时，这样企业就会形成竞争力，而这个竞争力会表现在，产品/服务创新力更强，产品价格成本更低。

这个时候企业有扩张或者击退竞争对手的状况出现，如果向产业范畴内扩张的话，可以在产业内纵向、横向扩张，形成企业的战略模式。如果向产业范畴外扩张的话，会形成企业的新的战略模式。

如果企业内部的制度效率要低于市场中的效率时，这样企业就会变弱，表现在企业产品/服务老化、产品价格成本高等方面，这个时候企业有关门倒闭或者被竞争对手击退的情况出现。

企业优势制度建立之后，那么企业能不能无限大呢？这取决于企业的制度优势的程度和市场的演变情况。随着企业的扩张和跨行业，其制度需要不断创新，如果不能够优于市场情况下，企业的扩张就要停止，或者退出某个行业。竞争对手同时也会调整自己的制度，这样演变成新的竞争，如果企业弱于市场的情况下，企业就要倒闭关门了。

那么这些制度又是什么呢？

这些制度隐藏在需求、差异化、选择、交易、分工、自主能动性、信息不对称等各种经济事物中，同时经过不断地变化发展，形成与企业的战略机制、组织机制、激励机制、招聘机制、产品开发机制、渠道机制、品牌机制、流程制度等中间。而这二者之间存在着紧密的关系和深刻的发展规律，本书旨在揭示和分析这些事物的关系和发展规律，启发企业变革发展方法。

是谁建立的呢？如何发展？

而构建这种机制是企业的管理者和市场的选择。当企业管理者能力比较突出时，企业的制度相对会更加优秀，在市场的选择、发展中会变得更有竞争力，同时竞争对手会不断地调整自己的组织机制、产品开发机制、品牌机制，等等。有的会越来越优秀，这就会形成市场的新竞争，同时需要企业进行不断的变革发展。

第六节　制度顶层设计案例

某畜牧动保企业进行制度顶层设计，对公司广义制度进行变革与发展。

公司简介

某企业是合资兴建，总投资1656.6万美元，注册资本667万美元，在北京、上海、佛山设有销售分公司。公司的目标是成为中国动物保健领域的领导者，以公司闻名于世的优质产品和服务推动中国畜牧业的发展。

在公司生产方面：公司设备从德国、英国、日本等国进口，工程设计和生产程序严格按照国际GMP标准进行。

在公司产品方面：公司主营包括动物保健品和动物营养品两大类产品。公司已开发引进80多个品种200多种规格的动物保健品和消毒产品。其中主要有家禽产品以及系列高效消毒剂和驱虫制剂等。家畜产品则包括三大类：抗寄生虫药、消毒药和治疗药品。动物营养产品包括：复合维生素预混料系列、复合微量元素预混料系列、酸化剂及抗氧化剂。

一、企业文化顶层制度设计

企业使命：科技创造美好生活

企业目标：成为中国动物保健业务的领先者

企业理念：针对市场及客户的需求来推动人类与动物的健康

企业价值观：

成功的意愿；积极为我们的利益联系人服务；正直，坦诚和诚信；

保持我们行动的持久性、尊重人类，尊重自然

管理理念：以人为本

价值观与领导力原则

注重客户需求；扩展成果；战略思维；领导别人；提高自己和别人；解决复杂疑难问题；善结伙伴合作共事。

二、企业营销模式顶层制度设计

采用产品 + 技术服务营销模式，一方面，掌握产品核心竞争力，向养殖户提供产品价值，另一方面，强化技术营销和售后服务，深入服务规模、集团养殖户创造服务价值。

三、企业组织结构顶层制度设计

公司采用市场导向型组织结构设计，并设立产品经理职能。公司注重提供价值服务，以产品为载体向渠道商、养殖户提供价值。组织结构遵循，专业分工和协作原则，兼顾专业管理的效率和企业目标、任务的统一性，体现了以市场为导向的经营和价值管理模式。

四、企业产品体系顶层制度设计

公司向中国市场提供全球统一标准的高品质产品。公司开发引进 86 个品种 202 个规格的动物 / 宠物保健产品和消毒产品。

产品优势特点

1. 产品定位中、高端，在行业内树立了高端形象，主要针对规模、集团养殖户。
2. 产品品种精、结构合理。
3. 产品质量好、效果独特。
4. 产品包装好，引领行业。

产品研发模式及能力

1. 拥有强大产品开发体系和技术创新能力。在德国建立研究实验室，在动物保健领域年销售额约 9 亿欧元，年均研发投入约 1 亿欧元，是全球动物保健创新的引领者。

2. 推行“产品经理 + 技术开发”模式。通过实施产品经理负责制将疫情预测、需求调查、项目立项、配方研究、生物测定、标准制定、产品登记、市场推广、批量生产等统一纳入高效系统。

五、企业渠道顶层制度设计

渠道主要定位在地市级、县级经销商，但是不管是何种形式的经销商，定位都牢牢抓住规模猪场，将经销商定位成完成自己市场销售的物流通道。公司的客户包括温氏、正大这些超大型客户。有条件地方公司对市场采取直销模式。

六、企业促销推广服务顶层制度设计

1. 宣传推广以品牌建设为中心，宣传推广投入大，并且能持久；
2. 宣传推广包括终端宣传、海报、宣传单页、促销礼品等；

七、新产品推广要诀

1. 新产品新市场的推广与开发，必须有一个经过培育的养殖户群体。
2. 产品推广之前必须对其生命周期做好规划，提出解决方案。
3. 要对企业产品进行准确定位（高端聚焦）。

第七节 狭义制度顶层制度设计

狭义的制度：是指企业列出的各项硬性的要求，形成的规章制度，如：培训制度、考勤制度、出差制度、招聘制度等。

某畜牧动保企业培训、考勤、基础管理制度设计：

一、培训制度

公司实施培训管理旨在加强对全体员工的训练，不断提升人员素质以满足公司业务发展需要。为了让营销系统人员的培训工作有章可循，特制订本管理制度。

营销队伍的培训，主要以培训督导为主，培训的内容包括产品知识培训、营销技能培训和思想道德教育等几方面。

1. 培训计划

1.1 对营销队伍，除了初期的入职培训外，销售团队应该制订科学合理的培训计划并执行。

1.2 公司级的培训可以定期或者不定期举行。

1.3 培训内容包括：产品知识、推销技能、语言艺术、个性改造、沟通技巧、谈判技巧、思想品德、挫折承受能力、团队精神、奉献精神等。

1.4 培训手段可以是讲授、录像、户外活动、封闭训练、军训等。

1.5 培训应当由人力资源部统筹规划。

1.6 公司应制订相应的培训计划，一般由人力资源和销售团队共同操作，培训计划格式见《营销培训计划表》。

营销培训计划表

计划时间段：　　　　　　　　计划部门：　　　　　　　受训对象：

培训日期	培训内容	讲师	培训手段	培训地点	费用预算	效果评估	负责人

2. 培训内容

2.1 基本素质训练

2.1.1 通过培训使销售人员充满爱心、树立信心、培养恒心。

2.1.2 通过培训使销售人员对工作充满热忱。

2.1.3 通过培训增强销售人员的基本社会生存艺术。

2.2 培养销售人员的个人形象设计技能。

2.3 培养销售人员的自我管理能力。

2.3.1 计划管理。通过培训加强销售人员的工作计划、执行计划能力，让有计划地开展工作成为一种习惯。除了短期培训之外，公司可设计一系列计划表格让销售人员来填写，通过实践来培训。

2.3.2 时间管理。通过培训加强销售人员的工作时间管理能力，从而提升销售人员的工作效率。

2.4 培养销售人员的业务开发能力。

2.4.1 熟练地介绍企业与产品能力。

2.4.2 良好的商务礼仪。

2.4.3 高效的沟通技巧。

2.4.4 培养销售人员良好的市场开发与管理能力。

3. 培训方案

3.1 销售人员培训课程体系：

阶段	分类	课程名称（主题）	课时	讲　师	培训类型
销售人员入职课程	基础类	企业文化导入		企业领导	内　训
		营销人职业心态训练		内部讲师	
		行业状况		营销总经理	
		产品知识		事业部经理	
		商务礼仪		外聘讲师	
		法律基本知识		内部讲师	
		财务基本知识		内部讲师	
		沟通技巧		内部讲师	
		时间管理			
		推销技巧			
		双赢的谈判技巧			
		区域市场调研			
		经销商开发与管理			
		猪场开发与管理			
营销人员成长课程	基础类	管理基础知识		内部讲师	内　训
		市场营销基本知识			
		营销策略与技巧			
		营销分析和把握市场			
		疫情疾病防治			
		区域市场管理			
		销售管理			
		客户管理			
	技巧类	高效沟通技巧			
		高效工作技巧			
		公共关系			

阶段	分类	课程名称（主题）	课时	讲 师	培训类型
营销人员精英课程	高级管理类	营销战略规划		外部讲师	外 训
		营销计划制订			
		营销策划			
		营销团队管理与文化建设			
		营销管理创新			
		管理沟通			
		项目管理			
		领导力提升			
		团队执行力提升			
		销售人员素质能力模型			
		销售人员的人力资源管理			

3.2 本课程体系分入职、成长和精英三个阶段进行规划。入职级课程适用于新入司销售人员，每个销售人员都必须接受此项训练，目的是为公司培养合格的一线营销人才；成长级课程适用于在公司工作 1 年以上的销售人员，目的在于进一步提升公司销售人员的能力素质，为公司培养营销中层管理人员和销售精英；精英级课程适用于在公司工作 3 年以上销售人员，目的是为公司培养高级营销管理人才。入职级课程和入职级课程采用企业内部培训形式，精英级课程采用外部脱产学习（公开课、研讨会、研修班等）形式进行。

3.3 在培训方式上，可依据实际情况采用授课、参与式、互动式、游戏式、案例、多媒体教学、一对一辅导及野外拓展训练等实施培训。

3.4 在培训结束后，需进行培训评估和反馈，以便进一步改进营销培训工作。

二、例会管理制度

1. 制度目的

为促进公司销售团队建设，加强营销过程管理，全程监控市场变化，及时总结营销工作和调整销售团队策略，为改进公司营销工作，特制订公司营销工作例会制度。

2. 例会类型

2.1 销售团队周工作例会，每周一次

2.2 销售团队月工作例会，每月一次（出差在外，可以由销售经理组织进行）

3. 例会管理

3.1 销售团队周例会：

3.1.1 与会人员：公司营销本部人员或各区域，机动性例会，不必强制集中。

3.1.2 会议时间：每周五下午，时间约 1 小时。

3.1.3 会议地点：不限。

3.1.4 会议内容：销售团队工作总结和工作计划、员工本周工作总结、员工下周工作计划、工作交流探讨、培训学习等。

3.1.5 会后工作：形成会议记录并整理成相应文件，发放到全体销售人员。

3.2 销售团队月例会：

3.2.1 与会人员：公司全体销售人员及相关部门人员。

3.2.2 会议时间：每月底集中进行，时间半天。

3.2.3 会议地点：公司（特殊情况可在外进行）。

3.2.4 会议内容：本部门上月工作分析总结（销售费用率、回款率、任务达成率、制度执行、库存动态等）；本月营销工作调整及本月工作安排；部门业务工作交流；团队培训；形成重要问题解决方案并落实执行。

3.2.5 需要准备工作：财务考核报表、片区上月各项费用支出公布（主要是指协调费、调货费、差旅费、广告促销费等）、片区客户库存盘点表、区域经理上月出差日志、上月工作总结及本月工作计划、针对性培训方案及考试试卷等。

三、业务人员出差管理制度

1. 制度目的

为使公司销售人员出差作业管理有章可循，特制订本制度。

2. 适用范围

适用于公司所有销售人员的出差活动。

3. 管理细则

3.1 公司销售人员因业务需要远途出差时必须事先做出差计划，同时填报好“出差申请书”，写明出差日程、出差目的地及出差事由等，呈领导批准后方可出差。

3.2 远途出差员工在“出差申请书”添附“出差费用借支单”向财务部门预支差旅费，未及呈准出差人员须补办手续后方得支给差旅费。

3.3 出差人员因急病或不可抗力无法在预限返回销差而必须延长滞留，根据出差者申请，经调查无误支给出差旅费。

3.4 出差人员必须在出差返回后三日内填具“差旅费报销单”，预算内费用送请各部门经理核准，预算外费用呈总经理核准后，出纳人员方得凭以报销。

3.5 公司销售人员出差费用标准遵照《公司销售人员差旅费标准及费用管理制度》执行。

3.6 与部门经理以上人员随行，其住宿费不够时须呈经部门经理核准，凭住宿费支给凭证支给与部门经理同等住宿费。

3.7 远途出差如利用夜间（午后9时以后，午前6时以前）车次出差，住宿费减半支给。

3.8 出差销售人员每日须认真填写《公司销售人员出差日志》，并随时向各直属主管报告。

3.9 员工差旅费，应据实填报核发，如发现有虚报不实者，除将所领差旅费追回外，并视情节轻重，予以惩处。

四、销售人员考勤管理制度

1. 制度目的

为使公司销售人员考勤管理有章可循，特制订本制度。

2. 适用范围

适用于公司营销系统所有工作人员的日常考勤管理。

3. 管理细则

3.1 上班时间：

公司销售团队全体内勤和临时外归人员在公司上班时间为：

上午9：00上班打卡；下午13：30上班打卡；下午17：30下班打卡；（该表为冬季作息时间表）。

说明：具体时间分为冬季作息时间、夏季作息时间。

3.2 签到规定：

销售团队全体内勤及临时外归在公司的员工应在每天早晨规定时间上班，在指定地点打卡签到，若发现代签（代打）一次，扣除代签（代打）者和被代签者按照规定进行罚款。

3.3 加班：

销售团队原则上不安排加班，员工根据工作进度和需要进行加班。

3.4 事假：

员工因私请假，以书面报告申请，一天内由销售团队经理批准，两天（含两天）以上由各部门经理审核，由总经理审批，报人力资源部备案。

3.5 病假：

员工病假应填写病假条并附有区级以上医院开具诊断证明，急病应先电话准许而后补齐手续否则按事假处理。

3.6 旷工：

员工未经请假批准而不上班者视为旷工。旷工三天（不含三天）以上者，按自动离职处理；三天以内（含三天）者，视情节处罚，并停发一切补贴。

3.7 迟到早退：

员工迟到30分钟，早退10分钟以上者按照公司规章进行罚款。

3.8 考勤记录：

考勤记录由销售团队各部门专人负责，实际情况严格登记，认真打卡，作为发放工资的依据。

五、办公设备管理制度

1. 制度目的

为加强对销售人员使用办公设备的管理，特制订本制度。

2. 适用范围

适用于公司营销系统所有工作人员。

3. 管理细则

3.1 销售公司配备的所有办公设备由专人负责使用，使用办公设备的所有人员均须按要求操作。

3.2 办公用计算机，打印机等办公设备由专人负责使用，其他人员不经允许不能私自使用该设备，更不能将游戏及外来软件放入计算机内使用，否则一切后果及所造成的经济损失均由当事人负责赔偿。

3.3 办公室使用计算机的员工在办公时间内严禁进入计算机游戏程序，禁止在上班时间在办公室玩任何形式的游戏，发现按照公司规定罚款。

3.4 员工要爱护所有公司的公共设备，离开办公室时，要检查关闭所有设备电源及容易发生危险的器具，保证安全。

3.5 任何人未经批准，不能将公司的专用办公设备带出办公地点，否则后果自负。

第二十八章　激励考核体系建设

激励考核观点

1. 企业要把员工的潜能发挥到极致。

2. 激励设计的核心就是激活员工的自主能动性。

3. 长激励模式是种趋势。

4. 大包模式，要上升到平台化激励模式，要让营销人员当老板。

5. 大公司在人才济济的时候，要能够解决好人才通道问题，留住优秀人才。

6. 畜牧动保行业销售员深入农村一线，需要强化软激励，如：人文关怀、培训学习、岗位晋升。

7. 考核体系是围绕公司战略体系构建，不是围绕某个人进行设计。

8. 考核指标设计要注意贴切企业实际需要，总结起来就是企业需要什么就考核什么。

第一节　激励模式方法

畜牧动保企业激励模式方法：

一、榜样标杆激励模式

首先要为员工树立一根行为标杆，在任何一个组织里，“雷锋式”的榜样都是下属的镜子。可以说，只要看一看这个组织的有没有榜样，就可以了解整个组织成员的工作态度。要让员工充满激情地去工作，就要树立起榜样。

榜样激励方法：

1. 要在管理层中树立榜样，要在员工中树立榜样；

2. 榜样是员工们的模仿对象；

3. 要让下属高效，榜样不能低效；

4. 塑造起精明强干的榜样；
5. 树立起有热情的榜样，引燃员工的热情；
6. 要有执行力强的榜样；

二、目标体系激励模式

激发员工不断前进的欲望，人的行为都是由动机引起的，并且都是指向一定的目标的。这种动机是行为的一种诱因，是行动的内驱力，对人的活动起着强烈的激励作用。管理者通过设置适当的目标，可以有效诱发、导向和激励员工的行为，调动员工的积极性。

目标激励的方法：

1. 解决好个人目标、部门目标和公司目标的关系；
2. 设置目标，要保握“跳一跳，够得着”的原则；
3. 制定目标时要做到具体而清晰；
4. 平衡长期目标和短期任务；
5. 要规划出目标的实施步骤；
6. 制定目标时要让下属参与目标的制定工作；
7. 当市场环境快速变化时，要灵活调整目标；

三、授权激励模式

“千金重担人人挑，人人肩上有责任”，重任在肩的人更有积极性，有效授权是一项重要的管理技巧。不管多能干的领导，也不可能把工作全部承揽过来，这样做只能使管理效率降低，下属成长过慢。通过授权，管理者可以提升自己及下属的工作能力，更可以极大地激发起下属工作的积极性和主人翁精神。

授权激励的方法

1. 要将手中的权力分解；
2. 用“地位感”调动员工的积极性；
3. “重要任务”更能激发起工作热情；
4. 在授权的对象上要精挑细选；
5. 看准授权时机，选择授权方法；
6. 确保权与责的平衡与对等；
7. 有效授权与合理控制相结合；

四、精神尊重激励模式

当今企业团队建设已经开始以90后为主，而这个群体对精神和尊重的观点认识有很大的变化，在团队激励中，给人尊严是一种最人性化、最有效的激励手段之一，也是管理90后团队的新方式。以尊重、重视自己的员工的方式来激励他们，其效果远比物质上的激励要来得更持久、更有效。可以说，尊重是激励员工的法宝，其成本之低，成效之卓，是其他激励手段都难以企及的。

尊重激励的方法

1. 懂得尊重可得“圣贤归”；
2. 对有真本事的大贤更要尊崇；
3. 责难下属时要懂得留点面子；
4. 尊重每个人，即使他地位卑微；
5. 不妨用请求的语气下命令；
6. 越是地位高，越是不能狂傲自大；
7. 不要总是端着一副官架子；
8. 尊重个性即是保护创造性；
9. 尊重下属的个人爱好、兴趣和信仰；
10. 公司要有民主交流沟通的文化，尊重个人观点、意见。

五、惩戒激励模式

不得不为的反面激励方式惩戒的作用不仅在于教育其本人，更重要的是让其他人引以为戒，通过适度的外在压力使他们产生趋避意识。惩戒虽然是一种反面的激励，但却不得不为之。

惩戒激励的方法

1. 没有规矩也就不会成方圆；
2. 随和并非任何时候都有意义；
3. 适时责惩以表明原则立场；
4. 坚持“诛罚不避亲戚”的原则；
5. 对于奸邪者要做到除恶必尽；
6. 实施惩罚时不要打击面过大；
7. 惩罚要把握时机、注意方式；
8. 惩罚与“怀柔”相结合更具激励效果；

六、信任激励模式

“疑人不用，用人不疑”，要信任你的团队。领导与员工之间应该要肝胆相照，相互信任，你在哪个方面信任他，实际上也就是在哪个方面为他勾画了其意志行为的方向和轨迹。因而，信任也就成了激励诱导他人意志行为的一种重要途径。

信任激励的方法

1. 信任是启动积极性的引擎；
2. 用人不疑是驭人的基本方法；
3. 对业务骨干更要充分信赖；
4. 要信任年轻人，多为年轻人提供发展平台；
5. 用人不疑也可以做点表面文章；
6. 既要信任，也要激起其自信；

七、赞美激励模式

欣赏、赞美是效果奇特的零成本激励法，人都有做个“重要”人物的欲望，都渴望得到别人的欣赏、赞美和肯定。欣赏、赞美是一种非常有效而且不可思议的推动力量，它能赋予人一种积极向上的力量，能够极大地激发人对事物的热情。用欣赏、赞美的方式激励员工，管理者所能得到的将会远远地大于付出。

赞美激励的方法

1. 最让人心动的激励是欣赏、赞美；
2. “高帽子”即使不真也照样塑造人；
3. 用欣赏、赞美的眼光寻找下属的闪光点；
4. 懂得感恩才能在小事上发现美；
5. 摆脱偏见，使称赞公平公正；
6. 赞美到点上才会有良好的效果；
7. 当众赞美下属时要注意方式；
8. 对新老员工的赞美要有区别；

八、情感激励模式

中国人是讲究情的，亲情、友情、爱情都是情，在企业激励中要注意情。成功的企业领导要让下属在感动中奋力打拼，一个领导能否成功，不在于有没有人为你打拼，而在于有没有人心甘情愿地为你打拼。须知，让人生死相许的不是金钱和地位，而是一个情字。一个关切的举动、几句动情的话语、几滴伤心的眼泪，比高官厚禄的作用还要大上千百倍。

情感激励的方法

1. 感情如柔水，却能无坚不摧；
2. 征服了“心”就能控制住“身”；
3. 你要“够意思”，别人才能“够意思”；
4. “知遇之恩”也是可以制造的；
5. 替下属撑腰，他就会更加忠心；
6. 不可放过雪中送炭的机会；
7. 乐于主动提携“看好”的下属；
8. 付出一点感情，注意一些小事；
9. 将关爱之情带到下属的家中；

九、竞争激励模式

团队要有新陈代谢、活力，就需要有竞争的激励机制，增强组织活力的无形按钮人都有争强好胜的心理。在企业内部建立良性的竞争机制，是一种积极的、健康的、向上的引导和激励。管理者摆一个擂台，让下属分别上台较量，能充分调动员工的积极性、主动性、创造性和争先创优意识，全面地提高组织活力。

竞争激励的方法

1. 竞争机制建立要有平台思维；
2. 竞争能快速高效地激发士气；
3. 不妨偶尔在工作中打个赌；
4. 让员工永远处于竞争状态；
5. 活力与创造力是淘汰出来的；
6. 用“危机”激活团队的潜力；
7. 引导良性竞争，避免恶性竞；

十、文化激励模式

搞企业风气很重要，而这种风气，具体化就是企业的文化，要用企业文化熏陶出好员工，企业文化是推动企业发展的原动力。它对企业发展的目标、行为有导向功能，能有效地提高企业生产效率，对企业的个体也有强大的凝聚功能。优秀的企业文化可以改善员工的精神状态，熏陶出更多的具有自豪感和荣誉感的优秀员工。

文化激励的方法

1. 企业文化具有明确的激励指向；
2. 企业文化是长久而深层次的激励；
3. 企业文化也是员工的一种待遇；
4. 用正确的企业文化提升战斗力；
5. 用企业价值观同化全体员工；
6. 激励型组织文化应具备的特点；
7. 强有力的领导培育强有力的文化；
8. 用良好的环境体现企业文化；

第二节　激励建设案例

某企业薪酬激励体制设计

第一部分　总　则

第一条　本制度是依据国家相关法律、法规并结合自身实际情况为公司营销人员制定的薪酬管理规定，是员工获得正当劳动报酬的保证，也是维持企业效率和持续发展的基本保证，体现了企业效益与员工利益相结合的原则。

第二条　本制度旨在客观评价员工业绩的基础上，奖励先进、鞭策后进、提高员工工作兴趣和热情，体现了公司以人为本的经营理念。

第三条　公司在设计薪酬制度的过程中始终遵从以下基本原则：合法性原则、公平性原则、竞争性原则、激励性原则、与企业具体情况相结合的原则。

第四条　本薪酬管理制度适用于公司营销人员。

第二部分　　薪酬结构及说明

第五条　营销人员的薪酬包括岗位工资固定部分（即基本工资）、岗位工资浮动部分（即绩效工资）、工龄工资、销售目标提成、销售增量提成、出差费用、年终奖、社保及相关福利。

第六条　营销人员薪酬计算方式 = 基本工资 + 绩效工资 + 工龄工资 + 销售目标提成 + 销售增量提成 + 出差费用 + 年终奖 + 社保及相关福利

第七条　薪酬说明

序号	名　称	说　明	备　注
1	基本工资	根据不同岗位级别每月固定发放	非风险性收入，不参与考核
2	绩效工资	根据员工当月绩效表现发放	风险性收入，参与考核
3	工龄工资	根据工作年限发放	非风险性收入，不参与考核
4	销售目标提成	销售目标内的提成	根据销售量计算
5	销售增量提成	超出销售目标部分的提成	根据销售增量计算
6	出差费用	出差费用采取包干与补贴	工作补贴，不参与考核
7	年终奖	根据公司经营业绩发放的奖金	与年度绩效考核挂钩
8	社保及相关福利	根据工作性质和相关福利规定发放	非风险性收入，不参与考核

第三部分　岗位工资

第八条　岗位工资是岗位价值的体现，通过对岗位的评估而确定；

第九条　不同的岗位级别对应不同的薪酬级别，在同一岗位，不同的能力、业绩对应不同的薪档范围。岗位等级越高，薪级越高；能力越强，业绩越好，薪档越高。

第十条　营销人员共设 3 个岗位等级：营销员、区域经理、营销副总。薪酬也分 3 个级别（1–3 级）；每一个薪酬级别内又细分为 5 个档次，工资档次由低到高按等差依次增加；相同薪酬等级内的档次分布或报酬水平不同，反映了员工资历、个人能力及市场供求情况的差异。《岗位工资级别表》如下：

表1　岗位工资级别表

薪　级		1	2	3
薪 档	5			
	4			
	3			
	2			
	1			
岗位级别		营销员	区域经理	营销副总

第十一条　薪级与岗位级别一一对应，应聘什么岗位，定什么薪级。薪档根据岗位在职人员的能力、素质、态度及业绩而定。通过对新入职员工的能力、素质评估（见附录 1：岗位工资定档标准），确定每个新入职员工在《岗位工资级别表》中的薪档档次。

第四部分　基本工资

第十二条　基本工资属于岗位工资相对固定的部分，占岗位工资的 60%，为保障员工基本生活需要而设，按月发放。

第五部分　绩效工资

第十三条　绩效工资属于岗位工资浮动的部分，占岗位工资的 40%，根据其工作表现、管理能力、服务态度而定，与考核结果挂钩。实发绩效工资 = 绩效工资 * 绩效考核系数。绩效考核系数具体参见《营销人员绩效考核管理办法》。

第六部分　工龄工资

第十四条　工龄工资评定办法：1、在公司工作的第一年，不计算工龄工资；2、从为公司服务的第二年起，工作每满一年，工龄工资升一级，具体工龄工资计算办法见表 2。

表2　员工工龄工资表

服务年限	工龄工资
第1年	0元/月
第2年	100 元/月
第3年	200 元/月
第4年	300 元/月
第5年	400 元/月
第6年	500 元/月
第7年	600 元/月
8年以上	700 元/月

第十五条　工龄工资按月发放，直接计入工资。

第七部分　销售目标提成

第十六条　销售目标提成主要是对营销人员销售目标范围内的销售量所给予的提成激励，销售目标提成按照销量单位提取一定金额的方式进行提成额的设计，具体设计以产品类别、岗位级别为依据，不同的产品类别因毛利率不同而采取不同的提成额，毛利率越高的产品，提成额越高。岗位级别分营销副总和营销员两个层次进行提成，营销副总对公司总体的销售目标负责，营销员对自己负责片区的销售目标负责，分别采取不同的提成额。具体销售目标提成额标准见表 3。

表3　营销人员销售目标提成额标准

产品类别	所含产品	产品总提成额	营销副总提成额	营销员提成额
A类产品				
B类产品				
C类产品				
D类产品				
E类产品				

第十七条　考虑到公司各区域市场容量、市场成长及公司在各区域渠道、客户现状及竞争优势的区别，特设立区域市场拓展难度系数，该系数主要为平衡各区域的销售难易程度。A 区域因客户稳定、销量比较大，区域市场拓展难度系数设为 0.95，B 区域为 1，C 区域为 1.05。具体见表 4。

第十八条　销售目标提成的计算与区域市场拓展难度系数相挂钩，营销员销售目标提成计算时须乘以所负责区域市场拓展难度系数。

表4　区域市场拓展难度系数

区域市场	A区域	B区域	C区域
区域市场拓展难度系数	0.9 5	1	1.0 5

第十九条　营销副总对公司总体的销售目标负责，其销售目标提成根据每类产品的销售量来进行计算。

第二十条　区域经理既是区域管理者又是片区营销员，其销售目标提成有两种，一种是自己所负责片区的销售目标提成，该提成全部归其所有；另一种是其所管辖区域营销员的产品销售目标提成，该提成由双方共同分配，分配比例由区域经理根据营销员的独立工作能力来确定（可按 4 ： 6、3 ： 7 等比列进行分配），报营销副总审核、公司总经理审批后发放，营销副总及总经理有权对该分配比例进行调整。

第二十一条　营销员销售目标提成以其所负责片区的销售量为依据，根据不同产品类别的提成额标准进行计算，该目标提成与区域经理共享，依据其独立完成片区工作任务的情况来进行分配，独立工作能力越强，该提成分配比例越高。提成分配比例具体见表 5。

表5　营销员销售目标提成分配表

	营销员提成分配比例								
区域经理（占营销员提成总额份数）	1	2	3	4	5	6	7	8	9
营销员（占营销员提成总额份数）	9	8	7	6	5	4	3	2	1
注：营销员提成分配比例根据营销员独立完成工作任务的能力来进行分配，实习生无提成，该提成归区域经理所有。									

第二十二条　销售目标提成计算方式：应计提成额 =（A 类产品销售量 × 对应提成额 + B 类产品销售量 × 对应提成额 +C 类产品销售量 × 对应提成额 +D 类产品销售量 × 对应提成额 +E 类产品销售量 × 对应提成额）× 区域市场拓展难度系数。（注：营销副总对公司总体市场负责，无区域市场拓展难度系数）

第二十三条　营销人员目标提成以年度为计算单位，按年结算按月预发。月度预发放比例为月度销售目标提成的 70%，结余部分实行年底统一结算发放。年度节余提成 = 年度销售目标提成总额 − ∑预发月度提成　。

第二十四条　月度预发的提成以当月发货回款为限，按产品类别进行计提。假如市场存在前营销员收款，后营销员负责发货管理的现象，提成分配比例为前营销员占 70%，后营销员占 30%。

第二十五条　营销人员在提成额结算前自辞或被辞，其未发提成额为零。

第二十六条　营销人员因严重违反公司制度或弄虚作假，给公司造成重大损失而被辞者，除取消其提成外，还须承担相关的经济和法律责任。

第八部分　销售增量提成

第二十七条　销售增量是针对销售目标而言的，超过销售目标的部分即为销售增量。销售增量提成主要是奖励营销人员积极努力拓展市场而给予的高提成激励。

第二十八条　销售增量提成按照销售单位提取一定金额的方式进行提成额的设计，具体设计以产品类别、岗位级别为依据，增量提成额标准见表6。

表6　营销人员增量提成额标准

产品类别	所含产品	产品总提成额	营销副总提成额	营销员提成额
A类产品				
B类产品				
C类产品				
D类产品				
E类产品				
注：1.产品总提成额主要是根据产品类别的毛利率高低来设定，通过测算分解为营销员提成额、副总提成额。 2.常规产品。				

第二十九条　销售增量提成每年结算一次，年底一次发放，只有完成销售目标才有增量提成。增量提成的计算方式及分配方式参照《第七章　目标提成》。

第九部分　出差费用

第三十条　营销人员出差费用采取包干和补贴相结合的方式进行。

第三十一条　费用包干：营销人员出差期间发生的住宿费、短长途交通费、通讯费、餐饮费、业务招待费等采取费用包干制度，具体费用标准为：营销副总按200元/天进行包干，区域经理及营销员按100元/天进行包干。

第三十二条　费用补贴：根据销售任务的完成情况，分别给予营销人员100元/天的费用补贴，费用补贴按照出差天数和销售任务完成率进行计算。具体费用补贴计算方式为：费用补贴=100×出差天数×销售任务完成率；销售任务完成率=实际销售量/销售任务。

第十部分　年终奖

第三十三条　年终奖主要根据公司年度经营效益而确定，效益好时多发，效益不好时少发或不发。年终奖与个人年度考核结果相挂钩，是对员工年度工作的肯定与激励，每年农历年前发放年终奖。

第三十四条　年终奖具体计算方法：年终奖＝年终奖基数 × 个人年度绩效考核得分 ×（年度在职月数 /12）。

第三十五条　年终奖基数的确定主要依据员工目前的岗位工资，以岗位工资的 1—4 倍为基数进行年终奖的计算。

第十一部分　社保及相关福利

第三十六条　根据员工的具体工作情况给予的某方面的补助。包括社保、生日、节日福利金、免费住宿及用餐补贴。

第三十七条　社保：是指公司按国家规定为员工缴纳的社会保险，主要指社会养老、工伤、失业、医疗、生育等保险。

第三十八条　生日问候金：每人 200 元 / 年。在员工生日当月的工资中发放。

第三十九条　节日福利金：端午节、中秋节等几个传统节日，公司根据经营效益情况，发放 200 元 / 节的节日福利金。

第四十条　免费住宿及用餐补贴：住宿 2 人 / 间，席梦思、热水器、电视一应俱全；回公司用餐，补贴 30 元 / 天，该补贴不发放现金。

第十二部分　薪酬调整

第四十一条　整体调整：是指公司根据国家政策和物价水平等宏观因素的变化、行业及地区竞争状况、公司发展战略变化以及公司整体效益情况进行的调整，包括薪酬水平调整和薪酬结构调整，调整幅度由公司总经理审议。

第四十二条　每年度绩效考核结束后由人力资源部组织各部门经理召开薪酬调整工作会议，由人力资源部负责提出具体方案，公司总经理负责确定整体薪酬政策方向。

第四十三条　薪酬调整工作会议主要讨论整体薪酬预算、岗位工资调整、基本工资及绩效工资发放方案、销售增量提成等有关薪酬激励的问题。

第四十四条　个别调整，主要指岗位工资薪级内薪档的个别调整，分为定期调整与不定期调整。

第四十五条　薪档定期调整，是指公司在年底根据年度绩效考核结果对员工岗位工资薪档进行的个别调整。调整办法原则：年度绩效考核成绩排名前 10% 时，晋升 1 个薪档；年度绩效考核成绩排名后 10% 时，降级 1 个薪档；其他名次则维持原有薪档不变。绩效考核方法见《营销人员绩效考核管理办法》。

第四十六条　薪档不定期调整是指公司在年度中根据员工岗位变动等原因对员工岗位工资薪级或薪档进行的个别调整。

第四十七条　员工岗位工资在其岗位级别对应的薪级范围内调整薪档，达到本岗位薪级中薪档的上限后，则不再调整。

第四十八条　岗位工资薪级、薪档个别调整由直接主管详细填写《薪酬调整申请表》，注明调整的理由和事实依据，经部门经理签字后交由人力资源部审核后呈公司总经理审批，审批通过的调整方案和各项薪酬发放方案由人力资源部执行。

第四十九条　调整后的薪酬等级和薪酬计发，不足一个月的从调整生效日次月的月初计算。

第十三部分　薪酬的组织与发放

第五十条　人力资源部负责提供相应的工资核算资料，财务部负责每月的工资核算，报总经理批准后，统一发放。

第五十一条　财务部统一保管所有工资资料，负责工资及奖金的核算和发放，并对工资定级（新员工工资定级和转正定级）行使审核权，以及对工资调整行使审核权。

第五十二条　人力资源部经理对全体员工工资具有知情权，对工资定级行使审查权。

第五十三条　其他部门负责人对直接下属的工资具有知情权；对直接下属工资定级及工资调整具有建议权。

第五十四条　总经理对工资调整行使审批权。

表7　员工工资管理权限表

工资管理项目	部门经理	人力资源部	财务部	总经理	备注
新员工工资定级 转正工资定级	建议权	审核权、审查权	审核权	审批权	新员工转正前不予调薪，只能在转正后进行调整
年度工资调整 特别调整 异动调整	建议权	审核权	审核权	审批权	只有特别贡献或特殊人才考虑特别调整
工资数额知情权	对部门下属工资的知情权	人力资源部经理、人力资源专员具有全员工资知情权	全员工资知情权	全员工资知情权	
工资核算发放	不参与	提供相关资料	核算发放权	审批权	

第五十五条　员工工资实行月薪制，当月工资的计算公式如下：实发工资 = 月基本工资 + 绩效工资 + 工龄工资 + 销售增量提成 + 住宿补贴 + 相关福利。月

工资支付时间为每月 20 日。

第五十六条　下列各款项公司可直接从员工工资中扣除；

- 公司代扣代缴员工个人所得税和由员工个人承担的各项社会保险费用；
- 与公司订有协议应从个人工资中扣除的款项；

第十四部分　薪酬投诉与管理

第五十七条　公司的薪酬政策、制度、办法是公开的，人力资源部应主动做培训、宣传，使每一个员工都了解公司的薪酬理念、价值创造、价值评价和价值分配的原则。

第五十八条　员工对薪酬管理制度及执行过程、执行结果有异议、争议或建议时，应直接向人力资源部申诉，人力资源部在一周内应予以处理并回复。

第五十九条　人力资源部对基础工资资料进行月度维护，保证资料的正确性，所有资料都必须作备份。

第六十条　工资报酬的相关报表、数据，都须存盘备查（包括纸件及电子文件），保存期限至少为三年。

第十五部分　试用期及实习人员薪酬

第六十一条　公司在和所有入职员工签订正式劳务合同前，都要对入职员工进行试用期工作考察，经试用合格者才予以正式录用并签订正式劳务合同。

第六十二条　所有入职的员工一般都必须经历 1–3 个月的试用期，试用期时间长短可依据员工表现而定，但最长不得超过 3 个月，最短不得少于 1 个月。

第六十三条　新员工试用期内不享受销售增量提成，不参与绩效考核，其工资按入职核定的岗位工资标准发放。

第六十四条　试用期满，新员工参加转正考核，根据考核结果，决定工资定级，主管填写《新员工转正定级表》，报相关部门批准后执行。

第六十五条　销售实习人员薪酬按公司《岗位工资工资级别表》的一级一档进行发放，实习完后根据表现决定是否留用，然后再进行薪酬定档。

第六十六条　临时聘用人员及临时工按协商工资执行。

第十六部分　附　则

第六十七条　根据《劳动法》第四十七条的规定：企业在不违反国家劳动主管部门核定的工资总额的前提下，有权自主决定企业内部一般员工的工资分配方式和工资标准，有权决定一般员工调岗调薪及其奖惩方案。

第六十八条　本办法是公司行政人事管理制度的组成部分，由人力资源部负责解释。

第六十九条　本办法由人力资源部负责起草和修订，报分管副总审核，经总经理审批后发布。人力资源部负责每年对本管理办法进行一次修订，确保本管理办法的适应性和有效性。

第七十条　本管理办法自发布之日起开始实行，自本办法实行之日起原有有关工资管理的制度或规定同时废止。

第七十一条　如有其他制度与本办法相抵触，以总经理裁定结果为准。

附录 1　岗位工资定档标准

一、基本原则

1. 本标准适用于公司新入职员工。

2. 本定档标准为新入职员工在确定岗位薪级后进行薪档区分的依据。

二、定档办法

1. 定档操作采用按指标计分，通过对每位员工从学历、专业、行业经验、工作经历、任职经历五个指标进行评分，计算出每位员工的定档分。

2. 对员工的定档分进行归档，标准如下：

1 档——18 分以下；2 档——19–23 分；

3 档——24–28 分；4 档——29–33 分；5 档——33 分以上。

三、定档评分标准表：公司定档评级关键标准是什么？

附录2　员工转正薪酬定级表

<table>
<tr><td>姓名：</td><td>职位名称：</td><td>入职日期：</td></tr>
<tr><td>部门：</td><td>直属上司：</td><td>试用期职位编号：</td></tr>
<tr><td colspan="3">试用期表现：（依据考核结果）

直接主管（签字）：　　　　日期：　年　月　日</td></tr>
<tr><td colspan="3">薪酬建议：
月岗位工资为：　　　元（人民币）
部门经理（签字）：　　　　日期：　年　月　日</td></tr>
<tr><td colspan="3">人力资源部经理意见：

按照第　级，第　档薪酬级别执行。月岗位工资为：　　　元（人民币）
人力资源部经理（签字）：　　　　日期：　年　月　日</td></tr>
</table>

续表

财务部审核意见： 负责人（签字）：　　　　　　　　日期：　年　月　日
总经理审批意见： 总经理签字：　　　　　　　　日期：　年　月　日

附录3　薪酬调整申请表

<table>
<tr><td colspan="2">姓名：</td><td colspan="2">职位名称：</td><td>入职日期：</td></tr>
<tr><td colspan="2">部门：</td><td colspan="2">直属上司：</td><td>试用期职位编号：</td></tr>
<tr><td colspan="5">调整原因说明：</td></tr>
<tr><td rowspan="2">薪酬建议</td><td colspan="2">原工资：
月岗位工资为：　　元（人民币）</td><td colspan="2">建议工资：
月岗位工资为：　　元（人民币）</td></tr>
<tr><td colspan="4">部门经理签字：

日期：　年　月　日</td></tr>
<tr><td colspan="5">人力资源部意见：
按照第　　级，第　　档薪酬级别执行。
月岗位工资为：　　元（人民币）

人力资源部经理（签字）
日期：　年　月　日</td></tr>
<tr><td colspan="5">财务部审核意见：

负责人（签字）：
日期：　年　月　日</td></tr>
<tr><td colspan="5">总经理审批意见：

总经理签字：
日期：　年　月　日</td></tr>
</table>

第三节 考核指标库

畜牧动保企业考核指标体系，包括：市场与客户、内部运营、培训学习与组织管理三大部分。

一、市场与客户考核指标

1. 渠道类型 / 长短 / 密度优化
2. 渠道发展
3. 客户分类管理
4. 关键客户培育
5. 新客户开发
6. 不良客户淘汰
7. 客情关系维护
8. 猪场数量
9. 单个猪场销量
10. 猪场财务核算
11. 客户关系程度
12. 技术服务满意程度
13. 窜货管理
14. 拜访猪场数量
15. 窜货率
16. 推广活动次数
17. 示范猪场数量
18. 产品质量满意度
19. 店面形象 / 产品陈列支持
20. 样板店销量
21. 店面促销支持
22. 工作现场图片反馈
23. 零售商产品培训
24. 零售示范店
25. 宣传资料到位率
26. 促销物品到位率

27. 用户品牌知名度
28. 关键渠道美誉度
29. 经营理念和市场信息分享
30. 宣传手册发放
31. 促销品发放
32. 宣传媒体推广效果
33. 忠实客户数量
34. 技术服务支持
35. 猪场保健
36. 母猪保健
37. 产仔率
38. 存活率
39. 治愈率
40. 避免损失价值

二、内部运营考核指标

1. 新产品数量
2. 新产品开发周期
3. 开发各阶段按期完成率
4. 研发目标达成率
5. 新产品市场效果
6. 产品抽查合格率
7. 新产品不合格率
8. 要货预测准确率
9. 需求把握准确率
10. 理货不善率
11. 生产计划达成率
12. 物流及时配送能力
13. 按期交货率
14. 客户档案资料完备、准确率
15. 客户档案资料更新及时率
16. 客户资信调查准确率
17. 客户授信额度管理
18. 预算计划完成率

19. 费用预算核算
20. 应收账款监控管理
21. 逾期账款管理
22. 客户日常对账及时准确率
23. 年度账务结算准确率
24. 合同签订规范率
25. 合同交付及时率
26. 客户投诉及时处理率
27. 投诉处理告知率
28. 内部服务质量
29. 内部投诉次数
30. 内部沟通协调
31. 流程执行偏差率

三、培训学习与组织管理考核指标

1. 培训计划制定针对性
2. 培训时间达标率
3. 培训组织满意率
4. 培训课程内容满意率
5. 培训合格率
6. 年度绩效达标率
7. 员工整体满意度
8. 员工流失率
9. 核心员工流失率
10. 组织结构优化
11. 人员编制完善
12. 关键员工培养
13. 执行力文化
14. 学习文化
15. 合理的员工意见
16. 建议机制和流程合理化建议数量
17. 员工建议采纳数量
18. 产品技术知识学习

营销人篇

营销人

畜牧行业营销人是伟大的，他们扎根在农村，成长在农村，发展在农村，他们让市场伟大，市场因为他们而伟大。他们是可爱的，是推动畜牧行业发展的中坚力量，他们日夜接触客户接触市场，是最接地气的人。他们是有作为的，公司因为他们的销售活动，能够获取利润回报，能够拥有持续生产和研发的动力。他们是最爱学习的一批热血人才，他们天天接触市场中最新的信息，他们热切期盼知识，热切期盼成长。在营销人篇章中，主要针对营销人需要做好的市场工作和成长为经理人的工作方法，进行详细论述，包括：销售员和经理人基本职责、营销人销售准备工作、营销人如何开拓业务、营销人维护管理客户、经理人类型和成功要素等。

营销人观点

◆ 畜牧营销人是市场中最伟大的人。

◆ 畜牧营销人是优秀的农村科普工作者。

◆ 营销人与市场是鱼和水的关系，营销人成功离不开市场，市场孕育了营销人，市场发展需要营销人推动，营销人给市场带来无限活力。

◆ 营销人是公司销售的保障，是公司市场攻城略地的战士。

◆ 营销人要在多个方面提升自己，如：管理水平、营销技巧、组织团队能力、客户成交、市场开发、客户管理、市场策划等。

◆ 营销人要把自己定位成生意人，而不是普通工作人员。

◆ 90 代，00 代营销人要了解农村市场、热爱农村市场、改变农村市场。

◆ 当前很多职业经理人来自于营销人，今后这个群体也将有增无减。

第二十九章　销售员/经理人职责

销售员职责

岗位目标

1. 制定并实施完成个人销售目标计划。

2. 销售区域内网点开发的计划完成。

3. 维护销售区域内的有效客户及淘汰垃圾客户。

4. 收集销售市场信息，调研分析市场状况。

5. 销售区域内市场推广工作。

6. 建立、管理、维护销售部文件数据档案，为部门制定正确的销售方案、销售计划提供决策依据。

7. 销售产品的账款的顺利回收。

主要职责

1. 依据销售部门的销售计划，编制个人销售计划，并有效实施完成，对其结果负责。

2. 依据销售部门的渠道开发策略，完成所负责销售区域内代理商和网点客户的开发。

3. 负责持续掌握代理商和网点客户的情况，与其保持关系，做好代理商、网点客户与公司间信息沟通，维护其客户关系。

4. 并依据公司对于客户的分层标准，有效淘汰无销售利益的垃圾客户。

5. 负责向代理商和网点客户传达公司产品信息、企业文化与销售政策。

6. 负责协调销售合同履行中与代理商和网点客户的接洽，促进货款回收。

7. 定期走访市场，亲自了解相关国家政策、市场用户、竞争对手、渠道等信息，并定期更新客户信息。

8. 根据公司市场推广方案，负责协调和参与本销售区域内实施，并进行评价数据收集。

9. 协助新产品开发中的产品试销与市场推广工作，做好信息反馈。

10. 参与产品质量问题分析，协调回收或检查代理商和网点客户的退换货物原件。

11. 负责组织对代理商和渠道客户培训，实施技术培训。

经理人职责

岗位目标

1. 制定和实施公司营销战略；
2. 制定和实施公司年度营销计划；
3. 研究、拟定公司市场开发、产品服务、新项目开发等公司发展规划；
4. 建立和健全公司的管理体系和组织结构；
5. 主持公司的日常营销管理工作，实现公司经营管理目标和发展目标；
6. 建立良好的沟通渠道；
7. 建设高效的营销团队。

主要职责

1. 根据公司提出的战略目标，制定公司的营销战略，提出公司的业务规划、经营方针和经营形式，经公司确定后组织实施，发掘市场机会，领导创新与变革；

2. 根据公司下达的年度经营目标组织制定、修改、实施公司年度经营计划，并监督、控制经营计划的实施过程，对结果负全面责任；

3. 规划公司销售系统的整体运营、业务方向，建设高效的营销团队，规范内部管理；

4. 主持、推动营销系统的关键管理流程和规章制度，及时进行组织和流程的优化调整；

5. 主持公司的全面经营管理工作，组织实施公司的决议；

6. 向公司提出企业的更新改造发展规划方案；

7. 制定和贯彻企业的产品策略及政策等公司发展规划；

8. 负责与董事会保持良好沟通，定期向董事会汇报营销战略和计划执行情况、资金运用情况和盈亏情况、机构和人员调配情况及其他重大事宜；

9. 推进公司企业文化的建设工作。

第三十章　营销人销售基础工作

1. 认清我们的客户

我们的客户分为经销商、零售商、养殖户。

1.1 经销商：将公司产品配送到所在区域的零售商的地区服务平台。

1.2 零售商：将公司产品直接销售给养殖户的销售伙伴。

1.3 养殖户：使用公司产品的用户。

2. 销售必备心法

2.1　销售意志

销售工作是开始于被拒绝、白眼和冷落的，销售员必须有顽强的意志和不服输的精神去实现自我，挑战困难；销售对于任何一个企业来说都意味着生存，对于每一个销售员来说也意味着磨炼与挑战。

2.2　热爱公司

只有热爱公司，销售员才能有愉快的心情去工作，好的心情具有强烈的感染力，它能使你显得漂亮和潇洒，增加你的魅力，从而让更多的人接受你，更好地展现公司销售员的风采。

2.3　热爱公司产品

2.3.1 销售员若对公司的产品质量产生怀疑，即使能完整的向对方说明，也会缺乏说服力。或许，开始时能说服对方，但在持续交易之后，一定会出现破绽。

2.3.2 销售员推销的并非产品，而是以推销信念为职责！若销售员真能如此热心认真，对方也必定认为是事实！热情会传染。

3. 带齐销售工具

3.1 销售包

3.1.1 销售包主要用来装放拜访中所要使用的公司和产品宣传材料、样品、名片、小礼品、文件夹、文具等。并且在每天开始拜访工作之前认真检查整理包中的各种物品。

3.1.2 文件夹：你的文件夹可能是每一个销售员拜访销售工作中所运用的最重要的销售工具。它贯穿于销售员拜访工作的始终，它的运用是销售员拜访工作的最重要体现，文件夹中应有：

3.1.2.1 拜访地图路线

3.1.2.2 拜访计划

3.1.2.3 客户登记名单

3.1.2.4 客户拜访卡（当日计划的及若干空白的）

3.1.2.5 公司产品价目表

3.1.2.6 竞争情况报告表

3.1.2.7 合同及订货单

3.1.3 文具：必要的文具是销售员完成工作的必需品，用于填写记录、订单、宣传材料等。它们主要是：笔、纸、计算器、清洁布等。

4. 勤练销售内功

4.1 销售准备

4.1.1 头发是否梳理整齐、干净、有无皮屑？

4.1.2 耳边、颈是否脏？

4.1.3 鼻毛是否太长？

4.1.4 胡子刮干净了吗？

4.1.5 衣领是否干净？

4.1.6 衣着得体大方吗？

4.1.7 指甲是否太脏？

4.2 如何接受客户的名片

4.2.1 空手的时候要以双手接受；

4.2.2 接受后应马上过目记住对方的名字，不能随便瞟一眼或不看就放在一边；

4.2.3 碰到难读的名字或难念的字马上虚心请教："对不起，请问这个字怎么读？"

4.2.4 如果同时接受几张名片，则千万记住，哪张名片是哪个人的。

4.3 与客户交谈

4.3.1 要面带微笑

4.3.2 无论是表达什么还是聆听客户说话，都应注视客户的眼睛，这表明你真诚与重视对方；

4.3.3 多赞美对方的长处；

4.3.4 不宜一见面就开口谈进货、回款等直接、生硬的话题；

4.3.5 运用幽默感，小故事，小比喻，小笑话。

4.4 知识面广

作为最优秀的销售员，要有能力驾驭广泛的话题，如管理、股票、足球，区域文化等。建议多读当地主要和流行的报纸、杂志及不断对自己进行充电学习。

4.5 不要谈的话题

4.5.1 顾客所深以为憾的生理缺陷；

4.5.2 同行的坏话；

4.5.3 自己公司，上司或者同事的坏话；

4.5.4 别的客户的秘密或隐私。

4.6 第一次拜访客户

4.6.1 要有事前准备。带好产品目录、价格表、产品介绍等齐全的工具；

4.6.2 在进入对方经销商门店时，进屋之前要先问对方“请问我可以进屋和您谈一会吗？”，对方一般会礼貌地表示许可；

4.6.3 在进入对方店里，除非对方许可，否则不可吸烟；

4.6.4 对于平时业务繁忙的客户，要养成电话预约的习惯；

4.6.5 对于回访的客户，必须成竹在胸，了解经销商过去的业绩进展和所存在的问题，并能随时说出对方的姓名和头衔。

4.7 让上座给客户

4.7.1 面对大门或过道口的是上座，这在会客室或餐桌上面都是如此；

4.7.2 有扶手的椅子是上座，长沙发是下座；

4.7.3 在小饭馆、饮食店、餐桌上见客户，靠墙壁的是上座，靠过道的是下座；

4.7.4 在汽车上，后排里面是上座。

4.8 回访

难打交道的客户常会在数次拜访后才成功签约，特别是一些实力雄厚、经营多个厂家品牌的大经销商，早已习惯居高临下对付厂商，甚至提出苛刻的交易条件，这就需要我们多次访问，需要我们坚持坚持再坚持。

4.9 重视信用

每一位公司销售员，都应该牢记自己代表着公司的形象；在商业往来中我们不可以随便承诺经销商与零售商，除非有十分的把握兑现承诺。承诺过的东西绝不可以随便忘记，哪怕是回个电话，一定要让我们的经销商与零售商感觉到公司非常重视他们。

4.10 销售员应掌握的基本知识

销售员自身素质的高与低，服务技能和服务态度的好与坏，是影响拜访成功的最重要因素之一。因此，新销售员在上岗前，至少需要接受九项基本知识的培训：

4.10.1 了解公司：销售员充分了解公司历史、现状；产品研发与质量管理；

产品结构情况；售后服务承诺的内容；以及公司未来发展方向等；

4.10.2 了解商品常用术语：销售员进入畜牧动保行业，不仅要对行业过去和现在的状况有所了解，还应对行业的未来演变、发展趋势有所认知；另外，与行业相关的常用术语，如 POP、LOGO、生动化陈列。

4.10.2.1 POP：在购买时和购买地点出现的广告，可分为：

- 店头 POP：如看板、站立广告牌、实物大样本等；
- 天花板垂吊 POP，如广告旗帜、吊牌广告物等；
- 地面 POP：地面上放置的，具有商品展示与销售机能；
- 柜台 POP；
- 壁面 POP：墙壁上的广告，如海报板、告示牌、装饰；
- 陈列架 POP：商品陈列架上的小型 POP，如展示卡。

4.10.2.2 LOGO：标志、徽标、商标。

4.10.2.3 生动化陈列：通过产品有序、有效陈列，来营造购买氛围、改善

终端产品展示形象、提升促销效果，最终促进销量增长。

4.10.3 公司产品知识：产品知识是在销售服务介绍时的基本销售要点，所以，销销员要将公司产品名称、包装、价格、制造工艺、原料、功能、优势等基础知识牢记在心；

4.10.4 竞争产品知识："知己知彼，百战不殆"；在工作过程中，销售员应随时注意同行竞争对手产品、新品上市、市场动态、宣传促销等状况，并及时将这些信息向省区经理汇报；

4.10.5 工作职责与工作规范：只有透彻理解自己的工作职责和工作规范，按照工作标准开展工作，才能为客户提供优质的服务。

4.10.6 了解终端心理：销售员应站在终端的立场上去体会其需求与想法，只有充分了解不同终端的心理，才能更好地向其提供高质量的服务——适当赞美。

4.10.7 掌握拜访技巧：销售员在工作中应该掌握各种工作技巧。

4.10.7.1 介绍企业和产品技巧

4.10.7.2 解决终端疑问的技巧

4.10.7.3 解决终端抱怨的技巧

4.10.7.4 解决终端各种要求的技巧

4.10.7.5 解决终端纠纷的技巧

4.10.7.6 终端经营的技巧

4.10.7.7 陈列技巧

4.10.7.8 促销的技巧

4.10.7.9 交际的技巧

4.10.7.10 流程的技巧

4.10.7.11 理货的技巧

4.10.7.12 谈判的技巧

4.10.8 产品陈列与展示的常识：销售员对终端宣传品和产品进行科学的展示。

4.10.9 讲究方式方法：

4.10.9.1 小礼品（打火机、中性笔、钥匙扣或者其他小礼品）的使用技巧，让终端保持“饥饿”状态，终端多次要求之后再给，而且不要一次给足，让终端始终有求于销售员。保持半年给一次就够了；

4.10.9.2 责任上推：销售员是企业形象的化身。销售员在拜访终端的时候，经常遇到终端反复要求一些不违背公司原则，但是很难解决的问题，如果不予理睬，就会让终端对销售员失去信心，在这种情况下可以把责任上推，从而使销售员和终端保持良好关系；

4.10.9.3 坚持原则的时候要讲求技巧，比如终端生动化陈列可采用软磨硬泡的方式，需要反复要求终端按照标准执行，如果终端嫌麻烦就自己动手解决，并且告知终端，如果不按照企业标准进行，销售员将被罚款，久而久之，终端就养成了帮助实现终端生动化的目的。其他如争取最大陈列面积的问题也可以采用这个办法；

4.10.9.4 关于终端拜访方面的问题，销售员应该尽量避免无理由的拜访，以免终端反感！需要在当次拜访的时候为下次拜访留下借口，让终端感觉到每次拜访的目的性很强，能够为终端带来一些变化。

第三十一章 营销人如何开拓业务

经销商/零售商开发、维护流程

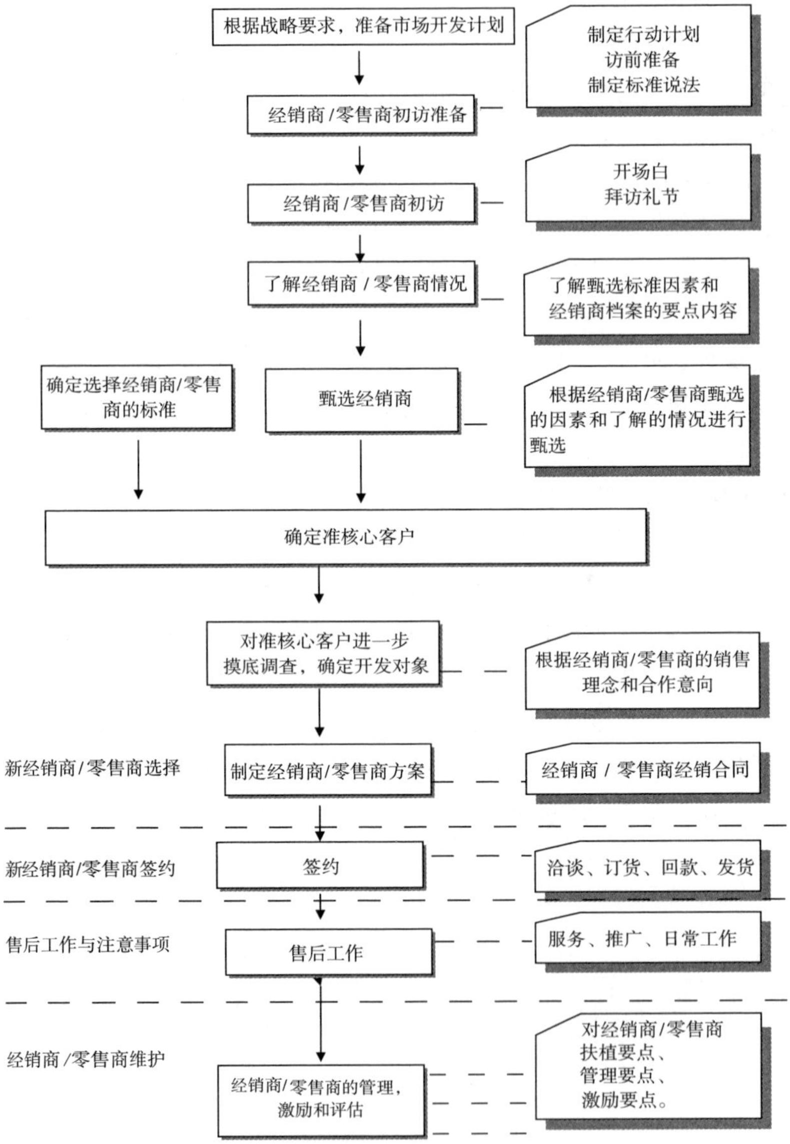

第一节　经销商/零售商选择

新经销商 / 零售商的选择（选择流程及实战操作）

新经销商的选择流程：

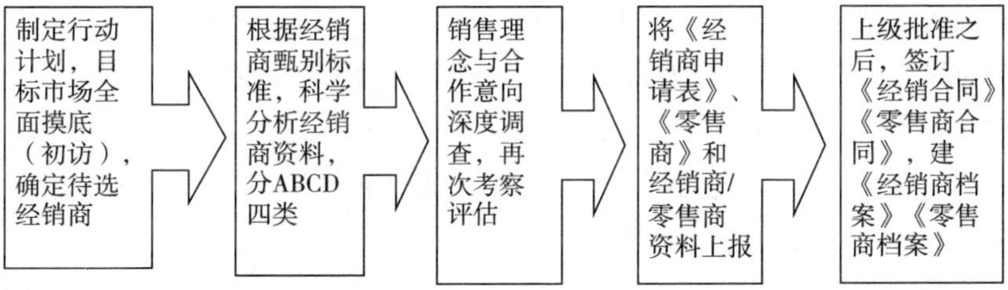

1. 制定行动计划

1.1 制定行动计划的重要性。每个销售员都管理和控制着一个销售区域。必须谨慎考虑并计划行程。

1.1.1 预订拜访日期、时间；

1.1.2 准备推荐产品；

1.1.3 利用拜访老经销店时顺路或抽出时间专程拜访新经销店。

1.2 制定行动计划的注意事项

销售员不能光靠普通的产品说明来打动经销商 / 零售商，因此在制定行动计划时须做好“访问的理由”的准备工作。

1.3 要提醒自己拓展经销商 / 零售商的目的

1.3.1 即帮助目标经销商 / 零售商对他们所经销的公司产品感到满意；

1.3.2 并对他们自己所做的经销合作抉择感到是一种明智之举；

1.3.3 了解经销商 / 零售商的经营能力、市场信誉度、销售理念、合作意向。

2. 访前准备

准备销售包。访前必须对销售包进行仔细检查，以防遗漏必用物品。

2.1 信息准备。主要是经销商 / 零售商方面的信息，同时还该包括区域市场产品的基本情况、竞争产品方面的信息。知己知彼，才能有的放矢。

2.2 形象及心态准备。访前一定要检查和调整自身的形象与心态，形象和心态是拜访质量的重要因素。

2.3 注意事项。明确访问的目的，由此来决定说话的重点。

3. 目标市场全面摸底，确定待选经销商 / 零售商

销售员对目标市级、县级市场进行全面摸底，寻找具有经销资格的候选经销商 / 零售商，选择的依据主要是候选经销商 / 零售商是经营兽药产品的经销商 / 零售商。

4. 成功邀约

4.1 成功邀约的重要性。销售员成功的邀约是有效销售的第一步。目前，公司所采取的主要方式为主动上门寻找和拜访目标经销商 / 零售商；以及根据公司电话邀约和上门接待的新经销商 / 零售商情况进行跟进和邀约。

4.2 成功邀约的方法。

4.2.1 电话邀约。拜访目标经销商 / 零售商时如其不在或忙碌时可记下联系方式，以便下一步电话约见。使用这种方法要注意：

■ 拿起电话听筒前，要精心做好准备，估计对方的作息时间及工作状况。一般是在上午 11：00–12：00，下午 2：00–6：00 打电话为宜。

■ 要以兴奋愉悦的心情打电话。

■ 跟对方约好去拜访的时间后，就应结束谈话。

4.2.2 当面邀约。该邀约方式适用于故意安排的推荐对象或不约而遇的朋友。比如，在现有谈生意上的事，要先闲话家常，再言归正传，和他约定下次拜访的时间和地点。

4.2.3 态度诚恳。无论你使用何种邀约方式，态度都应该是诚恳的，诚恳的态度会使经销商 / 零售商对你产生好感，增加对你的信任度。

4.2.4 语气亲切。亲切的语气能愉悦人的身心。人在心情舒畅的时候容易接受他人的要求，而冷漠的口吻则能让人心生不快。一个心情不愉快的人，是不会接受他人的邀请的。

5. 制定标准说法

5.1 先把与经销商 / 零售商见面时要说的话、经销商 / 零售商可能会提到的问题写出来，整理出条理的、标准的说辞。

5.2 把初稿再三修改，与其他同事或经理讨论，听听他们的意见或参考行业、销售等有关书刊，再做适度修正、修改。

5.3 反复练习，熟练这些标准说法，最好能背出来。

5.4 发出声音，读读看。

5.5 和同事一起互相交流，请他们指出问题并不断完善。

5.6 实地使用，在拜访经销商 / 零售商之前，先预习一次，然后实地使用看

看再修正。

5.7 实地使用之后，对下列事项加以检查：哪些地方不妥？能不能改得更好？经销商 / 零售商的反应如何？

6. 开场白吸引对方注意

6.1 开场白的重要性。“见面开始五分钟决定了你在经销商 / 零售商心中 70% 的印象。”

6.2 依次顺序向经销商 / 零售商发问,以了解其情况。注意不要直接切入产品，而应从客户感兴趣的方向着手：

生意的好坏→所经销种类→哪一种好卖→养殖户反应如何→养殖

户偏向哪个品牌→经销商 / 零售商产品来源→哪种利润更好→竞争如何→总观（位置、人流量、主顾等）。

6.3 活用称赞的言词

6.3.1 若能事先问出可能用以夸赞对方事实，就更是无懈可击了。

“听说您是老板的得力助手，去年帮老板赚了很多钱，有很大的影响力。”

6.3.2“您的店面整理得真整齐！”

6.3.3“来购买 ×× 兽药产品的人还很多，店里充满蓬勃的朝气！”

6.3.4“布置得真漂亮，是不是请厂家帮忙装修的！”

6.3.5 称赞时绝不犹豫，但也不可言过其实。否则，会引起反效果。

6.3.6 必须谨记，人都是喜欢被赞美的，受到赞美，绝对没有人会生气！所以，你可尽量运用。

6.4 以对方关心的话题为中心

开始交谈时，是否能引起对方关心极为重要。因此，事前必须有周详的准备。

- 谈论赚钱的话题。
- 谈论畅销产品的话题。
- 讨论关于新产品的话题。
- 谈论其他同业的话题。
- 谈论客户切身的事情（兴趣、家人、事业）。

7. 拜访礼节

7.1 打招呼或寒暄要彬彬有礼，不必过分卑屈，却一定要慎重的致候，有礼貌的打招呼寒暄。

7.2 先递上名片：递上名片时，要慎重的致候，同时边自我介绍“我是公司的销售员 ×××，请多指教”。

7.3 此时，切勿忘记面带微笑，名片要亲手交予对方，不可置于桌上，否则，会自贬身份。

7.4 另外，名片要放在衬衫口袋，以便随时能迅速拿出，也可夹在名片夹中，将自己名片与他人名片仔细区分，不可拿错他人的名片。

7.5 分辨出上座与下座。

7.6 被接待入经销商 / 零售商门店里面时，首先应分辨上下座，上座一般位于距入口较远处。因此，进入店里，就在入口附近等待，如客户请你坐于上座，无须太客套。若坐于沙发上，靠着背，很容易被认为骄傲，另外，也禁止跷二郎腿，或手扶椅背上，或双脚晃动。

7.7 在店内，自行拉椅子坐下也是失礼行为，一定要等到对方让座。同时，注意保持和对方之间的距离，太近，会给予压迫感，太远又会产生距离感。同时还须注意如下：

7.7.1 说话口齿务必清晰

7.7.2 脸上不断露出微笑

7.7.3 举止动作沉着稳重

7.7.4 让对方感觉你很健康，开朗

8. 深刻交谈、了解情况

8.1 负起开启面谈的责任

8.1.1 初次接触的经销商 / 零售商，销售员注意力会表现得较为紧张，而忘记为经销商 / 零售商介绍以创造轻松气氛的重要责任，不时出现默然无语地等待客户开口询问或直接介绍公司产品而导致销售成功率下降。

8.1.2 即便多次与该客户接触而熟悉，也不要忽略情感的沟通，不要只是简单的问好，让客户觉得与你的面谈非常枯燥，应达到如下目的。

8.1.3 获得他的满意，以迎合客户满意，利用意外事件进入他的意识范围为目的。如：× × 老板，你上个月卖得不错，我这个月又向公司给您多申请了一些优惠政策，一高兴，午觉都没睡踏实，就跑来跟您说这个事情了。

8.1.4 激发他的兴趣，每次给他带一个积极利益的消息，促使他处于兴奋状态。如：× × 老板，听说你上个月的促销活动做得不错，效果很好，公司决定要给你一个最佳市场开拓奖，恭喜你了！

8.1.5 赢取他的参与。如果缺乏这一步骤，在销售中则会遇到较多的拒绝、异议和冷淡，因为客户的潜在沟通欲望并没有被很好地诱导出来，可以向客户讨教的名头，跟客户形成良好的双向沟通。如：× × 老板，你的店面经营得不错啊，我想向您取个经，请教几个问题……

8.2 让客户消除戒心

销售员进入时，客户马上会加以注意。此时，他怀着戒心。为消除戒心，必须给予良好的第一印象！但是，只有这样还是不够，需要边交谈，边使气氛发展至更协调，这时，销售员要敞开心扉。人们对于紧闭心扉的对手，绝对不可能消除戒心。假如能获得对方信任，气氛会主动地变为轻松。

8.3 想要获得客户的信任，不只是靠销售员的第一印象和信念就能成功，还需要销售员具备丰富的知识。譬如，销售员对于产品行业的动向，有极丰富的情报；或者，非常了解行业市场的同行或消费动向，等等。

8.4 另一点较重要的是，尽量让对方多发表意见。有句名言：“推销是一种沉默的技巧！”对方愈热心发表意见，愈容易敞开心扉。

8.5 了解经销商 / 零售商的个人及经营信息。

通过上述开场白、拜访礼节、消除客户疑心、获得客户信任，可以按拜访计划详细了解经销商 / 零售商的经营能力、市场信誉度、销售理念、合作意向。

8.5.1 按照“行动计划”，寻找话题与对方聊天，了解其经营能力和实力；

8.5.2 通过他人介绍及与经销商 / 零售商谈话过程，分析其市场信誉度。

8.5.3 按照“行动计划”，自然而又有重点地介绍公司的产品。

8.5.4 按照“行动计划”，了解其销售理念和合作意向。

9. 根据经销商 / 零售商甄别标准，科学分析经销商 / 零售商资料

9.1 对候选经销商 / 零售商进行甄别。

甄别有价值经销商/零售商矩阵			
关键标准	权重	评分	说明
经营能力与实力			
年销售额	20		相对于当地其他兽药经销商/零售商，越大评分越高
所代理品牌/产品类型	10		代理和主销的以知名名牌/产品为主，评分高；代理小品牌评分低；如果代理不合格的产品则评分为零。
产品技术服务能力	20		有出诊，解决疫情疾病水平高
销售网络的质量	20		销售网络覆盖率高、分销成员实力强则评分高
仓储配送能力	10		视仓储和配送能力而定
销售团队	10		销售团队的管理、数量和质量、积极性
财务状况	10		流动资金是否充足
合　计	100		
市场信誉度			

续表

市场口碑	50		有无窜货、截留费用、恶意拖欠货款的情况
合同执行情况	30		是否严格执行与厂家和下属分销/经销商/零售商的合同
回款速度（周期）	20		及时回款，回款周期短
合计	100		

说明：1）、由于公司现有产品销售情况，所以对于经销商/零售商的销售实力、销售网络质量、产品推广能力更为看重。

2）实际得分=（经营能力与实力得分+市场信誉度得分）/2

9.2 确立重点。

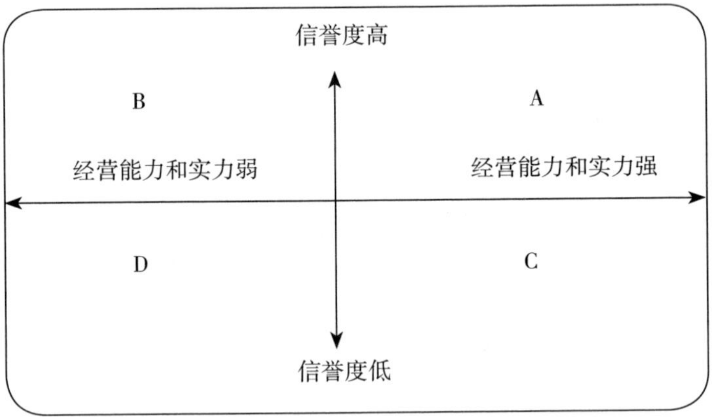

9.2.1 A类：经销商/零售商合法守信、口碑好、技术服务能力强、信誉度高、账务良性循环经营能力和实力强、发展目标明确，是可持续经营的。这类经销商/零售商属高价值的合作者，须重点考察。

9.2.2 B类：经营能力和实力稍弱，技术服务能力，但信誉度高，是可信赖的合作者，也是重点考察对象。

9.2.3 C类：此类经销商/零售商经营能力强，但信誉度较低，与这类经销商/零售商合作有一定的风险，须按代理政策严加监督和控制，适度考察。

9.2.4 D类：此经销商/零售商经营能力弱，信誉度低，直接排除在外，不再考察。

10. 深度调查考察评估

待选经销商 / 零售商深度评估表		
关键指标	评价	判断参考指标
销售意识（现代销售理念）		质量稳定可靠的品牌/产品，越来越会被市场所接受，靠经销低质量、假冒伪劣产品赚取暴利的时代已经过去了
		与质量可靠，正在发展的中小产品厂合作能够让经销商/零售商获得更多赚钱和发展的机会
		经销商/零售商不能等生意上门，而应该主动出击，在提高销售网络的质量、宣传促销、销售服务上做更多的工作
合作意愿		对于公司前景非常看好
		愿意在公司的发展上投入更多的时间、人力
		老板主动介绍和参观公司，甚至带领公司团队考察下属经销商/零售商
		要求更大的销售区域，在宣传促销方面为公司出谋划策，了解公司的市场操作方法
最终意见	省区经理（签字）：	

对目标经销商 / 零售商的资信调查

10.1 基本面调查：公司地址、电话 / 传真、主营业务范围、注册资本、

开户银行及账号、税务登记证号、主要负责人（姓名、性别、手机、住址、生日、能力）、销售区域和销售对象、企业类型、企业性质、企业人数（总人数、销售员数量）等。做这样的调查，可以通过一些亲戚、朋友，或者跟经销商 / 零售商面对面的交流以及自己亲眼观察，稍加分析可以获得一些具体的情况。

10.2 经营和销售现状调查：过去三年的年营业额、经销的产品类别及厂家、平均回款期、与合作厂家的关系及合作的稳定性等。

10.3 其他项目调查：对厂家价格、政策的执行情况、为厂家提供市场信息情况、对厂家广告或促销的支持配合及执行情况、市场口碑、经销商 / 零售商有关代理方面最关心的问题、最需要厂家支持的方面、对本企业了解的程度和合作的可能性。

11. 将《经销商 / 零售商申请表》和经销商 / 零售商资料上报

11.1 销售员要求经过筛选的经销商 / 零售商填写《经销商 / 零售商申请表》，并将经销商 / 零售商合法经营的《证照》复印件一起递交 / 传真 / 邮寄公司审查。

11.2 上级批准之后，签订《经销合同》，建《经销商 / 零售商档案》

11.2.1 与客户签订《经销合同》，明确双方的合作关系及责权利，由区域经理对经销商/零售商进行跟踪拜访和管理。销售员认真填写《经销商/零售商档案表》，并将两份文件邮寄公司。

11.2.2 业务内勤（销售管理部）将《经销商/零售商申请表》《经销合同》《经销商/零售商档案表》、经销商/零售商《证照》复印件汇总后建立此客户档案，给出客户编号。并将经销商/零售商的所有信息录入电脑建立数据库（经销商/零售商信息是日后开展各项工作的信息资源，更是与客户洽谈订货的依据），纳入到公司的"客户管理系统"中。

第二节　经销商/零售商签约

新经销商/零售商签约（回访客户、行动计划、签订合同、离店、发货等内容）

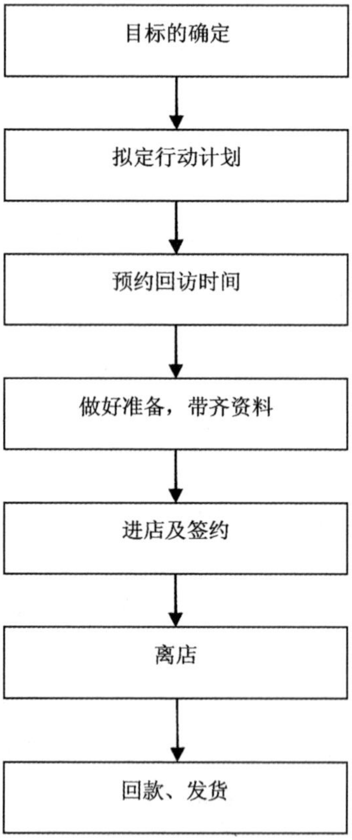

1. 回访原则

C 类经销商 / 零售商的谈判由销售员进行，A、B 类经销商 / 零售商的谈判可以要求省区经理参加。

2. 目标的确定

2.1 销售目标：订货量和定货品种。

2.2 销售服务目标：是否需要催收账款；是否有投诉或咨询服务需要处理；是否有公司新政策需要传达。

2.3 回访经销商 / 零售商的确定：销售员可以根据实情安排各类经销商 / 零售商拜访计划。

2.4 确定主要联络人：主要联络人须能为公司产品能直接进入经销渠道或终端的关键人物。可通过店面人员询问、其他相关人员介绍等方式取得主要联络人的联系方式。

2.5 回访频率及形式的确定。销售员的销售重点应集中于那些“销货”快、回款及时的经销商 / 零售商和已签订经销合同的新经销商 / 零售商。因此，销售员必须以定点巡回的方式反复多次地回访这两类经销商 / 零售商。

3. 拟订拜访计划

3.1 预订拜访日期、时间；

3.2 准备推荐产品；

3.3 利用拜访老经销店时顺路或抽出时间专程拜访新经销店。

4. 预约回访日期和时间

5. 做好准备，带齐资料

若拜访后尚未成功，则下次拜访前必须有充分的准备，不可盲目拜访。

5.1 对方反对的理由是。

5.2 我当时的回答是。

5.3 我应该做的回答是。

6. 进店

6.1 向客户打招呼

6.1.1 微笑，自我介绍 / 主动打招呼。终端打招呼的顺序依次为老板娘 / 老板 / 终端工作人员 / 顾客和其他人员；

6.1.2 简单交流最近的生意情况；

6.1.3 主动提及上次拜访的承诺。

6.2 如何让对方有兴趣和你谈订购公司产品

6.2.1 说话时要有信心，有诚意，给对方一种专业感。

6.2.2 强调产品的直接利益来引起对方兴趣。

6.2.3 不能只强调公司的企业优势、产品质量、价格，还应着重强调销售公司的产品能给经销商 / 零售商带来什么样的利益，请记住，经销商 / 零售商是商人，他们是因为有利可图才会跟公司合作的。

6.2.4 用称赞的方式，如您的生意真好，门庭若市；您的生意做得很大，客户这么多等。

6.2.5 谈话时，须诚恳专注地看着对方，不可眼神游离不定，给对方心不在焉及不尊重的感觉。

6.3 解答经销商 / 零售商疑问

6.3.1 回答经销商 / 零售商的各种问题并有针对性地问询（可参见第四部分：问答篇），对于发现的问题提出解决办法（小问题可以现场解决）；

6.3.2 介绍经销商 / 零售商未进货的其他产品，推广新产品；

6.3.3 介绍促销计划 / 执行终端促销方案；

6.3.4 做好其他服务工作。

7. 签约

7.1 基本动作

7.1.1 真心地恭喜经销商 / 零售商选择我们的公司及我们的产品。

7.1.2 验证营业执照原件，审核其合作资格（资格条件：证照齐，生意旺，乐意合作）。

7.1.3 出示销售合同及产品订货单，逐条解释合同的主要条款。

7.1.4 与经销商 / 零售商商讨并确定所有内容，在职权范围内作适当让步。

7.1.5 签约成交，拟定发货日期后与经销商 / 零售商告别，现场进货则收取货款。

7.2 注意事项

7.2.1 销售合同及产品订货单应事先准备好。

7.2.2 事先分析签约时可能发生的问题，研究解决的方法。

7.2.3 签合同或者产品订货单时，最好由经销商 / 零售商亲自阅读具体条款，并一定要其本人签名盖章。

7.2.4 解释合同条款时，在情感上应侧重于经销商 / 零售商的立场，让其有认同感。

7.2.5 签约后的合同，应迅速交上级领导审核，并报公司。

7.2.6 及时检查签约情况，若有问题，应采取相应的应付措施。

7.2.7 签约一定要细致、认真，不能有丝毫的差错，并且要保持沉静、自然的脸色。

7.2.8 签约后（或收款后），应及时离开，不宜久留，但回去后应致电或致函予以问候、致谢。

8. 离店

8.1 如是老经销商/零售商，则拟定下次发货日期后，和经销商/零售商或门店负责人打招呼离店。

8.2 如是新经销商/零售商，如达成合作意向，则拟定下次发货日期后打招呼离店；如无签约意向，则不可强求，以后可定期跟进推荐试销新品，以建立最终的合作意向。

8.3 经销商/零售商回访的注意事项。

8.4 首先应制订谨慎而周详的计划：一是可以增加出访次数，也可以确保每次出访更有实效。最理想的是每日的出访行程都预先订下，且保证每次出访安排都是最经济、最有效的。

9. 回款（目前公司主要是现款，但同时需要面对赊销问题）

9.1 要理直气壮地回收货款。销售员在销售产品时和经销商/零售商侃侃而谈，勇气逼人，但在回收货款时就变得懦弱不堪，好像不好意思。我们要明白——回收货款是正当的商业行为！而且，只能在货款回收后公司才能对你的业绩做出全面的评价。

9.2 回收货款对经销商/零售商有利。经销商/零售商对已经完全付款的商品，才觉得真正是属于自己的，而且也不太好退货，只有更积极地想办法尽快卖出去。这样，产品的流通就会加速，销售量增加。

9.3 回收货款的注意事项。有的经销商/零售商资金的周转并不困难，但就是不轻易付款，这有可能是经销商/零售商个性所决定的，但也可能是为使今后的交易更为有利，故意采取的策略。因此，销售员不能对货款的回收有任何小的疏忽！平时，我们应注意以下事项：

9.3.1 对于付款不干脆的经销商/零售商，在收款前，先打电话联络予以提醒。

9.3.2 到收款日期限时要拜访，即使负责人不在，也尽可能要求支付！

9.3.3 即使对方已先有客人，也不要离开，耐心等到能够收款为止。

9.3.4 被拒绝时，要确定可靠的付款日期，到时一定要前去收款。

9.3.5 当经销商/零售商推脱而不想付款时，必须想办法粘住经销商/零售商，有做出“死缠烂打”的样子！

9.4 回款的注意事项。销售员须做到及时发货并坚守公司的回款政策要求。

对经销商/零售商超出公司政策的推迟付款的情况，要敢于说“不”，善于说“不”。同时，为了减少回款的障碍，销售员必须掌握经销商/零售商回款的一些特点，比如：一些地区忌讳上午收款；注意经销商/零售商财务情况、信用状况，了解经销商/零售商的资金运转情况。

10. 发货

10.1 发货（含首次发货）基本动作。

10.2 根据每次出差和拜访计划，安排、准备相应货物发运的信息。

10.3 根据本次出差和拜访计划，告知经销商/零售商发货、到货日期。

10.4 例行上门发货征询服务。

10.5 请经销商/零售商核对《订货单》。

10.6 收取货款（如有尾款）。

10.7 处理退换货事宜。

10.8 整理张贴海报、宣传画等 POP 广告。

10.9 了解经销商/零售商的产品库存，清楚滞销品种情况，向上级主管请示处理事宜。

10.10 确定下次发货时间、品种、数量等。

第三节　销售售后工作

售后工作和注意事项

1. 售后服务

1.1 售后服务的重要性。服务是赢得经销商/零售商、巩固和扩大经销商/零售商的重要手段，做服务就是做销售，做销售就是做服务。在与经销商/零售商沟通时，完善的售后服务也是谈判的重要筹码。

1.2 售后服务的基本动作。

1.2.1 重视售后的跟踪、沟通，及时回复经销商/零售商的疑问。

1.2.2 做好问题产品的退换工作，在公司制度范围内用最大努力追求经销商满意。

2. 推广

2.1 宣传推广的内容。

2.1.1 pop 宣传。主要指门店的宣传布置，通常包含海报、店面招牌、折页、立牌、吊旗等。要求美观大方，突出个性，营造气氛。销售员应及时进行布置和维护。

2.1.2 区域促销活动。主要指区域内的各种促进销售的推广活动，要求考虑全面，组织缜密，执行到位，并有及时的跟踪和评估。

2.1.3 公司、产品宣传册。公司、产品宣传册是公司自身形象宣传，提高在经销商、零售商和养殖户中的公司认知度，从而提高产品的销量。

2.2 宣传推广的要求。每次到店都要带齐资料，做好以上基础宣传。

3. 信息总结反馈

3.1 基本动作。

3.1.1 销售员须填写下列信息反馈类表单。

3.1.2《销售员工作日志》。每次出差在外时须每日做好工作记录，定期进行分析和总结，以备上级主管抽查和指导工作。

3.1.3《销售员月度工作总结与下月计划表》。每月 30 日前规范填写，并交上级主管审核。

3.1.4 销售员根据工作需要和领导安排，填写《销售员出差计划表》。出差前提交上级主管。

3.1.5《经销商 / 零售商信息登记卡》。每月须对经销商 / 零售商信息进行核对查实，随时更新并对上级主管转销售管理部，进行更新和存档。

3.1.6 各种可能的突发事件即时电话联系、短信、微信汇报。

3.1.7 限时上交各种信息资料（递交、邮寄或传真等）。

3.1.8 出差时每三天一次进行网络邮件的工作汇报。

3.1.9 不定期写出一些有建设性的市调报告、合理化建议。

3.2 注意事项。时刻注意搜集各种市场信息，并不断丰富、完善经销商 / 零售商信息。包含经销商 / 零售商的经营性质、规模、经销商 / 零售商网络范围、主营绩效、资信、经销商 / 零售商个人背景等。在经销商 / 零售商信息中尤其值得一提的是必须建立经销商 / 零售商拜访记录簿、经销商 / 零售商进销记录簿、经销商 / 零售商通讯录等。这样才能有效掌控经销商 / 零售商资料，并为后续的工作做好充分准备。

4. 费用管理

4.1 倡导节约，降低管理成本。

4.2 管理好各种票据、发货单及发票。

4.3 严格遵守公司的财务制度，一切费用均参照公司标准执行。

4.4 若因业务需要发生超预算费用，须事先经过上级领导批准。

5. 日常工作

5.1 忠诚企业，维护公司利益。

5.2 遵守保密制度，严防一切资料及数据遗失或外传。

5.3 按计划做好每天的例行工作，做到工作日清。

5.4 建立和更新经销商 / 零售商档案。

5.5 轮流拜访经销商 / 零售商，加强门店维护管理。

5.6 按时完成上级主管安排的临时性工作。

5.7 遵守组织纪律，有事必须事先向上级主管请假。

5.8 按合同约定，及时催收货款。

5.9 执行对帐制度，及时与财务、经销商 / 零售商对账，保持账目清楚准确。

6. 注意事项

6.1 不得以任何形式说不利于经销商 / 零售商或损害经销商 / 零售商形象的话。

6.2 认真统计经销商 / 零售商每季度的产品销售数据，对经销商 / 零售商进行排名，并根据排名情况要与经销商 / 零售商充分沟通，对部分经销商 / 零售商重点帮扶以提升下阶段的销售量，对排名靠前的重点经销商 / 零售商要继续做好客情维护，进一步巩固关系，扎牢销售根基。

6.3 不得向经销商 / 零售商随意承诺产品价格等事宜。

6.4 不能当即解决的问题应向经销商 / 零售商说明，并请示上级主管后及时回复。

6.5 发货时须事先联系，达到一定的品种数量时，合理安排发货路线，做到一次性一步发货到位。

6.6 学会管理时间，对于不同店面的拜访时间要进行统筹安排，每天根据所在区域交通状况确定经销商 / 零售商走访数量。

6.7 注意人财物安全，防止意外发生，以免自身及公司利益受损。

6.8 态度要从容不迫，却不可显得无关紧要。

6.9 必须和上次做不同的寒暄招呼。

6.10 千万别焦急的马上问“上次所讲的内容，您的意见如何”，否则，对方一表示不赞成，就难持续下去。

6.11 要说明“上次的说明内容，我忘了很重要的一点……”，让话题容易继续谈话中，尽量称呼对方姓名（职称）。

6.12 引用对方所说的话。

6.13 上次答应的事项一定要解决。

6.14 准备对方感兴趣或嗜好方面的话题。

6.15 努力和其他人保持亲切。

6.16 一定要携带有助于对方的资料或信息。

7. 客户类型

7.1 优柔寡断型：优柔型的人一般不能拒绝别人对他的安排或不能多次拒绝，

他们往往喜欢别人为自己做周到的安排，所以对这样的客户一定要明确定下来下次的访问日期，哪怕被拒绝之后还要再换一个时间，再定一次，注意时间安排和表达时要表现对他们的关心，关系稳定下来以后，就确定每月固定再访的日期。

7.2 自立果断型：具有独立性格的人往往不喜欢被人安排指定约会时间，对这类客户，可以先试探一下，给他两个以上的选择余地，或者干脆问他“什么时间来比较好”以后，在他指定的日期、时间段做每月的固定拜访。

8. 遇到不在家的处理

8.1 客户不在时，可留下名片及宣传资料，同时必须预定下次会谈的时间；

8.2 客户不在时，对于办理接待或代理的人，必须给予良好的印象并简单积极的解答其问题，那么在再访时将给予你有力的帮助。

9. 行为举止

体态方面，可分为积极的与消极的，我们公司的销售员应当采用积极的行为举止，给客户留下好的印象，帮助我们与其进行业务洽谈。

9.1 积极的

9.1.1 平视对方，眼光停留在对方的眼睛部位

9.1.2 距离对方一尺宽的距离

9.1.3 手自然下垂或拿资料

9.1.4 挺胸、直立

9.1.5 平稳地坐在椅上，双腿合拢，上身稍前倾

9.2 消极的

9.2.1 目光不定，仰视或低头，直瞪对方

9.2.2 太靠近或太疏远

9.2.3 指手画脚，插口袋或抱肘

9.2.4 倚在柜台或桌子上

9.2.5 斜靠椅角、跷二郎腿，左右摇摆

10. 言谈方式及内容方面应注意克服的不良印象

10.1 言谈侧重道理

不要以太过书面化、理性的论述进行销售介绍，使客户感觉其建议可操作性不强，达成目标的努力太过艰难，或产生一种心理距离，因而常会拒绝购买或建议。

10.2 语气蛮横

会破坏轻松自如的交流氛围，客户的反感心理会使合理建议不能付诸讨论乃至不能实行。

10.3 喜欢随时反驳

与客户的交谈中，应鼓励客户多多发表自己的见解，了解客户的需求，并在适当时机表述意见，提出自己的见解。如果我们不断打断客户谈话，并对每一个异议都进行反驳，会使我们失去一个在最短时间内找到客户真正异议的机会，而当这种反驳不附有建议性提案时，反驳仅是一种痛快，易导致客户恼羞成怒，中断谈话过程，对于双方都是很遗憾的。

10.4 谈话无重点

如果谈话内容重点不突出，客户无法察觉或难以察觉你的要求，就无从谈起满足你的要求，反而会认为你对他重视不够。所以，应列出谈话重点，围绕重点进行陈述，可以帮助你获得成功。

10.5 言不由衷的恭维

对待客户，我们应坦诚相待，由衷的赞同他们对于市场的正确判断，如果仅以纯粹地讨好客户角度上进行恭维，实在是对双方的一种轻视，会降低你本人及公司产品的信任度。

第三十二章　维护管理客户

第一节　经销商维护

经销商维护要点（经销商维护包括经销商扶植、经销商服务、经销商管理、经销商激励四个方面的内容）

1. 经销商扶植

1.1 原则

1.1.1 充分利用销售政策，在能做到的范围内为经销商争取更多的支持，坚定其信心。

1.1.2 指导、帮助经销商整理下级零售终端网络。指导零售终端的销售人员主推公司产品，不断提高产品的流量与流速。

1.1.3 指导、帮助经销商提高经销公司产品的销售收入与毛利水平。

1.2 扶植要点：从物流、信息流、资金流和商流等多个方面对经销商提供支持与帮助。

1.2.1 在物流方面，按市场竞争态势，帮助经销商库存结构合理化；及时处理有缺货等问题。

1.2.2 在信息流方面，共同分享市场竞争方面的信息，提供市场需求趋势以及销售政策与经营管理方面的信息；提供培训和交流的机会。

1.2.3 在资金流方面，提供合理的信用，帮助经销商建立与金融机构的关系。

1.2.4 在商流方面，根据政策，提供返利，折让，促销的支持，确保产品的竞争力等。

2. 经销商服务

销售员要成为经销商的顾问，围绕提高销量，降低费用，为经销商提供经营管理上的咨询服务。

2.1 根据经销商对下线终端的掌控能力，以及预期可能的销量，帮助经销商确定进货品种与数量。向经销商提供其与下线终端深化关系的服务。

2.2 根据市场需求和竞争态势，帮助经销商及时改善进货结构，防止公司有缺少品种的可能。

2.3 帮助经销商加强内部财务、信息管理，进、销、存信息的反馈与统计分析。

2.4 帮助经销商改善内部管理，降低费用成本。

2.5 帮助经销商加强内部员工队伍建设，提高其对下线零售终端网的补货、收款服务及信息反馈的意愿与能力。

2.6 帮助经销商的骨干提高业务能力，提升做大事业的精神境界与做大事业的胆识。

3. 经销商管理

3.1 主推公司产品。

3.2 确保对下线网络零售商的及时补货，以及其他服务与支持性的资源的投入。

3.3 遵守各项销售政策。

3.4 不拖欠货款，遵守价格政策。

3.5 积极尝试双方进一步合作的方式、方法与途径。

3.6 配合企业的区域策略行动。

4. 经销商激励

4.1 做必要的让步。了解经销商的经营目标和需要，在必要的时候可以做出一些让步来满足经销商的要求，以鼓励经销商。

4.2 物质激励。在政策允许的情况下，为经销商争取更多的物质激励，以提高经销商经销公司产品的信心与意愿。

4.3 人员培训。销售员应该向经销商提供销售以及人员的培训、商业的咨询服务等。这样一来不仅仅促进了与经销商的合作关系，而且还可以大大地提高中间环节的工作效率和服务水平。

4.4 经销商伙伴计划。经销商大学、经销商提升计划、经销商意外险、精神奖励、深度协销支持、技术服务支持等激励的政策来带动经销商的热情。

第二节　拜访终端

拜访终端实战操作（拜访目标、流程、记录、跟进等内容）

1. 拜访终端的基本目的：

1.1 把我们的产品销售给产品终端；

1.2 帮助终端销售我们的产品到养殖户；

2. 拜访终端的具体目标：

2.1 即时目标："即时目标"就是在终端拜访中首要的，且在拜访中即可完成的任务目标。这些目标一般包括：

2.1.1 技术服务指导——下猪场看猪病。

2.1.2 店内促销——张贴宣传材料，设立特殊陈列等活动。

2.1.3 陈列工作——将产品陈列达到公司制定标准。

2.1.4 促销活动——准备在终端执行促销。

2.1.5 拿订单——确保货架陈列及促销等库存需要。

2.2 长期目标："长期目标"就是对与无法在一次拜访中实现完成，需要通过一段时间，一步一步系列性的拜访来实现完成的任务目标。这些目标一般包括：

2.2.1 与经销商、终端和养殖户的有关人员建立良好的合作关系。

2.2.2 及时掌握终端和养殖户的各种需求信息。

3. 拜访工作流程：

3.1 计划

分析背景情况；检索该公司产品销售终端的运作方法、策略、人员、需要等任何有用的信息，当销售员分析终端的背景情况时，应该运用前期的客户记录等准确信息：

3.1.1 终端类别；

3.1.2 人员情况；

3.1.3 上次订单及送货情况；

3.1.4 日常库存情况；

3.1.5 以往销售情况；

3.1.6 以往做过的促销、陈列；

3.1.7 其他有帮助的信息；

3.2 问候：在我们进入公司产品零售终端开展维护、管理工作之前。通过问候让终端的有关人员对你的到来有所反应，同时表示你的礼貌和友好。

3.3 检查状况

3.3.1 检查终端销售状况

3.3.2 检查宣传助销材料

3.3.3 检查竞争对手的销售情况

3.3.4 检查库存

3.3.5 检查公司产品

3.4 指导准备

3.4.1 分析店内情况

3.4.2 审核修正拜访目标

3.4.3 计划对策

3.5 店内指导：在销售员向客户推销后，往往会有很多建议被客户接受，因此这时候你需要进行店内指导。

3.5.1 要求促销员及时更换产品的宣传物料；

3.5.2 布局公司产品陈列；

3.5.3 安置宣传材料；

3.5.4 布置特殊陈列；

3.6 记录报告

3.6.1 在完成一次拜访后，应将有关的情况进行笔录和工作报告。

3.6.2 完整的记录将有助于你今后的拜访工作，每天要完成“每日拜访报告”，而且应根据每天工作的具体情况，还要及时完成“竞争情况报告”以及“市场调查报告”；

3.7 跟进

3.7.1 一项完整的维护、管理工作还包括跟进，跟进始终贯穿于销售员的所有销售工作中。

3.7.2 销售员必须对省区经理相关人员承诺的工作负责，在后续跟进中继续将这些工作完成；同时还应该检查公司产品零售终端的相关人员承诺你的事情等。

第三节　拜访终端管理方法

拜访终端管理方法（拜访路线、时间、步骤与技巧等内容）

每一位公司销售员都负责一定区域范围，一定数量客户的销售工作。此时销售员的工作的重点绝对不是简单的推销工作，还有非常重要的管理工作。

如何对时间和具体工作进行合理的统筹安排，提高效率，做好整个区域范围内相当数量客户的销售工作。就直接影响到销售员工作完成的好坏。

1. 网点覆盖

销售员每天的区域管理工作围绕着你所负责的客户即我们称为的网点，换句话说，就是网点覆盖工作。网点覆盖工作的要点在于“拜访频率”，“拜访路线”和“覆盖计划”。

1.1 拜访频率

对于每个经销商来说，到底相隔多久拜访一次呢？这就是我们所要谈的“拜访频率”。根据公司的实际情况：C 级终端店每月拜访两次，B 级终端店每月拜访两至三次，A 级终端店每月拜访四至五次。

1.2 拜访路线

根据销售员的区域中终端分布情况，拜访频率，覆盖周期，各个经销商的作息习惯，甚至当地的交通状况等，从而制定拜访路线的一些建议。

1.2.1 利用区域地图。把一些主要客户标注在地图上，最好用不同的颜色，符号来标明不同的拜访路线。

1.2.2 拜访路线应以乡镇为单位。比如对于一个镇的终端进行拜访，把这个镇的终端养殖户也考虑为拜访路线。

1.2.3 在安排每一路线中具体终端时，同时还应考虑到以下两点：

■ 有些大型终端规定每星期特定几天用于接待拜访的销售员，其他时间则接待时间少，同时还应回避终端的业务高峰期，尽量安排消费者较少的时间进行拜访。

■ 有些客户具有午休的习惯，不要在客户休息的时间内到访。

1.3 覆盖计划

覆盖计划是对销售员所管辖区域的终端在整个覆盖周期内的拜访安排计划。它是一个行程计划表。覆盖计划是结合终端的拜访频率和拜访路线而制定出来的，以一个覆盖周期为单位的。因此它必须把你区域中所有的客户都安排进去，并按照拜访频率获得相应的时间安排。

2. 时间管理

管理时间最关键的方法就是认真规划你的时间，做好详细的计划，使每一件事情在合适的时候获得充分的关注和执行。

2.1 设立目标和行动计划的 6 步曲：

2.1.1 明确目标：销售员必须清楚明了你所想做的事和你所希望达到的目的。

2.1.2 时间界定：界定你希望达到该目标的最后期限。

2.1.3 确定步骤：决定你实现该目标的策略以及计划中的每一步骤，并把它们写下来。

2.1.4 确定细节：考虑在你计划中每一步所需要的支持和帮助，比如销售工具、销售数据、他人的配合协助等，并预计获得支持所需时间等因素，制定出实现每一步计划的日程进度表。

2.1.5 制定进度：考虑到目标界定的期限，以及获取这些支取所需时间等因素，制定出实现每一步计划的日程进度表。

2.1.6 衡量检查：在每一步计划中，你应考虑好如何来衡量这一步的进度好坏情况和结果，不时地对每一步进行衡量检查。

通过 6 步曲，销售员就可以拥有一个很清楚的每月或每周行动“蓝图”，知道何时要做何事。

2.2 规划时间的技巧

这里有一些对于销售员在每天、每星期的工作中进行时间规划的建议。

2.2.1 安排主次：基于目标，安排你在每天拜访工作中的主次，找出哪些是重要，哪些是次要的，并首先完成较重要的工作。

2.2.2 有弹性：紧急情况或某些不可预见的事总会发生，在计划中留出一项的弹性时间来应付这些特殊情况。

2.2.3 写下计划：每天，每星期的工作都很忙而很难清楚地记住每个具体计划，可以把计划写在纸上，这正是你个人对这计划实施的承诺。

2.2.4 分析结果：在每个拜访结束时，在每天晚上都能分析一下今天是如何运用时间的；考虑一下如何才能使自己的时间更有成效，同时把这一想法用于下一次拜访或第二天的工作中去。

3. 终端工作的 4S 原则

3.1 微笑（smile）——指适度的笑容。销售员应对终端发出真诚的微笑。

3.2 迅速（speed）——指“动作迅速”，工作效率加快，诚意十足的动作。如协助订货，联系定做店面招牌，等等。

3.3 诚恳（sincerity）——销售员如果心存尽心尽力为终端服务的诚意，终端一定能体会得到。必须对终端的要求均做出合理的答复，以提高终端对企业和销售员的信心。

3.4 灵巧（smart）——指“干练、整洁、利落”。以干净利落的方式来对待终端，既是所谓“灵巧的服务”。

4. 拜访准备工作

要推销自己。假如终端不接受你，赞同你的话，所有的工作都没有意义！我们应该先做好两个准备：心理准备与行为准备。

4.1 心理准备：

4.1.1 热忱——所谓热忱，就是做事起劲而又诚恳，这是全世界的行为专家一致公认的成功者必备的人格特征；要想成为公司最优秀的员，就一定要先成为一个热忱的人；销售员要能够主动和终端人员打招呼，养成外向型的性格，有一颗服务客户的心，为客户排忧解难！

4.1.2 乐观——乐观是创造愉悦效果的心理基础，微笑是乐观的直接表现。而微笑在建立良好的人际关系中，是最佳的润滑剂。它表示友善、亲切、礼貌和关怀；对于服务工作来说，至关重要的就是微笑；

4.1.3 心胸要宽阔——销售员在服务终端的过程中，要经常告诫自己即使终端再没有道理，也不应和他计较，我们应该拥有宽阔的胸怀，在工作中就不会患得患失，并能够将冲突抚平；

4.1.4 对待终端要一视同仁——终端是多种多样、形形色色的；销售员在接待终端时应该谨记：绝不能因终端的大小、规模、销售状况、态度等而给予终端不同的待遇；只要是终端都应该享受到平等的对待；

4.1.5 站在终端的立场上思考问题——适度满足终端的要求；

4.1.6 心细如丝的服务——不仅要给终端提供他想要的服务（合理要求），还要给终端提供他没有提出，非常迫切的服务，如对于店员的培训、对于老板经营思路的建议和意见等——增加满意度；

4.1.7 讲究方法——“己所不欲，勿施于人”，我们绝对不要在终端工作过程中过度的宣传自己、推销产品或者提出暂时让终端无法接受的要求，可以采用迂回战术，避免让终端产生厌烦。

4.2 行为准备：销售员的形象就代表了企业的形象。整洁美观的容貌、大方得体的着装、稳重高雅的言谈举止，表现了个人良好的精神面貌，也代表了公司员工的整体素质，它往往直接决定着终端行为，也就是直接关系到终端工作的成败。

4.2.1 职业仪表，是指销售员在拜访服务时的服装穿着、修饰（自身的妆容与佩带的饰物）、举止姿态、精神状态和个人卫生等诸多方面的最佳外观表现。

4.2.2 服饰美——服饰指人的衣着穿戴，样式要和谐、大方。工作时，销售员必须身着正装，穿戴要清洁，衣着应该勤洗勤换，特别要注意衣领、袖口的清洁工作。与同事们取得视觉上的协调。

要求：销售员上岗一律穿工装

4.2.3 发型——应保持明快、舒展、利索；

4.2.4 男销售员要经常剃须发，头发保持清洁，不要留长发和胡须；

4.2.5 打扮装束：大方得体，工作前勿喝酒 / 吃辛辣味浓食品。

4.2.6 举止美——要求销售员言谈清晰文雅、举止落落大方、态度热情持重、动作干脆利落，这样会给终端带来亲切、愉快、轻松、舒适的感觉；相反，举止轻浮、言谈粗鲁、动作拖拉、漫不经心的动作，则会使终端产生厌烦心理。

4.2.7 形态风度要高雅、礼貌、得体——与终端人员相遇应点头行礼表示致意；握手时用普通站姿，并目视对方眼睛；握手时脊背要挺直，不弯腰低头，要大方热情，不卑不亢；谈话时保持合适的语速和声调，不要有一些小动作，比如玩钥匙，嚼口香糖，掏耳朵，腿来回抖动。手机调成震动以免影响工作。销售员在与终端谈话 / 培训时尽量不要接听电话！

4.2.8 情绪美——销售员在上岗之前必须调整自己的情绪，保持一个乐观、积极、向上、愉快的心理状态。

4.2.9 要热情饱满、精力充沛。销售员应该注意保证充足的睡眠，多参加各种健身、娱乐活动，培养自己广泛的兴趣和爱好，有助于增强体质和保持良好的心绪；不要把不利的情绪带到工作岗位上来。销售员在工作时就如演员进入角色一样，当情绪低落时，应尽量调整好，使自己抛开不良情绪，进入工作状态。

5. 终端拜访（常规拜访）的步骤与技巧

5.1 进入终端前的准备工作。

5.1.1 检查个人外表，整理工作服；

5.1.2 检查应带的《终端资料卡》《终端地图》《终端拜访线路卡》和《终端拜访记录卡》；

5.1.3 工作用的宣传资料、产品 / 促销样品和《产品报价单》（经销商给终端的）、《终端订单》；

5.1.4 准备生动化材料（POP 等）和小礼品；

5.1.5 准备清洁用工具（如毛巾等）；

5.1.6 回顾拜访目的，最近销量和以往承诺。

5.2 终端外店情查看。

5.2.1 查看公司的店面招牌、海报情况和其他户外宣传品的完好性、整洁性；

5.2.2 及时更换外观破损的 POP 等宣传品，清除海报上的灰尘；

5.2.3 察看竞争对手户外宣传品情况。

5.3 进入终端后向客户打招呼。

5.3.1 微笑，自我介绍 / 主动打招呼。终端打招呼的顺序依次为老板娘 / 老板 / 终端工作人员 / 顾客和其他人员；

5.3.2 简单交流最近的生意情况；

5.3.3 主动提及上次拜访的承诺。

5.4 做好终端内的生动化陈列。

5.4.1 检查物品（海报、条幅、展架等）是否完好；

5.4.2 整理产品陈列 / 争取最佳的产品陈列和样品摆放；

5.4.3 查看产品的批号，如果有销售缓慢的产品，必须进行销售方面的建议，或者其他决定；

5.4.4 察看竞争对手 / 其他产品的生动化陈列情况。

5.5 检查存货

5.5.1 按照品种清点存货；

5.5.2 注意前线存货和后备存货；

5.5.3 在《终端拜访记录卡》记录存货量，计算上期实际销量；

5.5.4 了解主要竞争品牌的库存情况。

5.6 做销售访问解答工作

5.6.1 回答终端的各种问题并有针对性地问询，对于发现的问题提出解决办法（小问题可以现场解决）；

5.6.2 介绍终端未进货的其他产品，推广新产品；

5.6.3 介绍促销计划 / 执行终端促销方案；

5.6.4 了解阶段性重点工作执行情况（如意见领袖（意见领袖又叫舆论领袖，是指在信息传递和人际互动过程中少数具有影响力、活动力，既非选举产生又无名号的人。这些人是大众传播中的评介员、转达者，是组织传播中的闸门、滤网，是人际沟通中的“小广播”和“大喇叭”。）促销工作

5.6.5 以及公司产品销售情况和促销活动在终端执行情况，发现问题及时解决。针对宣传和促销工作征询改进措施。提供增加销量的建议；

5.6.6 开展软终端方面的培训等工作、做好其他服务工作；

5.6.7 收集市场信息，了解竞争对手的新产品上市、销售和促销动态；

5.6.8 学习先进的市场操作方法。

5.7 确认订货

5.7.1 计算安全库存量与建议订单量，向终端提出定货量；

安全库存量 =1.5*［（上次库存量＋上次订货量）—本次库存］;（上次存货量 + 上次经进货量 - 本次库存量 = 经销商在这一个周期的实际销量；1.5 为安全库存系数，为安全起见，把这个销量放大 1.5 倍，即：周期销量 *1.5 倍）；就是一个比较安全的库存量，用安全库存数减去现有库存数，经销商此次需要进货多少就可得出；

5.7.2 建议订单量＝安全库存量—本次库存；

5.7.3 确认终端本次订货量并填写《终端订单》，及时与经销商联系发货；

5.7.4 填写《终端拜访记录卡》。

5.8 结束拜访

5.8.1 在笔记本上记录终端反映的问题和未解决问题，以及承诺的事项；

5.8.2 与终端确认下次访问时间；

5.8.3 向客致谢道别。

如果拜访终端是为了开展专项工作，如终端挂店面招牌、张贴海报、专项培训工作、终端专项促销工作、重要工作的督察、专项终端服务工作、解决产品质量问题等，可以不按照此拜访流程。

第四节 营销人常用工具表格

1. 终端拜访记录卡

名称			编号		级别	（村、乡镇、县）		区域	
负责人			能力		固话			手机	
总销量			我方份额		主销品牌			客户地址	
拜访工作									
拜访日期	A初访	B回访	C查库存	D下订单	E技术服务	F谈促销	G谈新品	H生动化陈列	I其它

2. 经销商档案表

<table>
<tr><td colspan="8">经销商档案表</td></tr>
<tr><td>所属部门</td><td colspan="4">公司有限公司区域</td><td>编号</td><td colspan="2"></td></tr>
<tr><td>客户全称</td><td colspan="4"></td><td>地址</td><td colspan="2"></td></tr>
<tr><td>电话</td><td></td><td>邮　编</td><td></td><td>传　真</td><td></td><td>邮箱/网址</td><td></td></tr>
<tr><td>公司性质</td><td colspan="7">国营□　集体□　股份□　合伙□　个体□　其他□</td></tr>
<tr><td>经销商类型</td><td colspan="4">批发商□　终端商□　混合□</td><td>经销商实力</td><td colspan="2">很强□　强□　一般□　差□</td></tr>
<tr><td>与企业配合程度</td><td colspan="4">很好□　好□　一般□　差□</td><td>终端开发/控制能力</td><td colspan="2">很强□　强□　一般□　差□</td></tr>
<tr><td>销售区域</td><td colspan="4"></td><td>优势区域</td><td colspan="2"></td></tr>
<tr><td>管理和服务</td><td colspan="7"></td></tr>
<tr><td>市场信誉度</td><td colspan="7"></td></tr>
<tr><td>销售理念</td><td colspan="7"></td></tr>
<tr><td>技术服务能力</td><td colspan="7"></td></tr>
<tr><td>推广能力</td><td colspan="7"></td></tr>
<tr><td>重要岗位</td><td>姓名</td><td>性别</td><td>生日</td><td>电话</td><td colspan="2">住址</td><td>能力</td></tr>
<tr><td>总经理</td><td></td><td></td><td></td><td></td><td colspan="2"></td><td></td></tr>
<tr><td>副总经理</td><td></td><td></td><td></td><td></td><td colspan="2"></td><td></td></tr>
<tr><td colspan="3">工商登记号</td><td colspan="3">税号（国税）</td><td colspan="2">往来银行及账号</td></tr>
<tr><td colspan="3"></td><td colspan="3"></td><td colspan="2"></td></tr>
<tr><td>开业日期</td><td colspan="2"></td><td>资本额</td><td></td><td>流动资金</td><td colspan="2"></td></tr>
<tr><td>用以经营本公司产品的资本额</td><td colspan="2"></td><td>营业面积</td><td></td><td>员工人数/销售员数量</td><td colspan="2"></td></tr>
<tr><td>仓库面积</td><td colspan="2"></td><td>仓储条件</td><td colspan="4"></td></tr>
<tr><td>配送车辆情况</td><td colspan="4"></td><td>配送能力</td><td colspan="2">很强□　强□
一般□　差□</td></tr>
<tr><td>营业额（年）</td><td colspan="4"></td><td>付款方式</td><td colspan="2"></td></tr>
<tr><td colspan="8">销售跟踪记录（单位：元）</td></tr>
<tr><td>年</td><td>营业额（元）</td><td colspan="4">主要经营品种及比重</td><td colspan="2">主要代理品牌及销售额（元）</td></tr>
<tr><td></td><td></td><td colspan="4"></td><td colspan="2"></td></tr>
<tr><td></td><td></td><td colspan="4"></td><td colspan="2"></td></tr>
<tr><td colspan="8">综合评价：</td></tr>
<tr><td colspan="3">填表人：</td><td colspan="3">填表日期：</td><td colspan="2">审核人：</td></tr>
</table>

3. 销售员月度出差计划表

公司销售员月度出差计划表						
销售员姓名：	所属区域：		填表时间：		审核人：	
序号	区域	经销商全称	出差时间	出差地点	联系电话	监督人
1						
2						
3						
4						
5						
6						
7						
8						
9						
10						
11						
12						
13						
14						
15						
16						
17						
18						
19						

4. 终端资料卡

终端资料卡					
终端所属区域：区域县乡镇	建档时间： 年 月 日			编号：	
终端全称：	终端地址：				
供货经销商名称：	供货经销商档案编号：				
终端所有权	○个体 ○集体 ○合伙 ○国营 ○股份 ○其他				
终端级别	（销售能力、生意状况、销售影响力 ） ○优秀 ○良好 ○普通 ○较差级				
终端销售产品	○治疗药 ○消毒药 ○保健药 ○生物制剂 ○其他				
销售额排名前三	（厂家、品牌、零售价格、销售量）				
辐射区域（村、镇）					
主要销售区域（村、镇）					
货款结算方式：	货款结算周期：				
老板姓名：	手机：	能力：	性格：	爱好：	生日：
老板娘姓名：	手机：	能力：		爱好：	生日：
所在区域养殖结构、养殖特点、养殖户用药特点、养殖户用药习惯的特点描述：					
终端面积（平方米）：	年销售额（元）：				
年兽药总销量（件）：	公司产品月均销售额：				
经营兽药品牌/品种：					
中小养殖户数量 （300头以下）：	规模养殖户数量（300头以上）：				
主要销售方式：○赊销 ○现结 ○混合	促销推广方式：				
销售公司产品日期：200年月	对公司和产品了解程度：○很了解 ○一般 ○不太了解				
销售公司产品的热情：○热情很高 ○热情一般 ○热情不高					
公司终端投入：○店面招牌 ○海报 ○公司产品宣传册					
评价：销售员： 日期： 年 月 日 评价：省区经理： 日期： 年 月 日					

5. 经销商申请表

“公司产品”经销商申请表 （此表由申请经销公司产品的经销商填写）		
填表人： 法人签字　　　　　　　　公司盖章： 申请经销区域：地区　　　申请时间：　　　年　　　月　　　日		
（一）硬件：		
1. 资金（元）	注册资金	元
	预计投入做公司产品的资金	元
	投入资金的来源	
	预计流动资金	元
2. 仓储	仓库面积	平方米
	仓库结构：□混凝土、□简易建筑物、□搭篷、□露天、□其他	
	仓库性质：□自有、□租用、□其他	
	最大存货量	件
3. 配送	自有车辆　　　　　　辆，车辆使用年限	年
	其中：运输用途车辆	辆
	运输能力	件
	能够为公司产品服务的车辆	辆
4. 人员	总人数	人
	其中：管理人员	人
	销售员	人
	送货司机	人
	能够为公司产品服务的人员	人
5. 销售网络	合作规模猪场数量	个
	拥有终端数量	个
	网络覆盖范围：□县、□镇、□乡、□村、其他	
	网络具体地域	

（二）、软件	
1. 机构类型	□个体工商户、□个人独资企业、□合伙企业
	□有限责任公司、□股份有限公司、□国有独资公司
2. 证件情况	营业执照：□有效、□失效
	《代经销经营许可证》：□有效、□失效
	《质量合格证》：□有效、□失效
3. 内部管理	基础管理：资金账：□有、□无
	货物进出账：□有、□无
	仓库管理：先进先出：□有、□无
	分品种分批堆放：□有、□无
4. 经营情况	是否出诊：□是、□否
	是否有技术服务能力：□是、□否
	曾经营的兽药种类：□治疗、□消毒、□保健、□生物制剂、其它
	您经营的产品品的品牌是：
	正在经营的兽药类别：□治疗、□消毒、□保健、□生物制剂、□其它
省区经理（意见）	签字： 年月日
销售总监（意见）	签字： 年月日
总经理（意见）	签字： 年月日

6. 销售员、省区经理周（月）报告

<table>
<tr><td colspan="5">销售员、省区经理周（月）报告</td></tr>
<tr><td>姓名：</td><td>所属区域：</td><td colspan="2">负责区域：</td><td>汇报时间：月日至 月日</td></tr>
<tr><td colspan="5">本周总结：
1. 本周销售情况共：________元
品种
数量
金额
2. 销售完成计划的%。
3. 本周针对经销商开展的工作：
4. 完成终端拜访任务的%，主要开展的终端工作包括：
5. 截至本周经销商/零售商数量：家；签约率% 。
本周终端拜访任务完成率：%；养殖户出诊累计次数；养殖户意见累计人。
6. （本周完成）促销工作（场）</td></tr>
<tr><td>驻店促销（次）</td><td>招商会（次）</td><td>培训会（场）</td><td>养殖户出诊</td><td>规划猪场拜访指导（家）</td></tr>
<tr><td></td><td></td><td></td><td></td><td></td></tr>
<tr><td colspan="5">7. 信息反馈
经销商反馈信息：
终端反馈信息：
养殖户反馈信息：
竞争对手信息：
8. 需要公司和上级重点解决的工作：
9. 本周工作绩效自评分：分。</td></tr>
<tr><td colspan="5">下周（月）计划：
1. 下周计划销售总额共：______________元。
品种
数量
金额
2. 重点工作计划
经销商
终端
养殖户
其他
3. （下周完成）工作</td></tr>
<tr><td>驻店促销（次）</td><td>招商会（场）</td><td>培训会（场）</td><td>养殖户出诊</td><td>规划猪场拜访指导（家）</td></tr>
<tr><td></td><td></td><td></td><td></td><td></td></tr>
<tr><td colspan="5">省区经理点评：
签字：
销售总监点评：

签字：</td></tr>
</table>

7. 销售总监周（月）报告

销售员、省区经理周（月）报告			
姓名：	所属区域：	负责区域：	汇报时间：月日至月日

本周总结：
1. 本周销售情况共：________元
品种
数量
金额
2. 销售完成计划的%。
3. 本周针对经销商开展的工作：
4. 本周主要开展的终端工作包括：
5. 截至本周经销商/零售商数量：______家；签约率%________。
6. 所管辖区域内主要问题：____

7. 所管辖区域内主要问题的意见指导：____
8. 需要公司和上级重点解决的工作：
9. 本周工作绩效自评分：分。

总经理点评：

签字：

第三十三章　经理人

第一节　经理人类型

1. 业务型经理

业务高手型经理人，他们是公司的销售冠军，业务高手，从销售员、区域经理、营销总监，一直被提拔成公司总经理，成为经理人。目前很多行业都注重业务人员培养、选拔，并进入公司核心团队，如畜牧、快消品、工业品、农资等行业的经理人很多是业务高手型。

2. 管理型经理

管理型经理人，他们是公司的多面手，从业务销售、市场推广、产品开发、甚至生产管理都能够熟练掌握，而且管理公司团队井井有条，是难的人才。管理型经理人在公司成熟发展过程中，将起到很好的平衡发展作用，是公司稳步发展基石。

3. 指挥型经理

指挥型经理人，在公司战略，年度策划，规划业务发展水平，指挥市场布局能力突出，而且能够知人善任，是公司不可多得帅才。指挥型职业经理人，其比较爱好学习，成长快，思路清晰，最大的问题就是计划空洞，做事情不实，难以落地。

4. 权威型经理

权威型经理人，在各方面都非常出色，而且为公司做出突出贡献，带领公司成就辉煌，在公司受人尊敬，说一不二，树立了在公司的权威，可谓风光无限。对这种类型的经理人，他们获取了权威，不容挑战，甚至非常固执，因为曾经成功过，有时会妨碍公司新事物、新人才的出现，阻碍公司变革创新，特别是公司战略方向出现问题时，会为公司带来巨大灾难。

5. 空降兵经理

空降兵经理人，常常扮演着救世主的角色。空降兵从公司外部系统而来，他们需要超凡的能力，他们要解决团队的问题、战略的问题、市场销售的问题、客户问题、渠道问题，这些问题又涉及公司的历史问题，人际关系问题等，更糟糕的是要面对的是产业衰落的问题。空降兵能够站在另外一个角度，看整个公司，解决公司问题，但冰冻三尺非一日之寒，而且当你以一个利益者的身份投入到企业的改革当中的话，将会碰得头破血流。

6. 关系型经理

关系型经理人，在公司的人际关系处理得很好，他们产生于人力资源、后勤、总经理助理等部门岗位，在协调公司关系方面有一套办法，能处理公司一些人际方面棘手的事情，也会成为公司高干成员，由于技术和业务水平限制，在民营企业起到作用有限，但在部分国有事业单位，却很有市场，加以锻炼往往成为高管或者经理人。

7. 沉静型经理

沉静型职业经理人，是沉着与冷静型领导人才，他们有着无穷的激情，但只需要时爆发，非常具有危机意识，在公司战略上小心翼翼，兢兢业业，让公司平稳发展，知道公司的长处，知道公司要到哪里去，在公司的发展过程中稳扎稳打，常常出生于技术或者研发方面岗位的专业人才。不应该将沉静型经理简单地理解为，死气沉沉，不思进取，而是企业做好做专，扎实做事，稳步发展的代表，在当今浮躁的中国商业社会，应该有这样一批经理人。

8. 培养型经理

培养型经理人属于青年才俊，野心勃勃，年纪轻轻就在企业某些方面表现突出，很有天赋，若能受到公司高层关注，能得到领导赏识，将会内定为未来经理人进行培养，被委以重任，在不同的商业环境下进行锻炼。中国企业应该多提供这方面的通道和平台，让这些在商业领域具有天赋的才俊快速成长，并能担任关键岗位和要职，而不是论资排辈。

第二节　经理人成功要素

1. 老板是做正确的事，而经理人是正确的去做事。

2. 作为经理人不要试图从老板手中取得一手好牌，而是把自己手中的牌打好。

3. 真正的经理人是围绕老板的想法去努力寻找方法，而不是去试图证明老板的想法不对。

4. 不要总是怀疑老板决策的正确性，因为，二者不在同一个高度上，老板会以全部身家来承担责任，而经理人绝对不会。

5. 如果经理人认为老板确实“错了”,可以私下进行提醒,但提醒不超过两次,如果提醒后老板还要坚持“错”下去,那么,经理人的唯一选择就是帮助老板“完美”的“错”下去。

6. 越是成功的经理人越不容易创业,经理人的成功靠的是“循规守矩”,而大多数创业者的成功靠的是“不守规矩”。

7. 经验只代表过去,并不能代表现在,更不能代表未来。适应环境,紧跟趋势,抛弃经验,忘掉过去,这才是经理人长青之道。

8. 把老板当作资源而不要当作负担。

9. 不要抱怨公司的问题多,所有的管理岗位都是为解决问题而设置的,没有问题,就不需要管理,能否把问题解决好,是体现经理人是否“职业”的最重要标志之一。

10. 经理人千万不要把平台当作能力,始终牢记,“脑袋决定屁股,而不是屁股决定脑袋”。

11. 不要总是把“想当年”挂在嘴边,面对现实,才是最重要的,过去的成功对现在有可能是陷阱。

12. 体现经理人是否“职业”有许多要素,但至少有两个要素非常重要:一是专一化的工作态度;二是专业化的工作能力。

13. 经理人的职责是保驾护航而不是功高盖主,所以,当经理人最成功的时候,也是经理人该离开的时候。

14. 经理人的梦想是帮助有梦想的人实现梦想,其才能是帮助有才能的人施展才能。

15. 老板搭台,经理人唱戏,经理人应考虑如何把戏唱好,而不是搭什么戏台。

16. 所谓忠诚,并不是指的从一而终。经理人在位的时候尽心尽责,走的时候良性离开,这就是忠诚。

17. 新官上任三把火,这是不成熟的经理人的标志。新官上任三盆水,让自己冷静下来,这才是经理人正确的做法。

18. 没有人能够随随便便成功!当然,随随便便的人也很难成功。兢兢业业,尽心尽责是经理人的本分。

19. 认准一条路向前奔固然值得可敬,但在无可奈何的挫折之后,要有勇气认准第二条路,第三条路……甚至更多的路。这不是见异思迁,更不是知难而退,这恰恰是对自己人生坐标的重新选择,因为,在这个世界上的道路有万千条,条条道路都能走,关键是你怎么走。

参考文献

[1] 刘先《企业变革与发展》。
[2] 菲利普·科特勒《营销管理》。
[3] 彼得·德鲁克《管理的实践》。
[4] 伯特·罗森布罗姆《营销渠道管理》。